U0362396

困难家庭老年人
社会政策支持研究

王杰秀　主编

中国社会科学出版社
南开大学出版社

图书在版编目(CIP)数据

困难家庭老年人社会政策支持研究／王杰秀主编. —天津：南开大学出版社；北京：中国社会科学出版社，2020.12
ISBN 978 - 7 - 310 - 06101 - 3

Ⅰ.①困… Ⅱ.①王… Ⅲ.①贫困—家庭—老年人—社会政策—研究—中国 Ⅳ.①D669.6

中国版本图书馆 CIP 数据核字（2021）第 002297 号

版权所有 侵权必究

困难家庭老年人社会政策支持研究
KUNNAN JIATING LAONIANREN SHEHUI ZHENGCE
ZHICHI YANJIU

中国社会科学出版社
南开大学出版社 出版发行

出版人：陈 敬 赵剑英
地址：天津市南开区卫津路 94 号 邮政编码：300071
营销部电话：(022)23508339 营销部传真：(022)23508542
http://www.nkup.com.cn

北京君升印刷有限公司印刷 全国各地新华书店经销
2020 年 12 月第 1 版 2020 年 12 月第 1 次印刷
240×170 毫米 16 开本 22.5 印张 323 千字
定价：138.00 元

如遇图书印装质量问题,请与本社营销部联系调换,电话:(022)23508339

编　委　会

主　　编： 王杰秀

副 主 编： 胡宏伟　付长良　张　静

成　　员：（按姓氏拼音排序）

安　超　杜晓静　顾　严　江冶强　蒋浩琛

李文弟　刘洪婷　刘继同　刘振杰　毛　珊

徐　杨　杨立雄　姚　兰　张伯千　朱新然

项目组织： 江冶强　张　静　刘振杰　安　超　肖晓琳

目　　录

导　　论

第一节　研究背景、研究目标与研究意义

研究背景

本书的研究背景将从中国社会当前的时代背景、城乡困难家庭老年人的基本特征以及托底性民生保障政策体系的重要性三个方面进行展开。

第一，精准扶贫、脱贫攻坚和人口老龄化的时代背景。当前，脱贫攻坚被置于治国理政的突出位置，我国已形成精准扶贫精准脱贫的基本方略，逐步建立起脱贫攻坚制度体系，脱贫攻坚取得决定性进展和历史性成就。与此同时，中国人口老龄化、高龄化趋势严峻，截至2019年年底，我国60岁及以上老年人口已达2.54亿人，占总人口的18.1%。脱贫攻坚的时代背景、庞大的老年人口规模、"未富先老"的基本国情，都对保障困难家庭老年人群基本需要、缓解老年人群体贫困现象提出了更高的要求。

第二，城乡困难家庭老年人群具有特殊性和弱势性的特征。困难家庭老年人群作为最弱势的老年人群体，基本养老保障不充分，是托底性保障的首要对象，亟需政府和社会各界的关注和帮扶。老年人退出劳动力市场后，收入来源不稳定，加之身体机能下降、人力资本不足等一系列因素，导致他们较其他年龄层的人更容易陷入贫困状态。尤其对于城乡困难家庭老年人群而言，与同年龄段的普通老年人群相比，家庭支持力度相对较小，处于更加劣势的地位，对政府和社会的

依赖程度也更深。因此，构建城乡困难家庭老年人托底性保障政策体系显得尤为重要。

第三，托底性保障政策体系日益受到重视。随着民生建设的不断推进，加之人口老龄化带来的系列挑战，针对老年人群的托底性保障政策体系日益受到关注和重视。《民政事业发展第十三个五年规划》指出，要坚持托底线、救急难、可持续的基本原则，统筹完善托底性保障政策体系；新时期养老事业的发展，要重点保障特困人员中的老年人和经济困难老年人的养老需要。此外，诸多政府文件也提出困难家庭老年人群的养老服务应当由政府托底保障，足见完善困难家庭老年人托底性保障政策体系的重要程度。

二　研究目标

本书研究目标主要为以下两点：

第一，反映城乡困难家庭老年人生活质量与能力状态。随着我国人口老龄化进程的不断推进，数量庞大的城乡困难家庭老年人面临的各种问题逐步显现。然而，由于缺乏全国性的调查研究，当前仍缺乏对城乡困难家庭老年人生活质量与能力状态的基本认知。因此，本书的首要目标就是在相关文献梳理的基础上，建构理论分析框架，客观、全面地了解城乡困难家庭老年人的总体状况。

第二，评估以托底性救助政策为核心的社会支持体系的运行状况及作用效果。当前，针对困难家庭老年人的托底性保障政策体系日益受到重视，从中央到地方出台了一系列专门针对此群体的扶持政策。然而，这些托底性救助政策是如何发展变迁的，政策执行状况如何，政策效用如何等尚需深入研究。本书将对相关政策进行纵向与横向梳理，对当前政策内容进行归纳与总结，客观、全面地评估以托底性救助政策为核心的社会支持体系的运行状况及作用效果。

三 研究意义

本书研究意义主要有以下两点：

第一，深入了解城乡困难家庭老年人生活状态和质量。当前，为适应反贫困策略的转变，我国政府需及时掌握城乡困难家庭老年人群的生活状态和质量。本书的一项重要作用就是通过年度调查，全面、深入、客观、历史地反映我国城乡困难家庭老年人基本生存质量、能力状态和主要生命历程变化状况，同时建立追踪调查数据库，形成一个纵向、动态的监测体系，对我国城乡困难家庭老年人宽幅信息进行纵向追踪和横向延伸。

第二，为完善托底性民生保障政策支持系统提供科学依据。我国的贫困问题呈现复杂性和长期性特点，托底性民生保障政策支持系统需要进行不断的改革和完善。实时对托底性民生保障政策支持系统进行评估，摸清城乡困难家庭老年人生活状况，显得尤为重要。根据本研究数据的分析结果，可以详尽地了解城乡困难家庭老年人最新状况，不断深化和扩展社会各界对城乡困难家庭老年人所面临问题的认识和理解，也为评估、完善和改革托底性民生保障政策支持系统提供重要的科学依据。

第二节 概念界定、理论基础与研究综述

一 概念界定

以下对书中的关键概念进行界定，主要包括城乡困难家庭老年人、托底保障与社会政策支持系统、广义社会支持系统三部分。

（一）城乡困难家庭老年人

城乡困难家庭老年人是指我国城市和农村低保家庭、低保边缘家庭中年龄在60周岁以上的老年人。其中，低保家庭指城市或农村中，家庭人均收入低于当地最低生活保障标准而难以满足家庭成员生活需要，由当地民政部门将该家庭纳入最低生活保障政策中，给予一系列

优惠政策和生活补贴，以满足其基本生活需要的家庭。低保边缘家庭指的是城市或农村中，家庭人均收入略高于低保家庭，却由于享受不到低保对象能够享受到的一系列优惠政策措施，导致实际生活条件低于低保户的家庭。① 部分省市明确界定了低保边缘家庭，例如，《杭州市余杭区最低生活保障边缘家庭认定办法（试行）》规定，低保边缘家庭指在该区户籍内，共同生活的家庭成员人均月收入超出该区最低生活保障标准且低于最低生活保障标准2倍之内（含2倍）的家庭。② 综合来看，城乡困难家庭老年人往往是城市或农村中，生活条件处于当地最低生活水平家庭中的老年人，很可能面临健康、生活、住房等多方面的问题。

（二）托底保障与社会政策支持系统

托底保障是社会救助政策的基本定位，目的是通过经济、医疗、教育等方面的政策措施来保障生活水平较低的困难人群。2013年习近平总书记提出"社会政策要托底"，明确了社会政策的基础性作用是保障困难人群的基本生活，社会救助体系作为基础性社会保障政策，其基本作用是识别困难人群，保障其基本生活水平。③

社会政策支持系统是以保障全体社会成员在教育、健康、就业等方面权利为目的的正式制度安排，可分为托底性社会政策支持系统和一般性社会政策支持系统。托底性社会政策支持系统指的是社会救助体系，是为保障困难人群的基本生活而建立的社会支持政策，制度内容包括最低生活保障、特困人员供养、医疗救助、教育救助、住房救助、就业救助、受灾人员救助和临时救助等基本方面；一般性社会政策支持系统包括社会保险制度和社会福利制度两方面的制度安排，这两项制度的目的都是在保障全体社会成员基本生活的同时，满足他们

---

① 卫洁：《低保边缘群体的现状及思考》，《人口与经济》2008年第1期。

② 杭州市余杭区人民政府：《杭州市余杭区最低生活保障边缘家庭认定办法（试行）》，http://www.yuhang.gov.cn/xxgk/gggs/qt/201707/t20170726_1094929.html。

③ 中华人民共和国中央人民政府：《中央政治局常委会研究当前经济形势和经济工作》，http://www.gov.cn/ldhd/2013-04/25/content_2390476.htm。

更高层次的生活需要，社会保险制度的保障内容包括住房、养老、失业、医疗、工伤和生育等方面，社会福利制度的保障内容包括医疗服务、文化教育、劳动就业和公共福利等方面。

（三）广义社会支持系统

广义的社会支持系统指的是为个人提供支持的社会网络，包括支持主体、支持客体、支持内容等方面。支持主体包括政府和非政府组织、社区、个人的社会网络、社会工作者专业组织等；支持客体主要指社会中的弱势群体；支持内容包括物质、情感、信息等方面。从社会支持的来源来看，又可以分为正式社会支持和非正式社会支持两方面，正式社会支持指的是政府、社会组织、社区等方面提供的规范性支持。例如，政府的养老金制度是政府对老年人的政策支持。非正式社会支持包括家庭支持网络和社会支持网络为个人提供的非制度性支持。其中，家庭支持网络主要包括个人的亲属、朋友等，是为个人提供长期经济支持和精神支持的主要载体；社会支持网络主要包括非社会组织、公益慈善组织、社区等，是为个人提供临时性物质支持和经济支持的主要载体。目前，我国的正式社会支持系统建设发展较快，在传统文化的影响下，我国非正式社会支持系统中的家庭支持网络发展也较为健全。与之相反，非正式社会支持系统中，社会支持网络的法律法规、资金供给、组织建设等方面仍然存在较多不足，仍有较大发展空间。

二　理论基础

基于详细的理论梳理，本书将选取贫困、生活质量和行为能力、社会福利和公民权益三个理论方向，共同支撑本书论证，为下文的分析框架和分析内容奠定理论基础。

（一）与贫困相关的理论梳理

1. 社会分层理论

韦伯认为，社会分层的标准可以分为财富、权力和声望三方面，社会成员因在上述三方面占有量不同而产生的层级分化现象，就是社会分层。① 在各个阶层内部，存在利益、价值观、权力、生活方式、资源等方面的联系和同质性，② 进一步对不同群体之间的差别进行观察、总结会发现，各群体间不仅存在财富上的差别，也存在权力和社会声望方面的显著差异，例如，穷人往往面临贫困、弱权和低声望等多重方面的问题。另外，学者们通常关注的是社会分层所带来的社会问题，他们认为，不同社会阶层间由于生活条件、机会的差异很容易产生疏离，阶层内部的联合易产生社会冲突。

2. 可行能力理论

阿马蒂亚·森提出了可行能力理论，他认为可行能力是个人实现自由和权利所需具备的必要条件。人们之所以会陷入贫困状态，是因为可行能力被剥夺，以及由此引发的包括经济方面的收入贫困、人力资本贫困、医疗和保健缺乏，以及性别等诸多方面的贫困。同时，他强调，制定经济政策不应该仅限于收入不平等这一方面，应该以提高低收入者的可行能力、降低整个社会的不平等程度为目标，用开放、长远的眼光去看待贫困问题和社会的公平正义。③ 基于此，反贫困应该聚焦于失业、医疗、教育，以及社会排斥等多方面，提高个体的可行能力，使个体拥有按照自己意愿享受生活的能力。

3. 贫困代际传递理论

贫困代际传递理论认为，子女的教育和家庭特征存在密切联系，家庭拥有的资源会显著影响子女的受教育机会和教育的质量，④ 进一步影响到子女的资本存量。同时，在不同水平资本存量的影响下，其所能获得的收入水平也存在差异，因此，贫困会通过父母对子女的教育投入而产生代际传递。影响贫困代际传递的原因不限于家庭经济资

---

① Rosemary Crompton, *Class and Stratification*, *An Introduction to Current Debates*, Cambridge: Polity Press, 1993.

② 李学增、程学斌:《中国城市各阶层的利益差距》,《中国社会科学》1997 年第 6 期。

③ [印] 阿马蒂亚·森:《以自由看待发展》,任赜、于真译,中国人民大学出版社 2002 年版，第 85 页。

④ Restuccia D., Urrutia C., "Intergenerational Persistence of Earnings: The Role of Early and College Education", American Economic Review, Vol. 94, No. 5, 2004.

源，也包括生物性遗传、人力资本、家庭网络等方面。

（二）与生活质量和行为能力相关的理论梳理

1. 社会排斥理论

法国学者勒内·勒努瓦认为社会排斥是一个广泛涉及经济社会问题的概念，他提出，社会排斥指个人与社会的纽带被削弱和断裂的过程，是对个人或社会群体歧视的表现，受排斥群体包括残疾人、自杀者、老年人、受虐儿童、边缘群体等。[①] 不同分类方式下产生社会排斥的原因也有所不同，个体社会排斥指的是由于个人的某种属性而产生的社会排斥；群体社会排斥则是由于群体的某种特殊属性而产生的，例如血缘、信仰、年龄等。[②]

2. 社会融合理论

社会融合指个体或群体之间相互配合、互相适应的过程，是一个双向、动态、多维、渐进的过程。[③] 帕克（Park）认为，社会是个体或群体相互融合的过程。[④] 我国学者对社会融合进行了划分，认为社会融合由心理融合、身份融合、文化融合和经济融合构成，心理融合和文化融合是达成最终社会融合的标志。[⑤] 社会融合失败是由于社会群体异质性产生的，例如，老年人可能由于社会价值观、集体活动或社会生活习惯与其他群体产生差异，出现社会融合失败现象。

3. 社会网络理论

社会网络是人与人、人与组织或组织之间的关系，包括正式的和非正式的关系。个人社会网络中最重要的是个人所能获得的社会资源，边燕杰、李煜认为，嵌于社会网络中的资源包括三个维度：网络

---

① ［印］阿马蒂亚·森、王燕燕：《论社会排斥》，《经济社会体制比较》2005 年第 3 期。

② 曹艳春、吴蓓、戴建兵：《我国需求导向型老年社会福利内容确定与提供机制分析》，《浙江社会科学》2012 年第 8 期。

③ 任远、邬民乐：《城市流动人口的社会融合：文献述评》，《人口研究》2006 年第 3 期。

④ Park R. E. , "Human Migration and the Marginal Man", *American Journal of Sociology*, Vol. 33 , No. 6 , 1928.

⑤ 朱力：《论农民工阶层的城市适应》，《江海学刊》2002 年第 6 期。

规模大小、网络顶部高低和网差大小。网络规模大小指的是个人所处社会网络所涉及人数的多少；网络顶部高低指的是社会网络中，地位、身份和拥有的资源最多的人的状况；网差大小指的是网络顶端与低端落差的大小，通常情况下，个人拥有的社会网络落差越大，个人社会网络中所蕴含的社会资源越多。①

（三）与社会福利和公民权益相关的理论梳理

1. 收入再分配理论

贫困的产生不仅是个人的原因，也受到社会和国家因素的影响，因此，国家和社会应该对财富进行再分配，以保障社会公平。萨缪尔森认为，市场竞争下的收入分配机制会引发社会的不平等现象和贫困问题，因此，政府应该发挥其资源配置和进行收入再分配的职能，根据国家的富裕程度进行再分配。② 再分配有两种手段：第一，是将社会中的小部分财富对穷人进行转移支付；第二，是将财富从一个群体转移到另一群体。③ 我国在社会主义市场经济体制下的再分配制度，属于第一种类型，是政府通过税收制度进行的再分配，目的是改善初次分配不均的格局，是一种福利性措施。

2. 福利三角理论

伊瓦思（Evers）总结了福利三角理论。他认为，家庭、市场和国家共同构成了社会中的福利总体，这三方中的每一方都有与之相对应的组织、价值和市场关系。首先，家庭对于人们而言是非正式的私人组织，在家庭中，人们往往能得到社会支持，其主要价值是为个人提供非正式福利；其次，市场对于个人来说是正式组织，个人往往会通过就业来和市场建立关系，其主要价值是为个人提供就业福利；最后，国家对于个人来说是公共组织，社会中的成员通过

---

① 边燕杰、李煜：《中国城市家庭的社会网络资本》，《清华社会学评论》2000 年第 2 期。

② ［美］保罗·A. 萨缪尔森：《经济学（第十四版）》（上），首都经济贸易大学出版社 1996 年版，第 300 页。

③ ［美］戈登·图洛克：《收入再分配的经济学》，范飞、刘琨译，上海人民出版社 2008 年版，第 35 页。

各项社会保障与国家产生联系。上述三者互相补充，共同构成了福利三角模型，当个人在就业市场面临失业风险或挫折时，家庭和国家通过有效地发挥作用，在一定程度上减少了个人面临贫困的风险。

3. 社会支持理论

社会支持最初是心理学和流行病学的一个定义。① 早期关于社会支持方面的研究都将社会支持视为个人从社会网络中获得一般性社会资源的行为，这些资源能够帮助个人解决日常生活中所遇到的问题。② 当代社会学家认为，社会支持不限于个人所处的社会网络，也包括社会为个人建构的支持网络，现代社会中弱势群体的多元化导致个人所处的社会网络无法支持个人实际需求，因此，应该以政府、社会组织等公共部门为主体共同构建为弱势群体提供支持的社会网络。③

三　研究综述

（一）贫困与贫困治理

贫困与贫困治理是两个相辅相成的概念，目前，国内外对贫困的研究大致可分为认识贫困、测量贫困、贫困治理三方面。贫困是伴随私有制而产生的社会问题，主要指人们从物质贫困中解脱出来后，私有体制下产生的社会分化现象。④ 随着对贫困问题认识的深化，相关定义也不断丰富，1990 年世界银行发展报告将贫困人口定义为缺少达到最低生活水平能力的人，这一概念主要涉及绝对贫困人口。⑤ 2018 年世界银行在定义贫困人口时指出，从

---

① Shumaker S. A., Brownell A., "Toward a Theory of Social Support: Closing Conceptual Gaps", *Journal of Social Issues*, Vol. 40, No. 4, 2010.
② 贺寨平：《国外社会支持网研究综述》，《国外社会科学》2001 年第 1 期。
③ 王卫平、郭强：《社会救助学》，群言出版社 2007 年版，第 50 页。
④ 屈锡华、左齐：《贫困与反贫困——定义、度量与目标》，《社会学研究》1997 年第 3 期。
⑤ 世界银行：《1990 年发展报告》，中国财政经济出版社 1990 年版。

经济角度来看，贫困人口是因缺少必要经济条件无法满足消费、教育等方面需要的人。[①] 除了经济的角度，贫困也包括其他方面，例如个人健康、知识水平等基本能力低下的能力贫困，缺乏基本人权、文化权等基本权利的权利贫困等。[②] 综合以上可看出，随着对贫困概念认识的逐步深化，学术界对其定义趋于细致，从最基本的生活、经济水平，发展到目前的能力、权利等多方面，这些新发展是我们致力于解决贫困问题的决心，也是社会发展进步的体现。

贫困的测量，与人们对贫困问题认识的深化紧密相关，目前学界共识的测量方法主要有三种类型：单维、双维和多维，与之对应的贫困概念分别为绝对贫困、相对贫困和多维贫困。首先，绝对贫困指的是，一个家庭处于贫困状态，其成员所拥有的收入不足以维持基本生存需要，[③] 例如食物、住房等生活必需品的需要，对应这一概念的方法主要包括收入比例法、生活需求法、市场菜篮法和恩格尔系数法。其次，相对贫困基于对比视角，强调了人们生活水平的差异性，指的是个人或家庭收入低于本国平均收入一定比值的水平，世界银行将低于社会平均收入水平三分之一的人群定义为相对贫困人口。最后，多维贫困是基于阿马蒂亚·森的可行能力贫困理论提出的，他认为，个人陷入贫困状态的深层次原因是缺少可行能力，[④] 因此，解决贫困的真正可行路径是从多维角度测量个人所缺少的能力，进而对贫困者进行针对性帮助。[⑤] 阿马蒂亚·森提出的多维测量方法推进人们从发展的角度

---

① Poverty and Shared Prosperity 2018, *Piecing Together the Poverty Puzzle*, World Bank, Washington, D. C..

② 蓝红星：《贫困内涵的动态演进及发展趋势》，《重庆科技学院学报》（社会科学版）2012 年第 23 期。

③ 沈红：《中国贫困研究的社会学评述》，《社会学研究》2000 年第 9 期。

④ Anand S., Sen A. K., "*Concepts of Human Development and Poverty: A Multidimensional Perspective*", 1997.

⑤ Sen A., "Poverty: An Ordinal Approach to Measurement", *Econometrica*, Vol. 44, No. 2, 1976.

来看待贫困，与之对应的多维测量方法包括 Sen 指数、FS 法（Fuzzy Set）、AF 法（Alkire-Foster）等。[①] 近年来国内研究也开始聚焦于多维贫困，将多维贫困概念、测量方法应用于我国实践。[②③] 综合来看，贫困指数从单维到多维的发展实质是学术界对贫困问题认识的深化，其最终目的都是更全面、更深入地解决贫困问题。

贫困研究在概念和测量等方面的进步，最终目的都是解决社会中的贫困问题，促进个人发展及社会公平正义。解决贫困问题的过程即为贫困治理。格鲁特尔特（Grootaert C.）以印尼为例，研究了社会资本对家庭福利和贫困的影响，发现社会资本能缓解贫困，尤其对于贫困家庭来说，如果致力于在创造社会资本方面投入更多的时间和精力，给贫困者所处家庭整体带来的回报率显著高于晋迪家庭，甚至很有可能超过人力资本回报率。[④] 除了社会资本的影响，产生贫困的原因还包括家庭、个人等方面，林闽钢、梁誉、刘璐婵系统梳理了民政部"中国城乡困难家庭社会政策支持系统建设"项目的调查数据，发现我国贫困家庭呈现出有劳动力无法就业和无劳动力等问题。[⑤] 总的来看，从认识贫困问题到如今的反贫困战略，大致可分为以下五个阶段：第一，1986 年以前，为贫困政策的调整制定阶段；第二，1986—1993 年，为大规模开发治理贫困阶段；第三，1993—2000 年，为区域性开发治理贫困阶段；第四，2000—2010 年，为综合开发治理贫困阶段；第五，2010 年至今的精准扶

---

① 陆康强：《贫困指数：构造与再造》，《社会学研究》2007 年第 4 期。

② 邹薇、方迎风：《关于中国贫困的动态多维度研究》，《中国人口科学》2011 年第 11 期。

③ 杨龙、汪三贵：《贫困地区农户的多维贫困测量与分解——基于 2010 年中国农村贫困监测的农户数据》，《人口学刊》2015 年第 2 期。

④ Grootaert C., *Social Capital, Household Welfare, and Poverty in Indonesia*, The World Bank, 1999, p. 63.

⑤ 林闽钢、梁誉、刘璐婵：《中国贫困家庭类型、需求和服务支持研究——基于"中国城乡困难家庭社会政策支持系统建设"项目的调查》，《天津行政学院学报》2014 年第 3 期。

贫阶段。[1][2][3] 总体来看，我国贫困主题研究和具体的反贫困战略，到目前为止仍然侧重于认识贫困结构，将政府作为反贫困主体制定具体战略，提倡政府对特殊区域、贫困群体的帮扶。[4][5]

从对贫困的认识、测量到对贫困问题的治理，是从单维到多维逐步深入的过程，目前，中国在贫困问题和贫困治理方面的研究大都聚焦于多维贫困及其治理这一角度，这契合了贫困领域的研究前沿，也有助于我们对我国现今贫困类型和治理多维角度的重新认识。但是，这些研究大多停留于贫困研究的表层，仅关注我国贫困的表层原因和治理方向，于社会治理本身而言，治理方向固然重要，但更重要的应该是具体贫困原因的治理路径。在认识多维贫困表层原因基础上，探索致贫因素的内在机理，是目前贫困研究中所缺少的。

（二）老年贫困及其治理

目前，关于老年贫困以及对应的治理研究主要可分为：第一，贫困老年人的特质；第二，老年贫困的分布及其治理；第三，特殊老年群体的贫困问题。贫困老年人的特殊性，决定了老年贫困问题成为贫困研究中的一个重要分支。老年人较其他年龄层的人更容易陷入贫困状态，本身处于劣势的老年群体随着时间的推移，很可能会陷入更为窘迫的境地。[6] 更何况，受到人力资本分层的影响，大多数贫困老年人的人力资本条件，在年轻时就低于其他人群，伴随

---

① 王曙光：《中国的贫困与反贫困》，《农村经济》2011 年第 3 期。

② 闫坤、孟艳：《反贫困实践的国际比较及启示》，《国外社会科学》2016 年第 4 期。

③ 贺雪峰：《中国农村反贫困战略中的扶贫政策与社会保障政策》，《武汉大学学报》（哲学社会科学版）2018 年第 3 期。

④ 单德朋：《教育效能和结构对西部地区贫困减缓的影响研究》，《中国人口科学》2012 年第 5 期。

⑤ 邰秀军、殷蕾蕾：《新贫困线下我国农村家庭户的贫困广度和深度——基于 CGSS2008 数据的研究》，《未来与发展》2014 年第 3 期。

⑥ Angus, J., "Ageism: A Threat to 'Aging Well' in the 21st Century", *Journal of Applied Gerontology*, Vol. 25, No. 2, 2006.

着老年阶段人力资本水平进一步下降，[①②] 更难以摆脱贫困状态。健康作为人力资本的重要影响因素，在缓解老年贫困方面有重要作用，[③] 因此，加强推进我国医疗保障体系建设，是缓解老年贫困的重要途径。中国自古便遵循养儿防老传统，儿子对老年父母的经济和精神支持仍然是影响老年人晚年经济条件、精神健康的直接因素，[④] 并且在抑制老年贫困的发生率等方面有显著的正向作用。因此，应当鼓励家庭积极承担起照顾老人的责任，同时改善贫困家庭人员的就业状况。

在我国，最明显的社区环境差异表现为城乡差异。乔晓春、张恺悌、孙陆军基于我国城乡老年人口一次性抽样调查的原始数据，分析了我国老年贫困人口的基本特征，发现我国农村老年人贫困的比例高于城市，[⑤] 除了基础设施方面的物质剥夺现象以外，我国的社会保障制度是造成我国农村老年人贫困比例高的一个重要原因。在我国，农村居民与城市居民的社会保障具有两套不同标准，大多数城镇职工退休后都能维持其原有生活水平，[⑥] 但是，中国农村居民的社会保障程度却普遍较低，大多数农村居民年老后的稳定收入，除了儿女给予的经济支持以外，大都只有每月80元左右的城乡居民养老保险基础养老金，这显然无法满足他们的基本生活需要，因而，农村居民大都面临更为严重的贫困问题。钟涨宝、聂建亮在全国5个省份的调查显示，近30%的农民认为，新农保在改善农村老年人贫困方面的作用很

---

① 蒲新微：《中国城市老年群体的社会分层及其结构——以长春市为例》，《人口学刊》2009年第1期。

② 徐静、徐永德：《生命历程理论视域下的老年贫困》，《社会学研究》2009年第6期。

③ 刘生龙、李军：《健康、劳动参与及中国农村老年贫困》，《中国农村经济》2012年第1期。

④ Lei X., Strauss J., Tian M., et al., "Living Arrangements of the Elderly in China: Evidence from Charls", *Iza Discussion Papers*, Vol. 8, No. 3, 2011.

⑤ 乔晓春、张恺悌、孙陆军：《中国老年贫困人口特征分析》，《人口学刊》2006年第4期。

⑥ 王跃生：《城市第一代独生子女家庭代际功能关系及特征分析》，《开放时代》2017年第3期。

有限。① 除了城乡以外，区域发展不平衡是影响我国老年贫困人口分布的又一重要因素，刘二鹏基于2005—2014年中国老年人健康影响因素追踪调查的分析结果显示，中西部地区的主观贫困和消费贫困发生率都显著高于东部地区。② 受到区域和城乡的双重影响，我国老年人贫困发生率在我国西部农村最高。虽然目前在精准扶贫过程中，农村老年贫困人口显著减少，但是我国农村和中西部地区仍然是贫困高发区，加强医疗、养老等各方面的基础设施建设，是根治个别地区老年贫困现象的出路。③

除了上述两方面，个别特殊的老年类型是老年贫困的高发群体。近年来，很多研究开始聚焦于性别不平等，以及由此引发的社会问题。皮尔斯（Pearce D.）研究了收入、收入转移以及公共福利政策于两性的区别对待现象之后发现，这很有可能会造成女性持续贫困的问题，并基于此提出了"女性化贫困"（Feminization of Poverty）这一概念。④ 此外，受到家庭养老基础性地位的影响，对于子女无法给予其经济支持的城市独居老年人或者特殊类型的失独老年人来说，往往也会面临极大发生贫困的风险。⑤ 因此，在贫困治理中，不仅应当关注贫困老年人口的弱势特征和区域性贫困，更应该完善社会救助制度和社会救助的精准度，关注处于社会底层的特殊老年群体。

在老年贫困及其治理中，大多研究都聚焦于贫困老年人特质和老年贫困的地理分布这两类，一方面，着眼于贫困老年人的健康、收

---

① 钟涨宝、聂建亮：《政策认知与福利判断：农民参加新农保意愿的实证分析——基于对中国5省样本农民的问卷调查》，《社会保障研究》2014年第2期。

② 刘二鹏：《中国老年贫困及其致贫因素差异分析——基于多维贫困视角的实证与比较》，《湖南农业大学学报》（社会科学版）2018年第3期。

③ 宋泽、詹佳佳：《农村老年多维贫困的动态变化——来自 CHARLS 的经验证据》，《社会保障研究》2018年第5期。

④ Pearce D., "The Feminization of Poverty: Women, Work, and Welfare", *Urban and Social Change Review*, 1978.

⑤ 刘洋洋、孙鹃娟：《中国老年人贫困特征及其影响因素分析》，《统计与决策》2018年第14期。

入、社会支持不足，讨论反老年人贫困的对策方案；另一方面，聚焦于农村和中西部地区，讨论社会政策于贫困地区的支持力不足问题。总的来看，目前聚焦于特殊老年群体贫困问题的研究较少，特殊贫困老年群体的定量研究更是不多见，这很有可能是由于老年贫困群体难以接触，或者难以实施实地调查所导致的。

（三）老年人贫困的社会支持系统

社会支持系统指的是为个人提供支持的社会网络，个人的社会支持系统一般包括政府、社会和个人的社会网络三方面，其中，社会主要指的是社会组织、社区等，个人的社会网络主要指的是个人的家庭成员、亲属朋友等。在我国，个人在生命历程前期累积下的资源和家庭是人们年老后的基本保障，但是，在少子化和生活成本上升等多方面的影响下，"养儿防老" 传统趋于弱化成为人们之共识。值得关注的是，女儿开始补充儿子养老，加入到老年人的养老过程中，在父母的晚年生活中扮演着越来越重要的角色，[1] 进一步为老年人的晚年生活 "添砖加瓦"，提升老年人生活质量。[2]

但是，即使女儿开始进入养老过程，子女的代际支持总体上不仅没有得到提升，反而有所下降，子女支持对于我国城市老年人口的贫困发生率的抑制作用也在逐步下降。[3] 尽管家庭养老有所弱化，但其仍然是中国大多数老年人晚年生活的支撑，积极倡导子女承担起赡养父母的责任，是缓解老年贫困的重要路径。

当然，我们不能将老年贫困的责任仅归因于子女支持力度不足这一方面，因为老年人之所以贫困，很可能并非子女照顾不足，而是子女没有能力照顾他们，基于此，国家和社会的支持就显得格外重要。在以基本养老保险、最低生活保障为重点，以慈善事业、商业保险为

---

① Kington S. R. ，"Demographic and Economic Correlates of Health in Old Age"，*Demography*，Vol. 34，No. 1，1997.

② 许琪：《儿子养老还是女儿养老？基于家庭内部的比较分析》，《社会》2015 年第 4 期。

③ 易迎霞：《我国城市老年人口的贫困发生机制研究》，《云南民族大学学报》（哲学社会科学版）2018 年第 6 期。

补充的老年社会支持框架下，[①] 贫困老年人主要享受社会救助这一正式的社会支持，以及由社会和非营利组织等提供的非正式社会支持。一般来说，社会救助作为社会保障的最后一张网，不仅能够改善贫困老年人的生活状况，对其健康也会产生正面影响。[②] 但是，慈勤英、宁雯雯利用 2015 年东北、华东、华南和华中四地区的实证数据，研究了我国贫困老年人口的社会支持效果，研究发现，虽然社会救助和社会保险都对老年人口的经济状况有积极效应，但对健康状况却并没有显著影响。[③] 戴克斯特拉（Dykstra）的研究回答了上述问题，他发现，孤独感不仅会影响老年人对生活的满意度，也会对其健康产生负面影响。[④] 我国现有的社会保障体系不足，政府救助资金有限，正式社会支持系统仅限于为贫困老人提供基础的生活经济支持和维持其基本健康的医疗服务支持，而无法满足贫困老年人在精神方面的需要。[⑤] 目前，针对这一问题，许多北欧国家开始在社会保障体系中加入健康促进干预项目，例如针对个人的"一对一"干预项目，或者以社区为基础的社区干预项目等。[⑥] 保基础，也就是建立基本的社会救助，是解决老年贫困的聚焦点。在未来，应该逐步增强老年人社会支持系统中政府和社会的责任，对老年人的支持也应该从基本的经济支持逐步扩展到精神、生活等各方面。

20 世纪 50 年代初，中国政府在国家保险型的社会保障制度框架

---

① 杨宏、吴长春：《完善我国老年社会保障体系》，《东北师大学报》（哲学社会科学版）2010 年第 2 期。

② House J. S.，Landis K. R.，Umberson D.，"Social Relationships and Health"，*Science*，Vol. 4865，No. 241，1988.

③ 慈勤英、宁雯雯：《家庭养老弱化下的贫困老年人口社会支持研究》，《中国人口科学》2018 年第 4 期。

④ Dykstra P. A.，"Older Adult Loneliness：Myths and Realities"，*European Journal of Ageing*，Vol. 2，No. 6，2009.

⑤ 刘一伟、汪润泉：《"加剧"还是"缓解"：社会保障转移支付与老年贫困——基于城乡差异视角的分析》，《山西财经大学学报》2017 年第 2 期。

⑥ Honigh-de Vlaming R.，Haveman-Nies A.，Bos-Oude Groeniger I.，et al.，"Determinants of Trends in Loneliness among Dutch Older People over the Period 2005 – 2010"，*Journal of Aging and Health*，Vol. 26，No. 3，2014.

内，建立起了适应计划经济体制要求的社会福利制度。此时的社会福利制度与传统意义上的社会救济紧密联系，难分彼此，二者无论是在保障对象还是保障内容上，均存在着较高的重合度。20世纪80年代，我国政府开始推进社会福利制度的改革，明确提出要将社会福利体系从以国家为中心，逐步向政府主导社会参与的方向发展，进一步提高社会福利的社会化水平，拓宽社会福利的筹资渠道，并最终建立起一个责任多元化分担的福利社会。这些改革措施彻底地改变了计划经济下人们单纯依靠政府或企业提供福利的局面，社会福利成了国家、社会、企业和个人的共同事业。与此同时，尽管伴随着市场化改革的福利多元化推动我国社会福利事业取得了诸多进展，市场介入老年人社会福利却仍然处于初级阶段。就老年人社会保障这一方面来看，我国现有的正式社会支持和非正式社会支持之间仍然存在很大缺口，社会救助、社会福利和扶贫开发建设之间的协调性不足，尤其是低保项目与特殊群体社会福利项目之间不协调的问题，对贫困老年群体的福利获得有直接影响。[1] 目前，我国对于老年人的资源供给主要侧重于经济资源方面，情感和生活服务等方面仍然存在较大缺口，尤其是对于一些特殊贫困老年人来说，人际交往方面的保障甚至可以说是一种奢求。[2] 就我国综合发展现状来看，难以做到从经济、生活和精神等各方面的养老保障全覆盖，积极提倡社会加入老年人支持系统，不仅有助于为老年人，尤其是特殊老年人带来真正的方便，也有助于减轻政府和家庭的负担。[3] 倡导多元参与是建设健全老年人社会支持系统的重要途径，也是治理老年贫困的有效对策。[4]

---

① Zhang H. , "Uncoordination of China's Social Assistance Program Resources and Policy Solutions", *Social Work and Social Welfare*, Vol. 1, No. 1, 2018.

② 胡娟：《上海市不同老年群体居家养老服务需求与对策研究》，上海社会科学院2008年版。

③ Pillemer K. A. , Macadam M. , Wolf R. S. , "Services to Families with Dependent Olders", *Journal of Aging & Social Policy*, 1989.

④ Oris M. , Gabriel R. , Ritschard G. , et al. , "Long Lives and Old Age Poverty: Social Stratification and Life-Course Institutionalization in Switzerland", *Research in Human Development*, Vol. 14, No. 1, 2017.

我国老年人贫困的社会支持系统是以家庭为基础，国家为支撑，社会为补充的形式进行的，总的来看，家庭是大多数老年人的养老基础，尤其是对于那些没有养老保障的农村老年群体来说，家庭更是他们年老后的唯一支柱。因此，继续倡导家庭养老，积极宣传孝道意识是大势所趋。同时，政府应当及时补位贫困家庭中的老年人保障，保障其基本生活。但是，关于家庭与政府之间的衔接关系，或者政府如何补位于贫困老年人，政府如何与家庭成员协调配合以保障贫困家庭中老年人的晚年生活等方面的研究较少。此外，我国政府目前只负责保障贫困老年人的基本生活问题，在深度影响身体健康的心理、孤独感等方面的支持建设存在诸多不足，这一方面因为学术界研究缺位，另一方面表现出我国政府的保障力度不足。目前大多数研究都积极倡导政府提高保障力度，却未能看到政府已经承担了诸多事务，忽视了市场的作用。总体来看，贫困老年人的社会支持体系建设，应该聚焦于贫困老年人的亲属网络，也就是家庭、政府和社会三方面，政府应当发挥其正向引导作用，与家庭和社会共同承接起老年贫困问题。

第三节　分析框架、研究内容与研究方法

一　分析框架

基于不同学科视角对贫困的阐释和分析，王杰秀、唐钧等提出了观察、认识和理解贫困的三个层面。"第一个层面，是将贫困视为一个社会现实，理解为一种事实的客观存在；第二个层面，是将贫困视为一种公众的社会评价，加入了主观的价值判断的因素；第三个层面，是将贫困视为一种政府政策的后果，加入了现行的制度安排的因素。"[1]

本书的分析框架部分借鉴了贫困的三个层面的认知，并对其进行

---

[1] 王杰秀、唐钧：《中国城乡困难家庭社会政策支持研究（2015）》，中国社会出版社2017年版，第213页。

了发展，提升了此种解释框架的一般性和普遍性。首先，在范畴上，本书将此种解释框架用于衡量包括经济、健康、社会参与、养老服务在内的多维贫困。贫困绝不仅是物质上、经济上的贫困，而是包括身体健康、社会参与等其他方面在内的多维贫困，或者说，是一种家庭状态的贫困与脆弱。单一的维度限制了对贫困的全面理解，对贫困的分析和评价应当超越单一维度，从多个角度进行衡量。其次，在内涵上，本书将贫困的意涵拓展到脆弱性。脆弱性和社会保护是对应的，本书强调城乡困难家庭老年人相对不充分的、匮乏的状态，而脆弱一词比贫困更能适应社会认识和社会评价，更适用于对城乡困难家庭老年人的评价。

总体而言，本书基于文献综述和理论基础，构建了一个全方位、多维度、多层次的关于脆弱的分析框架。详见图0-1。

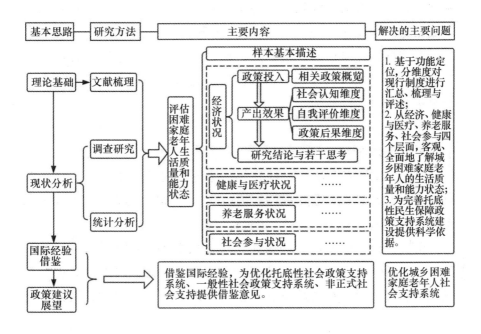

图0-1　分析框架

二 研究内容

本书研究内容主要分为六个部分。导论部分主要对本书的研究背景、意义、内容等进行介绍，对相关概念进行界定，并介绍本次调查方案及数据质量评价。第一章为城乡困难家庭老年人基本情况，主要对城乡困难家庭老年人的样本分布情况分别进行总体的、分城乡的、分区域的描述分析。第二章至第五章分别对城乡困难家庭老年人经济状况、健康与医疗状况、养老服务状况，以及社会参与与支持进行评述。各个章节均由三节组成：第一节基于功能定位，对城乡困难家庭相关支持政策进行梳理和汇总；第二节基于社会现实认知和自我评价认知，对城乡困难家庭老年人相关状况进行描述和分析，同时基于政策后果认知，对相关支持政策进行充足性、公平性和有效性的分析和评价；第三节为研究结论与思考，在汇总、归纳第一节和第二节研究结论的基础上，提出优化城乡困难家庭支持政策的若干思考。第六章为国际经验借鉴，主要对典型国家（美国、德国、日本）贫困老年人社会保护和社会支持政策进行梳理、分析和评价。第七章为政策建议。

三 研究方法

第一，文献梳理法。通过收集、梳理国内外关于贫困、社会救助、社会支持等方面的相关书籍与文献，确定城乡困难家庭老年人状况调查的分析框架，为研究奠定理论基础。

第二，调查研究法。调研东、中、西部城乡困难家庭老年人，从城乡困难家庭老年人基本状况、经济状况、健康与医疗状况、养老服务状况，以及社会政策支持系统状况五个方面出发，展开问卷调查。

第三，统计分析法。综合使用统计方法，对调查数据进行分析，在综合分析城乡困难家庭老年人的生活质量和状态的基础上，全面、深入地评估城乡困难家庭老年人社会支持政策系统的整体效果。

第四节 调查方案与质量评价

一 调查方案

（一）调查目标

本书基于新时代我国经济社会发展的大背景和现实需要，以全面脱贫和建设民众美好生活为根本方向，紧扣城乡困难家庭及社会支持政策体系建设主题，借鉴美国脆弱家庭追踪研究项目经验，以生存质量、可行能力为基本分析框架指引，以生命历程、关键事件为纵向刻度指标，以国际公认测量工具为基础，以对照分析为基本分析方法，全面、深入、客观、历史地反映我国城乡困难家庭中脆弱人群基本生存质量、能力状态和主要生命历程变化状况，评估以托底性救助政策为核心的社会支持体系的作用效果，从而形成家庭、个体两个层面的政策效应评价维度，进一步健全、完善"托底性民生保障政策支持系统建设"项目的研究框架。

（二）调查对象与地点

调查对象包括四类家庭的老年人（年龄在60周岁及以上），分别为城市困难家庭老年人、城市对照家庭老年人、农村困难家庭老年人、农村对照家庭老年人。困难家庭老年人主要为低保户、边缘户家庭的老年人，对照家庭老年人则为普通家庭的老年人。

在调查地点的选择上，考虑样本的代表性，本调查在全国东、中、西部地区，选取安徽省、北京市、福建省、甘肃省、广东省等28个省、市、自治区，调查范围涉及1800多个村居。

在调查对象的选择上，遵循"就近居住、基本特征一致"的总体原则。具体而言，包括以下几点：（1）每调查3—4户目标家庭，从中随机选择一户，就近抽取其对照家庭。（2）按地理距离最近原则选择对照普通家庭。（3）同性别：对照家庭内必须有能够接受调查的同性别老年人或儿童青少年。（4）同婚姻状态：目标户老年人和对照户老年人的婚姻状态应当相同。（5）同年龄段：对照家庭的老年人选择，应当在 60 岁以上且处于同一年龄段（5 岁之内）。

二　问卷总体质量评价

2018 年度城乡困难家庭老年人入户调查采用计算机辅助面访（CAPI）的调查方式，在 28 个省、市、自治区的 1800 多个村居内展开，共回收问卷 6042 份，变量共计 441 个。其中，城市困难家庭老年人问卷 2522 份；城市对照家庭老年人问卷 807 份；农村困难家庭老年人问卷 1513 份；农村对照家庭老年人问卷 504 份；残疾老年人问卷 696 份。总体而言，问卷调查内容丰富，样本规模大，数据质量较好，为研究提供了客观丰富的数据基础。

下文将从信度、效度两个方面来评价年度数据质量。

信度是指根据测验工具所得到的结果的一致性或稳定性，反映被测特征真实程度的指标。针对城乡困难家庭老年人，本研究选取问卷中反映老年人家庭居住小区情况的相关问题对数据的内在一致性进行检验，选取理由是家庭居住小区情况的相关问题从不同角度询问访问者对于家庭小区环境的评价，研究设计假设具有一致性，具体选用 Cronbach'α 系数进行测算。

表 0 - 1　　　　　　　　　**数据信度分析**

样本人群	Cronbach'α 系数
城市困难家庭老年人	0.75
城市对照家庭老年人	0.80
农村困难家庭老年人	0.77
农村对照家庭老年人	0.78

数据的效度也是衡量数据质量的重要维度。效度即有效性，它是指测量工具或手段能够准确测出所需测量的事物的程度。通常，检验效度的方法是通过因子分析，检验同类变量是否基本一致，如果同类变量的主要载荷在同一个公因子上，说明相应变量效度较好。检验发

现，同类变量被分配到了一个公因子，且载荷较高，说明数据质量效度较好。

表 0 - 2　　　　　　　　　**数据效度分析**

样本人群	社区拥挤程度	社区卫生环境	社区安全状况
城市困难家庭老年人	0.63	0.78	0.64
城市对照家庭老年人	0.66	0.83	0.70
农村困难家庭老年人	0.67	0.78	0.65
农村对照家庭老年人	0.70	0.80	0.63

第一章 城乡困难家庭老年人
基本状况

第一节 城乡困难家庭老年人社会人口学状况

一 城乡困难家庭老年人基本信息

（一）性别

根据调查分析结果（见表1-1），在老年人总体样本中，男性占比达57.55%，接近六成，女性占比42.45%；在困难家庭老年人总体样本中，男性占比57.03%，女性占比42.97%。具体而言，在低保户、边缘户和普通户老年人样本中，男女的性别比例分布均较为接近，男性占比分别为57.00%、57.07%、59.10%。

表1-1　　　　总体—城乡困难家庭老年人性别的分布情况　　　　（%）

性别	总体	困难家庭	低保户	边缘户	普通户
男性	57.55	57.03	57.00	57.07	59.10
女性	42.45	42.97	43.00	42.93	40.90

（二）年龄

根据调查分析结果（见表1-2），在总体老年人样本中，年龄均值为68.99，最小值为60.00，最大值为99.00，调查数据的中位数为68.00；在困难家庭老年人总体样本中，年龄均值为69.23，最小值为

60.00，最大值为99.00；在低保、边缘、普通户样本中，年龄均值分别为69.58、68.76、68.24，接受调查的低保户老年人年龄相对较大。

表1-2　　　　　总体—城乡困难家庭老年人年龄的情况　　　（岁）

年龄	均值	中位数	标准差	最小值	最大值
总体	68.99	68.00	6.45	60.00	99.00
困难家庭	69.23	68.00	6.66	60.00	99.00
低保户	69.58	69.00	6.70	60.00	99.00
边缘户	68.76	67.00	6.57	60.00	97.00
普通户	68.24	67.00	5.72	60.00	93.00

（三）残疾状况

根据调查分析结果（见表1-3），在老年人总体样本中，残疾占比13.09%，没有残疾占比86.91%。在困难家庭老年人总体样本中，残疾占比16.71%，没有残疾占比83.29%。具体而言，在普通户老年人样本中，残疾占比相对较低，仅为2.25%，此比例在低保户老年人样本和边缘户老年人样本中分别为18.35%、14.50%。

相较普通家庭老年人，困难家庭老年人患有残疾的比例较高，既体现了困难家庭老年人更强的个人脆弱性，也在很大程度上体现了经济状况同残疾状况之间的相互影响。一方面，家庭经济状况越差，老年人的医疗保障水平越低和健康意识越薄弱，身体健康状况越差；另一方面，身体健康状况越差，老年人的医疗花销越大，个人劳动收入越低，加剧了其家庭经济负担。因此，有必要给予困难家庭中的残疾老年人以更多的经济支持，使其获得足够的生活保障和医疗保障。

表 1-3　　　　　总体—城乡困难家庭老年人残疾的分布情况　　　　（%）

残疾	总体	困难家庭	低保户	边缘户	普通户
是	13.09	16.71	18.35	14.50	2.25
否	86.91	83.29	81.65	85.50	97.75

依据调查分析结果（见表 1-4），在城市老年人总体样本中，残疾的占比 10.71%，没有残疾的占比 89.29%；在城市困难家庭老年人样本中，残疾的占比 13.61%，此比例在普通户老年人样本中仅为 2.25%。

在农村老年人总体样本中，残疾的占比 16.76%，没有残疾的占比 83.24%；在农村困难家庭老年人样本中，残疾的占比 21.42%，没有残疾的占比 78.58%。具体而言，农村低保户老年人样本中，残疾的占比相对较高，占比 23.89%；农村普通户老年人样本中，残疾的占比相对较低，占比 2.25%。

表 1-4　　　　　分城乡—城乡困难家庭老年人残疾的分布情况　　　　（%）

残疾		总体	困难家庭	低保户	边缘户	普通户
城市	是	10.71	13.61	15.04	11.49	2.25
	否	89.29	86.39	84.96	88.51	97.75
农村	是	16.76	21.42	23.89	18.52	2.25
	否	83.24	78.58	76.11	81.48	97.75

（四）婚姻状况

根据调查分析结果（见表 1-5），在老年人总体样本中，婚姻状况为已婚的占比最高，达 62.03%；其次为丧偶，占比 26.60%；从未结婚、离异、再婚的老年人占比分别为 4.14%、3.46%、3.26%；在困难家庭老年人总体样本中，婚姻状况为已婚的占比同样最高，达

57.70%，其次为丧偶，占比29.03%。在低保、边缘和普通户老年人总体样本中，婚姻状况为已婚的占比均最高，分别为52.21%、65.10%、74.98%。困难家庭老年人样本中，婚姻状况为丧偶的老年人占比为29.03%，从未结婚的老年人占比5.30%；这两个比例在普通户老年人样本中分别为19.32%和0.66%。

数据结果表明，一方面，家庭经济状况将在很大程度上影响老年人的婚姻状况，尤其对于从未结婚的老年人而言；另一方面，处于丧偶、离异等状态的老年人得到的家庭支持（既包括经济，也包括情感、照料等多个方面）相对较少，体现了较强的家庭脆弱性，加剧了其经济和其他方面的弱势地位。

表1-5　　　总体—城乡困难家庭老年人婚姻状况的分布情况　　　（%）

婚姻状况	总体	困难家庭	低保户	边缘户	普通户
已婚	62.03	57.70	52.21	65.10	74.98
再婚	3.26	3.29	3.39	3.16	3.18
离异	3.46	4.08	5.50	2.18	1.59
丧偶	26.60	29.03	30.97	26.41	19.32
从未结婚	4.14	5.30	7.20	2.74	0.66
同居未婚	0.28	0.33	0.42	0.21	0.13
其他婚姻状况	0.23	0.27	0.31	0.20	0.14

根据调查分析结果（见表1-6），在城市老年人总体样本中，婚姻状况为已婚、丧偶和离异的占比相对较高，其中，已婚占比60.14%，丧偶占比27.67%，离异占比4.77%。在城市困难家庭老年人样本中，同样符合这一分布，婚姻状况为已婚、丧偶、离异的占比分别为56.25%、29.52%、5.74%。

在农村老年人总体样本中，婚姻状况为已婚、丧偶和从未结婚的占比相对较高，分别为64.94%、24.95%和5.06%，此分布在农村困难家庭老年人样本中类同，其中，婚姻状况为已婚占比 59.91%，丧偶占比 28.29%，从未结婚占比 6.46%。尤其值得注意的是，农村低保户老年人样本中，从未结婚的老年人占比 9.07%，此比例在边缘户和普通户老年人样本中分别为 3.39% 和 0.69%。

表 1-6　　分城乡——城乡困难家庭老年人婚姻状况的分布情况　　（%）

婚姻状况		总体	困难家庭	低保户	边缘户	普通户
城市	已婚	60.14	56.25	49.60	66.06	71.52
	再婚	3.52	3.55	3.31	3.89	3.43
	离异	4.77	5.74	7.61	2.99	1.93
	丧偶	27.67	29.52	32.90	24.52	22.27
	从未结婚	3.54	4.54	6.08	2.26	0.64
	同居未婚	0.22	0.26	0.25	0.27	0.11
	其他婚姻状况	0.14	0.14	0.25	0.01	0.11
农村	已婚	64.94	59.91	56.60	63.80	80.59
	再婚	2.87	2.90	3.51	2.18	2.77
	离异	1.43	1.56	1.96	1.09	1.04
	丧偶	24.95	28.29	27.73	28.93	14.56
	从未结婚	5.06	6.46	9.07	3.39	0.69
	同居未婚	0.38	0.45	0.72	0.12	0.17
	其他婚姻状况	0.37	0.43	0.41	0.49	0.18

二　城乡困难家庭老年人人力资本信息

（一）文化程度

根据调查分析结果（见表 1-7），在老年人总体样本中，文化程度为私塾或小学的占比最高，为 38.42%，其次为初中和未上过学的，占比分别为 25.53% 和 22.21%。在困难家庭老年人总体样本中，文化程度为私塾或小学的占比同样最高，为 40.85%，其次为未上过学，占比 25.80%，初中占比 22.78%。在低保和边缘户老年人总体样本中，文化程度为私塾或小学的占比最高，其次为初中、未上过学；在普通户老年人总体样本中，文化程度为初中的老年人占比最高，其次为私塾或小学、高中或中专。总体而言，困难家庭老年人文化水平相对低于普通户老年人。

表 1-7　　　总体—城乡困难家庭老年人文化程度的分布情况　　　（%）

文化程度	总体	困难家庭	低保户	边缘户	普通户
未上过学	22.21	25.80	27.96	22.89	11.46
私塾或小学	38.42	40.85	42.15	39.10	31.13
初中	25.53	22.78	22.00	23.82	33.77
高中或中专	11.31	8.96	6.77	11.91	18.34
大专或大本	2.53	1.61	1.12	2.28	5.30

（二）职业状况

根据调查分析结果（见表 1-8），在老年人总体样本中，农业劳动者占比最高，达 48.88%；其次为产业工人，占比 17.81%；城乡的失业者、半失业者或从未就业占比 5.33%，国家与社会管理者占比 4.81%，专业技术人员占比 4.60%。在困难家庭老年人总体样本中，老年人职业状况的分布情况同总体样本大体一致，农业劳动者，产业工人，城乡的失业者、半失业者或从未就业的占比相对较高。具体而言，在低保户老年人总体样本中，农业劳动者，产业工人，城乡的失业者、半失业者或从未就业的占比相对较高；在边缘和普通户老年人总体样本中，农业劳动者、产业工人、国家与社会管理者占比相对较高。

表1-8　　　　**总体—城乡困难家庭老年人职业状况的分布情况**　　　　（％）

职业	总体	困难家庭	低保户	边缘户	普通户
国家与社会管理者	4.81	3.48	2.48	4.78	8.42
经理人员	1.12	0.83	0.60	1.13	1.88
私营企业主	0.19	0.16	0.14	0.18	0.27
专业技术人员	4.60	3.14	2.71	3.70	8.38
办事人员等	3.05	2.44	1.97	3.04	4.62
个体工商户	2.56	2.65	2.71	2.57	2.35
商业服务人员	2.82	2.67	2.57	2.81	3.22
产业工人	17.81	16.53	14.73	18.87	21.11
农业劳动者	48.88	52.21	52.68	51.58	40.28
城乡的失业者、半失业者或从未就业	5.33	6.43	8.35	3.94	2.48
其他	8.83	9.46	11.06	7.40	6.99

　　根据调查分析结果（见表1-9），在城市老年人总体样本中，农业劳动者，产业工人，失业者、半失业者或从未就业的占比相对较高，占比分别为31.12%、24.42%和7.78%；这一分布在城市困难家庭老年人样本中同样一致，其中，农业劳动者占比34.34%，产业工人占比22.76%，失业者、半失业者或从未就业占比9.39%。具体而言，在城市低保户老年人样本中，农业劳动者，产业工人，失业者、半失业者或从未就业的占比相对较高；在城市边缘户老年人样本中，农业劳动者、产业工人、国家与社会管理者的占比相对较高；在城市普通户老年人样本中，农业劳动者、产业工人、专业技术人员的

占比相对较高。尤其值得注意的是，在城市各类老年人样本中，失业者、半失业者或从未就业的占比均高于农村各类老年人样本。

在农村老年人总体样本中，农业劳动者占比最高，达78.19%；其次为产业工人，占比6.89%；再次为国家与社会管理者，占比3.72%。在农村困难家庭老年人样本中，农业劳动者占比81.95%，产业工人占比6.15%，国家与社会管理者占比2.42%。农业劳动者是农村老年人样本中最为重要的职业，在农村低保、边缘和普通户老年人样本中，农业劳动者占比分别为83.93%、79.77%、68.65%。

表1-9　分城乡—城乡困难家庭老年人职业状况的分布情况　（%）

	职业	总体	困难家庭	低保户	边缘户	普通户
城市	国家与社会管理者	5.47	4.11	2.82	5.97	9.01
	经理人员	1.74	1.29	0.92	1.82	2.93
	私营企业主	0.18	0.12	0.14	0.10	0.33
	专业技术人员	5.77	4.36	3.52	5.57	9.45
	办事人员等	3.72	2.99	2.39	3.85	5.65
	个体工商户	3.60	3.82	3.87	3.74	3.04
	商业服务人员	4.09	3.90	3.80	4.05	4.56
	产业工人	24.42	22.76	19.72	27.13	28.77
	农业劳动者	31.12	34.34	35.99	31.98	22.69
	失业者、半失业者或从未就业	7.78	9.39	11.97	5.67	3.58
	其他	12.11	12.92	14.86	10.12	9.99

	职业	总体	困难家庭	低保户	边缘户	普通户
农村	国家与社会管理者	3.72	2.42	1.84	3.06	7.01
	经理人员	0.10	0.07	0.00	0.15	0.18
	私营企业主	0.20	0.21	0.13	0.29	0.18
	专业技术人员	2.68	1.11	1.19	1.02	6.65
	办事人员等	1.93	1.52	1.19	1.89	2.98
	个体工商户	0.84	0.69	0.53	0.87	1.23
	商业服务人员	0.74	0.62	0.26	1.02	1.05
	产业工人	6.89	6.15	5.40	6.99	8.76
	农业劳动者	78.19	81.95	83.93	79.77	68.65
	失业者、半失业者或从未就业	1.29	1.52	1.58	1.46	0.70
	其他	3.42	3.74	3.95	3.48	2.61

第二节 城乡困难家庭老年人家庭状况

一 城乡困难家庭老年人家庭规模信息

（一）家庭总人数

根据调查分析结果（见表1-10），在总体老年人样本中，家庭总人数均值为2.98，最小值为1.00，最大值为12.00，调查数据的中位数为2.00。在困难家庭老年人总体样本中，家庭总人数均值为2.96，最小值为1.00，最大值为11.00，调查数据的中位数为2.00。在低保户总体样本中，家庭总人数均值为2.88，相较边缘户和普通户较低。在边缘户总体样本中，家庭总人数均值为3.06，相较低保户和普通户较高。

表 1-10　　**总体—城乡困难家庭老年人家庭总人数的情况**　　（人）

家庭总人数	均值	中位数	标准差	最小值	最大值
总体	2.98	2.00	1.71	1.00	12.00
困难家庭	2.96	2.00	1.67	1.00	11.00
低保户	2.88	2.00	1.64	1.00	11.00
边缘户	3.06	2.00	1.71	1.00	11.00
普通户	3.04	2.00	1.80	1.00	12.00

根据调查分析结果（见表 1-11），在城市老年人总体样本中，家庭总人数均值为 2.94，最小值为 1.00，最大值为 11.00，调查数据的中位数为 2.00。在城市困难家庭老年人样本中，家庭总人数均值为 2.97，最小值为 1.00，最大值为 11.00，调查数据的中位数为 3.00。总体而言，在城市各类老年人样本中，家庭总人数均较为接近，城市边缘户老年人样本的家庭总人数均值相对较大。

表 1-11　　**分城乡—城乡困难家庭老年人家庭总人数的情况**　　（人）

	家庭总人数	均值	中位数	标准差	最小值	最大值
	总体	2.94	2.00	1.64	1.00	11.00
	困难家庭	2.97	3.00	1.63	1.00	11.00
城市	低保户	2.87	3.00	1.60	1.00	11.00
	边缘户	3.10	3.00	1.65	1.00	11.00
	普通户	2.88	2.00	1.67	1.00	10.00
	总体	3.04	2.00	1.80	1.00	12.00
	困难家庭	2.95	2.00	1.74	1.00	11.00
农村	低保户	2.90	2.00	1.69	1.00	11.00
	边缘户	3.01	2.00	1.79	1.00	10.00
	普通户	3.30	2.00	1.96	1.00	12.00

在农村老年人总体样本中，家庭总人数均值为 3.04，最小值为
1.00，最大值为 12.00，调查数据的中位数为 2.00。在农村困难家庭
老年人样本中，家庭总人数均值为 2.95，最小值为 1.00，最大值为
11.00，调查数据的中位数为 2.00。具体而言，农村普通户老年人样
本的家庭总人数均值相对较大，农村低保户老年人样本的家庭总人数
均值相对较小。

（二）同吃同住者

根据调查分析结果（见表 1-12），在总体老年人样本中，
同吃同住人数均值为 1.93，最大值为 10.00，调查数据的中位
数为 1.00。在困难家庭老年人总体样本中，同吃同住人数均值
为 1.86，最大值为 10.00，调查数据的中位数为 1.00。在低
保户总体样本中，同吃同住人数均值为 1.77，相对低于边缘户
和普通户老年人同吃同住人数。同吃同住人数一定程度上体现
了老年人的社会网络和家庭支持，意味着低保户社会网络较为
薄弱，家庭支持也相对较少，需要给予更多的关注和帮助。

表 1-12　　总体—城乡困难家庭老年人同吃同住者的情况　　　　（人）

同吃同住者	均值	中位数	标准差	最小值	最大值
总体	1.93	1.00	1.78	0.00	10.00
困难家庭	1.86	1.00	1.73	0.00	10.00
低保户	1.77	1.00	1.67	0.00	10.00
边缘户	1.98	1.00	1.79	0.00	10.00
普通户	2.13	1.00	1.91	0.00	10.00

二 城乡困难家庭老年人配偶基本信息

(一) 配偶年龄

根据调查分析结果 (见表1-13),在总体老年人样本中,配偶年龄均值为66.59,最小值为26.00,最大值为92.00,调查数据的中位数为66.00。在困难家庭老年人总体样本中,配偶年龄均值为66.60,最小值为26.00,最大值为92.00,调查数据的中位数为66.00。在低保户总体样本中,配偶年龄均值为66.62,相对高于边缘、普通户老年人配偶的年龄均值。

表1-13　　　　**总体—城乡困难家庭老年人配偶年龄的情况**　　　　(岁)

配偶年龄	均值	中位数	标准差	最小值	最大值
总体	66.59	66.00	7.02	26.00	92.00
困难家庭	66.60	66.00	7.43	26.00	92.00
低保户	66.62	66.00	7.59	31.00	92.00
边缘户	66.59	66.00	7.25	26.00	92.00
普通户	66.58	66.00	5.97	41.00	86.00

根据调查分析结果 (见表1-14),在城市老年人总体样本中,配偶年龄均值为66.82,最小值为26.00,最大值为92.00,调查数据的中位数为66.00。在城市困难家庭老年人样本中,配偶年龄均值为66.74,最小值为26.00,最大值为92.00,调查数据的中位数为66.00。

在农村老年人总体样本中,配偶年龄均值为66.27,最小值为36.00,最大值为90.00,调查数据的中位数为66.00。在农村困难家庭老年人样本中,配偶年龄均值为66.40,最小值为36.00,最大值为90.00,调查数据的中位数为66.00。

表 1 – 14　　　　分城乡—城乡困难家庭老年人配偶年龄的情况　　　　（岁）

配偶年龄		均值	中位数	标准差	最小值	最大值
城市	总体	66.82	66.00	7.14	26.00	92.00
	困难家庭	66.74	66.00	7.50	26.00	92.00
	低保户	66.73	66.00	7.56	31.00	92.00
	边缘户	66.76	66.00	7.44	26.00	92.00
	普通户	67.00	66.00	6.20	41.00	86.00
农村	总体	66.27	66.00	6.85	36.00	90.00
	困难家庭	66.40	66.00	7.32	36.00	90.00
	低保户	66.45	66.00	7.63	36.00	86.00
	边缘户	66.35	66.00	6.97	43.00	90.00
	普通户	65.95	65.00	5.57	45.00	82.00

（二）配偶文化程度

根据调查分析结果（见表 1 – 15），在老年人总体样本中，配偶文化程度为私塾或小学的占比最多，为 36.10%；其次为未上过学，占比 31.86%；初中占比 20.49%；高中或中专占比 9.35%。在困难家庭老年人总体样本中，同样符合这一分布，配偶文化程度为私塾或小学占比 36.47%，未上过学占比 35.57%，初中占比 18.38%。具体而言，低保户老年人总体样本中，配偶文化程度为未上过学、私塾或小学、初中的相对较多；边缘户老年人总体样本中，配偶文化程度为私塾或小学的占比最高，其次为未上过学、初中；普通户老年人总体样本中，配偶文化程度为初中、高中或中专、大专或大本的老年人占比相对高于其他两个家庭类型老年人。

表1-15 **总体—城乡困难家庭老年人配偶文化程度的分布情况** （％）

配偶文化程度	总体	困难家庭	低保户	边缘户	普通户
未上过学	31.86	35.57	39.71	31.01	23.16
私塾或小学	36.10	36.47	36.89	36.01	35.25
初中	20.49	18.38	16.66	20.27	25.44
高中或中专	9.35	8.07	5.64	10.74	12.34
大专或大本	2.17	1.48	1.03	1.97	3.81
硕士及以上	0.03	0.03	0.07	0.00	0.00

（三）配偶残疾状况

根据调查分析结果（见表1-16），在老年人总体样本中，配偶残疾占比13.51%，没有残疾占比86.49%。在困难家庭老年人总体样本中，配偶残疾占比16.38%，没有残疾占比83.62%。具体而言，在低保户老年人总体样本中，配偶残疾占比20.26%，此比例在边缘、普通户老年人总体样本中分别为12.10%、6.76%。

与老年人残疾状况相一致，困难家庭老年人配偶残疾的占比同样显著高于普通户老年人。配偶残疾对困难家庭老年人而言，可能意味着较多的医疗花销、较少的家庭支持，以及较强的家庭脆弱性，需要政府给予更多的支持，为其及家庭提供足够的支持和保障。

表1-16 **总体—城乡困难家庭老年人配偶残疾的分布情况** （％）

配偶残疾	总体	困难家庭	低保户	边缘户	普通户
是	13.51	16.38	20.26	12.10	6.76
否	86.49	83.62	79.74	87.90	93.24

（四）配偶职业

根据调查分析结果（见表1-17），在老年人总体样本中，配偶职业为农业劳动者，产业工人，失业者、半失业者或从未就业的占比相对较高，分别占比55.37%、17.23%、8.51%。在困难家庭老年人总体样本中，配偶职业的分布情况同总体保持一致，农业劳动者占比57.42%，产业工人占比15.20%，失业者、半失业者或从未就业占比10.09%。在各家庭类型老年人样本中，配偶职业为农业劳动者、产业工人的占比均相对较高。

表1-17　　**总体—城乡困难家庭老年人配偶职业的分布情况**　　（%）

配偶职业	总体	困难家庭	低保户	边缘户	普通户
国家与社会管理者	2.35	1.66	1.31	2.04	3.97
经理人员	1.15	0.86	0.55	1.21	1.86
私营企业主	0.13	0.14	0.00	0.30	0.08
专业技术人员	2.73	2.02	1.24	2.88	4.40
办事人员等	1.49	1.26	0.89	1.67	2.03
个体工商户	1.79	1.91	2.41	1.36	1.52
商业服务人员	2.15	1.95	1.92	1.97	2.62
产业工人	17.23	15.20	12.85	17.79	21.98
农业劳动者	55.37	57.42	57.32	57.53	50.55
失业者、半失业者或从未就业	8.51	10.09	12.85	7.04	4.82
其他	7.10	7.49	8.66	6.21	6.17

根据调查分析结果（见表 1－18），在城市老年人总体样本中，配偶职业为农业劳动者，产业工人，失业者、半失业者或从未就业的占比相对较高。在城市困难家庭老年人样本中，配偶职业为农业劳动者占比 40.40%，产业工人占比 22.06%，失业者、半失业者或从未就业占比 12.68%。在城市各家庭类型老年人样本中，城市低保户老年人配偶职业为农业劳动者占比 43.01%，此比例在城市普通户老年人样本中为 27.67%。

在农村老年人总体样本中，配偶职业为农业劳动者占比最高，为 82.56%。其次为城乡的失业者、半失业者或从未就业，占比 5.26%。在农村困难家庭老年人样本中，配偶职业为农业劳动者占比 82.03%，失业者、半失业者或从未就业占比 6.34%。在农村低保、边缘、普通户老年人样本中，配偶职业为城乡的失业者、半失业者或从未就业的占比分别为 9.15%、3.30%、2.70%。

表 1－18　分城乡—城乡困难家庭老年人配偶职业的分布情况　（%）

	配偶职业	总体	困难家庭	低保户	边缘户	普通户
城市	国家与社会管理者	3.33	2.25	1.73	2.84	5.85
	经理人员	1.96	1.46	0.92	2.06	3.14
	私营企业主	0.17	0.18	0.00	0.39	0.14
	专业技术人员	4.14	3.29	1.96	4.77	6.13
	办事人员等	2.31	1.95	1.39	2.58	3.14
	个体工商户	2.65	2.93	3.70	2.06	2.00
	商业服务人员	3.25	2.99	2.77	3.22	3.85
	产业工人	25.53	22.06	18.27	26.29	33.67
	农业劳动者	36.59	40.40	43.01	37.50	27.67
	失业者、半失业者或从未就业	10.76	12.68	15.38	9.66	6.28
	其他	9.31	9.81	10.87	8.63	8.13

续表

配偶职业		总体	困难家庭	低保户	边缘户	普通户
农村	国家与社会管理者	0.93	0.79	0.68	0.92	1.24
	经理人员	0.00	0.00	0.00	0.00	0.00
	私营企业主	0.05	0.09	0.00	0.18	0.00
	专业技术人员	0.68	0.18	0.16	0.18	1.87
	办事人员等	0.31	0.26	0.17	0.37	0.41
	个体工商户	0.56	0.44	0.51	0.37	0.83
	商业服务人员	0.56	0.44	0.68	0.18	0.83
	产业工人	5.19	5.29	4.92	5.69	4.98
	农业劳动者	82.56	82.03	78.31	86.06	83.82
	失业者、半失业者或从未就业	5.26	6.34	9.15	3.30	2.70
	其他	3.90	4.14	5.42	2.75	3.32

三 城乡困难家庭老年人子女基本信息

(一) 健在子女

根据调查分析结果（见表 1 - 19），在总体老年人样本中，健在子女数量均值为 2.39，最大值为 11.00，调查数据的中位数为 2.00。在困难家庭老年人总体样本中，健在子女数量均值为 2.38，最大值为 11.00，调查数据的中位数为 2.00。在低保户总体样本中，健在子女数量均值为 2.37，相对低于边缘户、普通户老年人的健在子女数量均值，一定程度上表明低保户能得到的来自子女的资源较少，家庭支持相对薄弱。

表 1 - 19　　　　　总体—城乡困难家庭老年人健在子女的情况　　　　　（人）

健在子女	均值	中位数	标准差	最小值	最大值
总体	2.39	2.00	1.26	0.00	11.00
困难家庭	2.38	2.00	1.28	0.00	11.00
低保户	2.37	2.00	1.28	0.00	9.00
边缘户	2.39	2.00	1.28	0.00	11.00
普通户	2.40	2.00	1.20	0.00	8.00

　　根据调查分析结果（见表 1 - 20），在城市老年人总体样本中，健在子女数量均值为 2.19，最大值为 8.00，调查数据的中位数为 2.00。在城市困难家庭老年人样本中，健在子女数量均值为 2.20，最大值为 7.00，调查数据的中位数为 2.00。在城市各类家庭老年人样本中，低保户老年人健在子女相对较多，其次为边缘户老年人。

　　在农村老年人总体样本中，健在子女数量均值为 2.70，最大值为 11.00，调查数据的中位数为 3.00。在农村困难家庭老年人样本中，健在子女数量均值为 2.67，最大值为 11.00，调查数据的中位数为 2.00。值得关注的是，在农村各家庭类型老年人样本中，普通户老年人健在子女数量相对较多，且农村各家庭类型老年人健在子女数量均相对高于城市。

表 1 - 20　　　　分城乡—城乡困难家庭老年人健在子女的情况　　　　（人）

	健在子女	均值	中位数	标准差	最小值	最大值
城市	总体	2.19	2.00	1.18	0.00	8.00
	困难家庭	2.20	2.00	1.19	0.00	7.00
	低保户	2.22	2.00	1.18	0.00	7.00
	边缘户	2.18	2.00	1.21	0.00	7.00
	普通户	2.17	2.00	1.14	0.00	8.00

健在子女		均值	中位数	标准差	最小值	最大值
农村	总体	2.70	3.00	1.33	0.00	11.00
	困难家庭	2.67	2.00	1.37	0.00	11.00
	低保户	2.65	2.00	1.42	0.00	9.00
	边缘户	2.70	2.00	1.32	0.00	11.00
	普通户	2.78	3.00	1.20	0.00	8.00

（二）离世子女

根据调查分析结果（见表1-21），在总体老年人样本中，离世子女数量均值为0.20，最大值为7.00，调查数据的中位数为0.00。在困难家庭老年人总体样本中，离世子女数量均值为0.24，最大值为7.00，调查数据的中位数为0.00。在低保户总体样本中，离世子女数量均值为0.29，相对高于边缘户和普通户老年人离世子女的数量均值，体现了低保户相对较强的家庭脆弱性。

表1-21　　　　**总体—城乡困难家庭老年人离世子女的情况**　　　　（人）

离世子女	均值	中位数	标准差	最小值	最大值
总体	0.20	0.00	0.51	0.00	7.00
困难家庭	0.24	0.00	0.56	0.00	7.00
低保户	0.29	0.00	0.59	0.00	5.00
边缘户	0.19	0.00	0.51	0.00	7.00
普通户	0.10	0.00	0.35	0.00	4.00

根据调查分析结果（见表1-22），在城市老年人总体样本中，离世子女数量均值为0.18，最大值为7.00，调查数据的中位数为0.00；在城市困难家庭老年人样本中，离世子女数量均值为0.21，最大值为7.00，调查数据的中位数为0.00。在城市各类家庭老年人样本中，低保户老年人离世子女的数量相对较多，普通户老年人离世子

女的数量相对较少。

在农村老年人总体样本中，离世子女数量均值为0.25，最大值为5.00，调查数据的中位数为0.00。在农村困难家庭老年人样本中，离世子女数量均值为0.30，最大值为5.00，调查数据的中位数为0.00。在农村各类家庭老年人样本中，低保户老年人离世子女的数量相对较多，分布情况同城市一致。

表1-22　　　分城乡—城乡困难家庭老年人离世子女的情况　　　（人）

	离世子女	均值	中位数	标准差	最小值	最大值
城市	总体	0.18	0.00	0.47	0.00	7.00
	困难家庭	0.21	0.00	0.52	0.00	7.00
	低保户	0.24	0.00	0.52	0.00	4.00
	边缘户	0.17	0.00	0.51	0.00	7.00
	普通户	0.08	0.00	0.31	0.00	3.00
农村	总体	0.25	0.00	0.57	0.00	5.00
	困难家庭	0.30	0.00	0.62	0.00	5.00
	低保户	0.38	0.00	0.70	0.00	5.00
	边缘户	0.22	0.00	0.52	0.00	4.00
	普通户	0.11	0.00	0.40	0.00	4.00

第三节　城乡困难家庭老年人居住与环境状况

一　城乡困难家庭老年人居住条件

（一）住房来源

根据调查分析结果（见表1-23），在老年人总体样本中，住房来源为自建房的占比最高，为49.55%；其次为拆迁安置房，占比13.05%；自购普通商品房占比8.84%。在困难家庭老年人总体样本中，住房来源为自建房、拆迁安置房、自购普通商品房的占比相对较高。总体而言，在低保、边缘、普通户老年人总体样本中，住房来源为自建房的占比均为最高，拆迁安置房、自购普通商品房、政府补贴建房也是各类老年人较为主要的住房来源。

表1-23　　总体—城乡困难家庭老年人住房来源的分布情况　　（%）

住房来源	总体	困难家庭	低保户	边缘户	普通户
自购普通商品房	8.84	7.02	6.31	7.98	14.30
自购经济适用房或限价商品房	2.47	2.10	1.77	2.54	3.57
自建房	49.55	49.70	48.06	51.92	49.11
拆迁安置房	13.05	13.03	11.50	15.08	13.10
政府补贴建房	4.67	5.43	6.46	4.04	2.38
工作单位提供免费住房	2.52	2.32	2.31	2.33	3.11
租住单位住房	0.76	0.79	0.96	0.57	0.66
租住廉租房	1.95	2.41	3.39	1.09	0.60
租住公租房	2.15	2.45	2.73	2.07	1.26
市场租房	2.30	2.67	3.50	1.55	1.19
借房	2.67	3.05	3.58	2.33	1.52
其他	9.07	9.03	9.43	8.50	9.20

根据调查分析结果（见表1-24），在城市老年人总体样本中，住房来源为自建房的占比31.48%，拆迁安置房占比18.47%，自购普通商品房占比13.45%。在城市困难家庭老年人样本中，住房来源

主要为自建房、拆迁安置房、自购普通商品房。在城市低保户老年人样本中，自建房占比 33.78%，这一比例在城市边缘、普通户老年人样本中分别为 31.25%、27.73%。

在农村老年人总体样本中，住房来源主要为自建房、政府补贴建房、拆迁安置房。在农村困难家庭老年人样本中，住房来源为自建房的占比 75.46%，政府补贴建房占比 10.24%，拆迁安置房占比 4.79%。在农村低保户老年人样本中，自建房占比 71.99%，这一比例在农村边缘、普通户老年人样本中分别为 79.54%、83.17%。农村各家庭类型老年人住房来源为自建房的比例显著高于城市各家庭类型老年人。

表 1 - 24　　分城乡—城乡困难家庭老年人住房来源的分布情况　　　（%）

	住房来源	总体	困难家庭	低保户	边缘户	普通户
城市	自购普通商品房	13.45	10.80	9.52	12.68	21.20
	自购经济适用房或限价商品房	3.96	3.33	2.83	4.08	5.78
	自建房	31.48	32.76	33.78	31.25	27.73
	拆迁安置房	18.47	18.45	15.85	22.28	18.52
	政府补贴建房	2.10	2.27	2.64	1.72	1.61
	工作单位提供免费住房	4.01	3.81	3.69	3.99	4.60
	租住单位住房	1.20	1.28	1.54	0.91	0.96
	租住廉租房	3.00	3.73	5.16	1.63	0.86
	租住公租房	3.46	3.99	4.24	3.62	1.93
	市场租房	3.52	4.06	5.21	2.36	1.93
	借房	2.78	3.26	3.75	2.54	1.39
	其他	12.58	12.26	11.79	12.94	13.49

续表

住房来源		总体	困难家庭	低保户	边缘户	普通户
农村	自购普通商品房	1.73	1.28	0.93	1.69	3.12
	自购经济适用房或限价商品房	0.17	0.22	0.00	0.48	0.00
	自建房	77.46	75.46	71.99	79.54	83.17
	拆迁安置房	4.68	4.79	4.22	5.45	4.33
	政府补贴建房	8.64	10.24	12.87	7.14	3.64
	工作单位提供免费住房	0.21	0.06	0.00	0.12	0.69
	租住单位住房	0.08	0.06	0.00	0.12	0.17
	租住廉租房	0.34	0.39	0.41	0.38	0.17
	租住公租房	0.13	0.11	0.21	0.00	0.17
	市场租房	0.42	0.56	0.61	0.48	0.00
	借房	2.49	2.71	3.30	2.06	1.73
	其他	3.65	4.12	5.46	2.54	2.81

（二）居住环境

根据调查分析结果（见表1－25），在老年人总体样本中，居室卫生状况一般占比45.71%，居室比较干净占比33.42%，居室干净整洁占比10.42%。在困难家庭老年人总体样本中，居室卫生状况一般占比最高，为49.31%；其次为居室比较干净，占比29.51%；居室干净整洁占比8.09%。具体而言，在低保、边缘家庭老年人总体样本中，居室卫生状况一般占比最高；在普通家庭老年人总体样本中，居室居室比较干净占比最高。

表1-25　　**总体—城乡困难家庭老年人居住环境的分布情况**　　（％）

居住环境	总体	困难家庭	低保户	边缘户	普通户
居室干净整洁	10.42	8.09	6.68	9.99	17.41
居室比较干净	33.42	29.51	26.11	34.10	45.16
居室卫生状况一般	45.71	49.31	52.26	45.34	34.89
居室卫生状况欠佳	8.34	10.35	11.94	8.21	2.27
居室卫生状况糟糕	2.11	2.74	3.01	2.34	0.27

　　根据调查分析结果（见表1-26），在城市老年人总体样本中，居室卫生状况一般、居室比较干净、居室干净整洁的占比相对较高；在城市困难家庭老年人样本中，居住环境的分布情况同总体样本大体一致。具体而言，在城市各家庭类型老年人样本中，低保、边缘户老年人居室卫生状况一般的占比相对较高，普通户老年人居室比较干净的占比相对较高。

　　在农村老年人总体样本中，居室卫生状况一般占比50.55％，居室比较干净占比28.11％，居室卫生状况欠佳占比11.30％。在农村困难家庭老年人样本中，居室卫生状况一般占比53.19％，居室比较干净占比24.38％，居室卫生状况欠佳占比13.93％。在农村低保户老年人样本中，居室卫生状况欠佳占比15.62％，居室卫生状况糟糕占比3.72％，这两个比例在农村普通户老年人中分别为3.14％、0.35％。

表1-26　　**分城乡—城乡困难家庭老年人居住环境的分布情况**　　（％）

	居住环境	总体	困难家庭	低保户	边缘户	普通户
城市	居室干净整洁	12.23	9.85	7.64	13.09	19.24
	居室比较干净	36.85	32.88	29.65	37.64	48.54
	居室卫生状况一般	42.58	46.76	50.37	41.45	30.27
	居室卫生状况欠佳	6.42	8.01	9.75	5.45	1.73
	居室卫生状况糟糕	1.92	2.50	2.59	2.37	0.22

居住环境		总体	困难家庭	低保户	边缘户	普通户
农村	居室干净整洁	7.63	5.43	5.06	5.85	14.46
	居室比较干净	28.11	24.38	20.17	29.35	39.72
	居室卫生状况一般	50.55	53.19	55.43	50.55	42.33
	居室卫生状况欠佳	11.30	13.93	15.62	11.94	3.14
	居室卫生状况糟糕	2.41	3.08	3.72	2.31	0.35

（三）生活设施

根据调查分析结果（见表 1-27），在老年人总体样本中，生活设施够用占比最高，为 52.10%；其次为缺乏主要生活设施，占比 24.28%；生活设施齐全占比 17.13%。在困难家庭老年人总体样本中，生活设施够用、缺乏主要生活设施、生活设施齐全的占比相对较高。总体而言，各家庭类型老年人样本中，生活设施够用的占比均相对较高，对于低保家庭和边缘家庭而言，缺乏主要生活设施的比重也相对较高。

表 1-27 　　　**总体—城乡困难家庭老年人生活设施的分布情况** 　　（%）

生活设施	总体	困难家庭	低保家庭	边缘家庭	普通家庭
生活设施齐全	17.13	11.25	7.59	16.17	34.79
生活设施够用	52.10	51.43	48.46	55.42	54.12
缺乏主要生活设施	24.28	29.05	34.35	21.93	9.96
缺乏必要生活设施	6.49	8.27	9.60	6.48	1.13

根据调查分析结果（见表 1-28），在城市老年人总体样本中，生活设施够用占比最高，为 53.54%；其次为生活设施齐全，占比 21.89%；缺乏主要生活设施占比 19.81%。在城市困难家庭老年人样本中，生活设施够用、缺乏主要生活设施、生活设施齐全占比相对较

高。具体而言，在城市低保户老年人样本中，生活设施够用占比53.11%，生活设施齐全占比9.85%，这两个比例在城市普通户老年人样本分别为50.54%、41.51%。

在农村老年人总体样本中，生活设施够用、缺乏主要生活设施、生活设施齐全的占比相对较高；在农村困难家庭老年人样本中，生活设施够用、缺乏主要生活设施、缺乏必要生活设施的占比相对较高。在农村低保户老年人样本中，缺乏主要生活设施的占比相对较高，为42.62%，这一比例在边缘和普通户中分别为29.45%、14.41%。

表1-28　　分城乡—城乡困难家庭老年人生活设施的分布情况　　（％）

生活设施		总体	困难家庭	低保户	边缘户	普通户
城市	生活设施齐全	21.89	15.21	9.85	23.10	41.51
	生活设施够用	53.54	54.56	53.11	56.70	50.54
	缺乏主要生活设施	19.81	24.11	29.42	16.31	7.20
	缺乏必要生活设施	4.76	6.12	7.62	3.89	0.75
农村	生活设施齐全	9.79	5.24	3.82	6.91	23.96
	生活设施够用	49.87	46.66	40.66	53.70	59.90
	缺乏主要生活设施	31.18	36.57	42.62	29.45	14.41
	缺乏必要生活设施	9.16	11.53	12.90	9.94	1.74

二　城乡困难家庭老年人社区环境

（一）社区地理位置

根据调查分析结果（见表1-29），在老年人总体样本中，居住在中心城区的老年人占比最高，为27.54%；其次为乡镇附近，占比16.75%；离乡镇较远的地区占比16.07%。在困难家庭老年人总体样本中，同样符合这一主要分布，居住在中心城区的占比26.06%，乡镇附近占比 17.39%，离乡镇较远的地区占比 17.06%。总体而言，在低保、边缘、普通户老年人总体样本中，居住在中心城区的占比均相对最高。

表 1-29　　　总体—城乡困难家庭老年人居住社区地理
位置的分布情况　　　　　　　　（%）

社区地理位置	总体	困难家庭	低保户	边缘户	普通户
中心城区	27.54	26.06	25.46	26.88	31.97
边缘城区	15.26	15.34	15.42	15.23	15.02
城乡接合部	14.10	13.71	14.19	13.05	15.29
城区以外的镇/乡镇中心	10.23	10.40	10.81	9.83	9.73
乡镇附近	16.75	17.39	18.77	15.54	14.82
离乡镇较远的地区	16.07	17.06	15.27	19.47	13.10
其他	0.05	0.04	0.08	0.00	0.07

根据调查分析结果（见表 1-30），在城市老年人总体样本中，居住在中心城区、边缘城区、城乡接合部的占比相对较高；在城市困难家庭老年人样本中，居住在中心城区、边缘城区、城乡接合部的占比分别为 40.64%、17.67%、15.58%。在城市低保、边缘、普通户老年人样本中，居住在中心城区、边缘城区、城乡接合部的老年人占比相对较高。

在农村老年人总体样本中，居住在离乡镇较远的地区的占比36.06%，乡镇附近占比 26.03%，边缘城区占比 11.88%，城乡接合部占比 11.42%。在农村困难户老年人样本中，居住在离乡镇较远的地区的占比 37.73%，乡镇附近占比 25.88%，边缘城区占比11.80%。在农村边缘户老年人样本中，居住在离乡镇较远的地区的老年人占比相对高于低保和边缘户老年人。

表 1-30　　　分城乡—城乡困难家庭老年人居住社区地理位置
的分布情况　　　　　　　　　　　　　（％）

	社区地理位置	总体	困难家庭	低保户	边缘户	普通户
城市	中心城区	42.88	40.64	38.80	43.35	49.46
	边缘城区	17.45	17.67	17.43	18.01	16.81
	城乡接合部	15.84	15.58	16.45	14.30	16.60
	城区以外的镇/乡镇中心	9.87	10.75	10.93	10.50	7.28
	乡镇附近	10.74	11.81	13.14	9.86	7.60
	离乡镇较远的地区	3.14	3.47	3.13	3.98	2.14
	其他	0.08	0.08	0.12	0.00	0.11
农村	中心城区	3.83	3.90	3.09	4.84	3.64
	边缘城区	11.88	11.80	12.05	11.50	12.13
	城乡接合部	11.42	10.85	10.40	11.39	13.17
	城区以外的镇/乡镇中心	10.78	9.84	10.61	8.96	13.69
	乡镇附近	26.03	25.88	28.22	23.12	26.52
	离乡镇较远的地区	36.06	37.73	35.63	40.19	30.85
	其他	0.00	0.00	0.00	0.00	0.00

（二）社区配备养老设施

根据调查分析结果（见表 1-31），在老年人总体样本中，社区没有养老设施的占比最多，为 42.98%；其次为配备老年活动中心，占比 42.03%；社区配备养老机构的占比 31.87%。在困难家庭老年人总体样本中，同样符合这一分布，社区没有养老设施占比 44.18%，老年活动中心占比41.66%，社区配备养老机构的占比31.32%。总体而言，在各家庭类型老年人总体样本中，社区没有养老设施的占比均相对最高，其次为配备老年活动中心、养老机构，表明当前老年人获得养老服务和养老资源的途径较为有限，需进一步发展养老产业以满足老年人养老需求。

表1-31　　　总体—城乡困难家庭老年人社区配备养老设施
的分布情况　　　　　　　　　　　（%）

养老设施	总体	困难家庭	低保家庭	边缘家庭	普通家庭
养老机构	31.87	31.32	31.69	30.84	33.29
社区日间照料中心	20.31	19.69	18.74	20.92	21.92
老年食堂或饭桌	12.57	12.16	10.66	14.11	13.65
老年活动中心	42.03	41.66	40.42	43.28	42.97
以上都没有	42.98	44.18	43.68	44.83	39.88

根据调查分析结果（见表1-32），在城市老年人总体样本中，社区配备老年活动中心、养老机构和没有养老设施的占比相对较高，分别占比51.17%、42.08%、30.51%。在城市困难家庭老年人样本中，同样符合这一分布。具体而言，在城市低保户老年人样本中，社区配备各类养老设施的占比均相对低于边缘、普通户老年人样本。

在农村老年人总体样本中，社区没有养老设施的占比最高，为63.51%；其次为社区配备老年活动中心，占比26.97%；社区配备养老机构的占比为15.07%。在农村困难家庭老年人样本中，同样符合这一分布，社区没有养老设施占比64.66%，社区配备老年活动中心占比26.28%，社区配备养老机构的占比14.45%。在农村低保、边缘和普通户老年人样本中，社区没有养老机构的占比相对较高，均超过六成，老年活动中心是社区最常见的养老设施。

表1-32　　分城乡—城乡困难家庭老年人社区配备养老设施
的分布情况　　　　　　　　　　　　（%）

	养老设施	总体	困难家庭	低保户	边缘户	普通户
城市	养老机构	42.08	41.47	40.55	42.80	43.67
	社区日间照料中心	29.22	28.08	25.88	31.24	32.21
	老年食堂或饭桌	18.22	17.47	15.09	20.89	20.20
	老年活动中心	51.17	50.92	48.73	54.06	51.86
	以上都没有	30.51	31.86	32.58	30.83	26.97
农村	养老机构	15.07	14.45	15.15	13.68	16.64
	社区日间照料中心	5.65	5.74	5.40	6.11	5.43
	老年食堂或饭桌	3.27	3.32	2.37	4.37	3.15
	老年活动中心	26.97	26.28	24.90	27.80	28.72
	以上都没有	63.51	64.66	64.43	64.92	60.60

（三）社区配备医疗卫生机构

根据调查分析结果（见表1-33），在老年人总体样本中，社区配备诊所占比67.87%，药店占比67.51%，社区卫生服务中心/站占比52.83%。在困难家庭老年人总体样本中，社区配备诊所的占比67.23%，药店占比66.68%，社区卫生服务中心/站占比52.22%。总体而言，在低保、边缘、普通家庭老年人总体样本中，社区配备诊所、药店、社区卫生服务中心/站的占比均相对较高。

表1-33　　总体—城乡困难家庭老年人社区配备医疗卫生机构

的分布情况　　　　　　　　　　　　（％）

医疗卫生机构	总体	困难家庭	低保家庭	边缘家庭	普通家庭
医院	43.74	43.03	44.15	41.53	45.88
诊所	67.87	67.23	67.94	66.29	69.79
社区卫生服务中心/站	52.83	52.22	52.93	51.27	54.65
乡镇卫生院	31.09	31.57	31.25	32.00	29.61
老年保健中心	16.14	15.43	15.36	15.54	18.26
药店	67.51	66.68	67.94	64.99	69.99
以上都没有	9.99	10.66	10.28	11.19	7.97

根据调查分析结果（见表1-34），在城市老年人总体样本中，社区配备药店的占比80.66%，诊所占比75.20%，社区卫生服务中心/站的占比63.37%。在城市困难家庭老年人样本中，社区配备药店的占比80.49%，诊所占比74.49%，社区卫生服务中心/站的占比62.77%。在城市各家庭类型老年人样本中，社区配备药店、诊所、社区卫生服务中心/站的占比均相对较高。

在农村老年人总体样本中，社区配备诊所、药店、社区卫生服务中心/站的占比均相对较高；在农村困难家庭老年人样本中，同样符合这一分布。农村各家庭类型老年人样本中，社区配备各类医疗卫生机构的占比均相对低于城市，尤其是老年保健中心的分布，在农村各家庭类型老年人样本中的分布均不超过一成。

表 1 - 34　分城乡—城乡困难家庭老年人社区配备医疗卫生机构

的分布情况　　　　　　　　　（%）

医疗卫生机构		总体	困难家庭	低保户	边缘户	普通户
城市	医院	59.05	58.46	58.76	58.01	60.82
	诊所	75.20	74.49	74.55	74.39	77.29
	社区卫生服务中心/站	63.37	62.77	63.25	62.08	65.12
	乡镇卫生院	32.04	33.24	32.33	34.57	28.53
	老年保健中心	22.43	21.52	20.71	22.71	25.08
	药店	80.66	80.49	80.21	80.90	81.16
	以上都没有	4.02	4.54	4.24	4.98	2.48
农村	医院	20.13	19.59	19.67	19.49	21.84
	诊所	56.57	56.20	56.85	55.45	57.71
	社区卫生服务中心/站	36.56	36.17	35.63	36.80	37.78
	乡镇卫生院	29.61	29.05	29.45	28.57	31.37
	老年保健中心	6.44	6.18	6.39	5.93	7.28
	药店	47.22	45.69	47.37	43.70	51.99
	以上都没有	19.21	19.98	20.39	19.49	16.81

第二章 城乡困难家庭老年人经济状况

第一节 城乡困难家庭老年人经济支持政策概览

随着我国人口老龄化程度的日益加深，老年人口数量快速增加，老年人经济状况逐渐成为全社会关注的问题。党的十九大报告指出，"全面建成覆盖全民、城乡统筹、权责清晰、保障适度、可持续的多层次社会保障体系"，其中，"多层次"是这一目标的核心要义之一。构建多层次社会保障体系是我国社会保障发展的基本取向，能够满足人们多层次的保障需求。[①] 在综合梳理既有的相关政策基础上，本书认为现有的代表性政策，可以大体分为三个层次：反贫困与收入保障政策、老年福利与优待政策、其他相关政策。表2－1对我国老年人经济支持代表性政策作了简要的划分与梳理。

一 反贫困与收入保障政策

（一）最低生活保障制度

最低生活保障制度是中国贫困群体基本生活救助体系的核心组成部分。[②] 1997年，《关于在全国建立城市居民最低生活保障制度的通知》的发布，标志着城市最低生活保障制度框架正式形成并发展起

---

① 郑功成：《多层次社会保障体系建设：现状评估与政策思路》，《社会保障评论》2019年第3期。

② 彭华民：《中国社会救助政策创新的制度分析：范式嵌入、理念转型与福利提供》，《学术月刊》2015年第1期。

来；1999 年，《城市居民最低生活保障条例》标志着城市低保制度的全面建立；2007 年，国务院《关于在全国建立农村最低生活保障制度的通知》的颁布，表明农村最低生活保障政策建立，全国性的城乡低保制度全面建立。[①]

表 2-1 老年人经济支持代表性政策

维度	年份	文件名	部门
综合性政策	2010	中华人民共和国社会保险法	全国人民代表大会常务委员会
	2016	中华人民共和国老年人权益保障法	中华人民共和国国务院
	2011	中国农村扶贫开发纲要（2011—2020 年）	中国共产党中央委员会、中华人民共和国国务院
	2014	社会救助暂行办法	中华人民共和国国务院
	2011	中国老龄事业发展"十二五"规划	中华人民共和国国务院
	2017	"十三五"国家老龄事业发展和养老体系建设规划	中华人民共和国国务院
反贫困与收入保障政策	2017	"十三五"脱贫攻坚规划	中华人民共和国国务院
	2015	中共中央国务院关于打赢脱贫攻坚战的决定	中国共产党中央委员会、中华人民共和国国务院
	1999	城市居民最低生活保障条例	中华人民共和国国务院
	2006	农村五保供养工作条例	中华人民共和国国务院
	2018	关于建立企业职工基本养老保险基金中央调剂制度的通知	中华人民共和国国务院
	2016	国务院关于进一步健全特困人员救助供养制度的意见	中华人民共和国国务院
	2016	关于做好农村最低生活保障制度与扶贫开发政策有效衔接的指导意见	中华人民共和国民政部、国务院扶贫开发领导小组办公室、中央农业领导小组办公室、中华人民共和国财政部、中华人民共和国国家统计局、中国残疾人联合会

---

① 兰剑、慈勤英：《中国社会救助政策的演进、突出问题及其反贫困突破路向》，《云南社会科学》2018 年第 4 期。

维度	年份	文件名	部门
老年福利与优待政策	2016	养老服务体系建设中央补助激励支持实施办法	中华人民共和国国家发展和改革委员会、中华人民共和国财政部、中华人民共和国民政部
	2014	关于建立健全经济困难的高龄、失能等老年人补贴制度的通知	中华人民共和国财政部、中华人民共和国民政部、全国老龄工作委员会办公室
	2014	关于进一步加强老年人优待工作的意见	全国老龄办、最高人民法院、中央宣传部等24个部门
其他相关政策	2001	中华人民共和国人口与计划生育法	第九届全国人民代表大会
	2007	全国独生子女伤残死亡家庭扶助制度试点方案	中华人民共和国国家卫生和计划生育委员会、中华人民共和国财政部
	2016	关于开展老年人意外伤害保险工作的指导意见	全国老龄工作委员会办公室、工作委员会办公室民政部、工作委员会办公室财政部、中国保险监督管理委员会

老年群体是最低生活保障政策中重要的兜底保障对象。据民政部统计，截至 2015 年年底，在我国中西部 22 个国家重点扶贫省份的农村低保人口中，农村低保老年人占比40.2%；在 592 个国家扶贫工作重点县的农村低保人口中，老年人占比 36.1%。同时，民政部关于贯彻落实《中共中央国务院关于打赢脱贫攻坚战的决定》的通知指出，低保兜底需要优先考虑老年人、重度残疾人等特殊群体，采取多种措施提高救助水平，确保其基本生活。[①]《民政部关于提高农村贫困老年人政策托底保障水平的提案答复的函》指出，各地应继续加强对低保对象的精准认定和动态管理，科学合理调整低保标准，进一步加大资金投入力度，继续落实好低保家庭老年人分类施保政策，切实保障其基本生活。

---

① 左停、贺莉、赵梦媛：《脱贫攻坚战略中低保兜底保障问题研究》，《南京农业大学学报》（社会科学版）2017 年第 4 期。

2013 年至今，我国实施精准扶贫、精准脱贫方略，关于农村低保制度与精准扶贫开发政策的有效衔接工作也日益得到重视。2017 年，民政部、国务院扶贫办发布《关于进一步加强农村最低生活保障制度与扶贫开发政策有效衔接的通知》（以下简称《通知》），强调要正确认识建档立卡贫困人口和农村低保对象重合问题，"要按照农村低保和建档立卡贫困人口各自识别认定的标准、程序等，分别把符合条件的对象纳入救助或帮扶范围，实现双向衔接"。同时，《通知》还强调，各地要妥善处理贫困发生率和农村低保覆盖面的关系、要参考国家扶贫标准科学制定农村低保标准、要协同做好脱贫攻坚相关考核评估工作，并注意激发农村低保对象等困难群众脱贫增收的内生动力。[①]

（二）特困人员救助供养制度

特困人员救助供养制度是基本生活救助中的重要内容，与最低生活保障制度共同构成对困难人群的基本生活救助，为最脆弱人群提供"兜底"保障。[②] 自 20 世纪 50 年代，我国在城市建立起城市"三无"人员供养制度，在农村建立起农村"五保"供养制度，从而维护特殊困难人群最基本的生活水平，保障其生存权利。1997 年，城市低保制度建立，将城市"三无"人员纳入城市低保范围；2006 年，《农村五保供养工作条例》正式实施，对农村特困人员进行保障，将特困对象纳入财政供养；2014 年，国务院公布《社会救助暂行办法》，将农村"五保"供养制度和城市"三无"人员供养制度统一为特困人员救助供养制度；2016 年，国务院颁布《国务院关于进一步健全特困人员救助供养制度的意见》，进一步对特困供养制度的内容进行具体化。

特困人员救助供养制度的救助供养内容主要包括提供基本生活条件、给予生活照料、提供疾病治疗、办理丧葬事宜等；救助供养

①　中华人民共和国民政部:《民政部 国务院扶贫办关于进一步加强农村最低生活保障制度与扶贫开发政策有效衔接的通知》，http://www.mca.gov.cn/article/gk/wj/201811/20181100012656.shtml。

②　高瑾:《我国特困人员供养法律制度历史演进及制度展望》，《上海政法学院学报》（法治论丛）2017 年第 6 期。

标准包括基本生活标准和照料护理标准，基本生活标准应当满足特困人员基本生活所需，照料护理标准应当根据特困人员生活自理能力和服务需求分类制定，两类标准均由当地政府制定，并根据当地物价水平和经济发展水平进行适时调整。民政部、财政部、国务院扶贫办《关于在脱贫攻坚三年行动中切实做好社会救助兜底保障工作的实施意见》（以下简称《意见》）指出，合理确定特困人员救助供养标准，确保特困人员能够获得符合要求的救助供养服务。① 在救助供养形式上，特困人员救助供养形式分为在家分散供养和在当地的供养服务机构集中供养。随着人口老龄化程度加剧，老年人的生活保障问题日益成为特困人员供养制度关注的重点。② 针对困难老年人，《意见》指出，鼓励有条件的农村特困供养服务机构（农村敬老院），在"应救尽救、应养尽养"的基础上，"逐步为农村低保、低收入家庭和建档立卡贫困家庭中的老年人、残疾人，提供低偿或无偿的集中托养服务"。截至 2017 年年底，全国共有农村特困人员 467.1 万人，其中老年人 392 万人，占 83.9%。

（三）养老保险制度

收入保障制度对预防和降低贫困发挥着重要的作用。养老保险是收入保障制度的重要组成部分。1997 年，国务院颁布《关于建立统一的企业职工基本养老保险制度的决定》，标志着我国企业职工基本养老保险制度的建立；2009 年，新型农村社会养老保险在农村试点运行；2011 年，城镇居民养老保险在城镇试点运行；2014 年，新农保与城居保合并实施，统一为城乡居民基本养老保险制度；2017 年，习近平总书记在十九大报告中指出，加强社会保障体系建设，完善城镇职工基本养老保险和城乡居民基本养老保险制度，尽快实现养老保险

---

① 中华人民共和国民政部：《民政部 财政部 国务院扶贫办关于在脱贫攻坚三年行动中切实做好社会救助兜底保障工作的实施意见》，http://www.mca.gov.cn/article/gk/wj/201808/2018080001 0730.shtml。

② 刘林、豆书龙、李凡：《我国农村特困老人供养的研究述评》，《西北人口》2016 年第 4 期。

全国统筹；2018 年，国务院印发《关于建立企业职工基本养老保险基金中央调剂制度的通知》，决定建立养老保险基金中央调剂制度。

我国养老保险分为城镇职工基本养老保险以及城乡居民养老保险，两者都由基础养老金和个人账户养老金组成。城镇职工基本养老保险的保费缴纳主要来源于单位缴费及个人缴费。用人单位按照国家规定的本单位职工工资总额的比例缴纳基本养老保险费，记入基本养老保险统筹基金，个人缴费则为本人缴费工资的 8%，全额计入居民个人账户。从参保人数上看，"十二五"期间，城镇职工基本养老保险参保人数达 3.54 亿。从保费缴纳上看，为降低企业社保缴费负担，2019 年政府工作报告提出，要下调城镇职工基本养老保险单位缴费比例，城镇职工基本养老保险单位缴费比例可降至 16%。

城乡居民养老保险基金由个人缴费、集体补助、政府补贴构成。个人缴费由参加城乡居民基本养老保险的人员按照规定缴纳养老保险费；集体补助由有条件的村集体经济组织对参保人缴费给予补助；政府补贴指政府对参保人缴费给予补贴，其中，中央财政对中西部地区按中央确定的基础养老金标准给予全额补助，对东部地区给予 50% 的补助。从参保人数上看，"十二五"期间，我国城乡居民基本养老保险参保人数已达 5.05 亿。从待遇水平上看，2017 年，全国城乡居民养老保险月人均养老金水平约为 125 元；2018 年，全国城乡居民基本养老保险基础养老金最低标准提高至每人每月 88 元。此外，2018 年中华人民共和国人力资源和社会保障部印发《打赢人力资源社会保障扶贫攻坚战三年行动方案》指出，"切实落实贫困人口各项参保优惠及代缴补贴政策，重点做好为建档立卡未标注脱贫的贫困人口、低保对象、特困人员等困难群体代缴城乡居民养老保险费"[1]。

（四）扶贫政策

为解决贫困人口的生存问题，国家不仅制定实施了上文提及的三

---

[1] 中华人民共和国人力资源和社会保障部：《打赢人力资源社会保障扶贫攻坚战三年行动方案》，http：//www. mohrss. gov. cn/gkml/zcfg/gfxwj/201809/t20180906_ 300616. html。

项主要的收入保障政策，还制定了更为宏观的反贫困战略，内含一系列政策组合，包括以反贫困为直接目标的开发式的扶贫政策。

我国扶贫政策经历了开发扶贫阶段和精准扶贫阶段。2014 年，中央提出"精准扶贫"战略，将以区域为重点的开发扶贫扩展到对建档立卡贫困户的精准扶贫，将扶贫直接落实到帮扶贫困户上来。2015年，习近平总书记提出"五个一批"的精准脱贫措施，并于同年出台了《中共中央国务院关于打赢脱贫攻坚战的决定》。[①] 这是我国面向全面建成小康社会的新时期，在扶贫政策上提出的新的政策部署。[②]《中华人民共和国国民经济和社会发展第十三个五年（2016—2020 年）规划纲要》提出，要推进精准扶贫、精准脱贫，"按照扶贫对象精准、项目安排精准、资金使用精准、措施到户精准、因村派人精准、脱贫成效精准的要求，切实提高扶贫实效"，[③] 变粗放扶贫方式为精细化扶贫方式。2018 年颁布的《中共中央国务院关于打赢脱贫攻艰战三年行动的指导意见》中第一次正式提出"坚持开发式扶贫和保障性扶贫相统筹"，要求把开发式扶贫作为脱贫基本途径，加强和完善保障性扶贫措施。精准扶贫在四年多的实施时间里取得了决定性进展，已有超过 5000 万人口稳定脱贫，贫困发生率下降到 3.1%。[④]

二　老年人福利与优待政策

（一）高龄津贴

为了进一步改善老年群体，尤其是贫困老年群体的福祉，中央和各地政府提出了许多面向老年人群的福利津贴和服务项目。《中华人民共和国老年人权益保障法》中提出，"国家鼓励地方建立八十岁以

---

① 中华人民共和国国务院：《中共中央国务院关于打赢脱贫攻坚战的决定》，http：//fgk. mof. gov. cn/law/getOneLawInfoAction. do？law_ id =84187。

② 邓阳：《扶贫理论与政策的演化发展对精准脱贫的借鉴》，《理论月刊》2019 年第 3 期。

③ 《中华人民共和国国民经济和社会发展第十三个五年规划纲要》，http：//www. npc. gov. cn/wxzl/gongbao/2016 - 07/08/content_ 1993756. htm。

④ 聂伟、龚紫钰：《十八大以来精准扶贫研究进展与未来展望》，《中国农业大学学报》（社会科学版）2018 年第 5 期。

上低收入老年人高龄津贴制度"。高龄津贴政策是一种兼有社会救助和社会福利性质的社会保障措施，不仅能够提升高龄老年人生活质量，一定程度上弥补家庭养老功能的弱化，实现高龄老人"老有所养"的目的，而且还体现了政府和社会对高龄老年人的关爱和责任，彰显了国家经济发展和社会的文明进步。①②

自 2009 年宁夏成为全国第一个建立省级统筹发放高龄津贴的省份，截至 2019 年全国各个省份均已建立高龄津贴制度，享受高龄津贴的老年人达到 2680 万人。总体而言，我国高龄津贴政策坚持普惠、适度的原则。从领取条件上看，各个地区主要从户籍、年龄、收入水平三个方面设定限制：在户籍方面，绝大多数省份享受高龄津贴的资格条件均为本地常住户口，没有城乡之分；在领取年龄方面，绝大多数省份以 80 岁为高龄津贴领取年龄的下限，另有天津、上海等省份设定高龄津贴最低领取年龄为 60 岁，安徽、湖北等省份设定高龄津贴领取的最低年龄为 100 岁；在收入水平限制方面，福建、山东等地以参加低保、低收入等条件作为高龄津贴的限制条件，主要目的在于为低收入老年人提供基本生活保障。

此外，从待遇水平上看，各省之间高龄津贴待遇水平差距较大，多数地区高龄津贴待遇水平多为每人每月 100—200 元，且随着年龄增长，待遇水平越高。从覆盖范围上看，尽管老年高龄津贴政策已经在全国范围内建立起来，但总体覆盖水平不高。据统计，在 80 岁以上的年龄段，领取高龄津贴的比例仅达 39.69%，使得高龄津贴产生的效果仍较为有限。③

（二）其他老年人福利与优待政策

2014 年，财政部、民政部、全国老龄办《关于建立健全经济困难的高龄、失能等老年人补贴制度的通知》指出，"对经济困难的高龄、失能

---

① 邓大松、吴振华：《"高龄津贴"制度探析与我国普惠型福利模式的选择》，《东北大学学报》（社会科学版）2011 年第 3 期。

② 沈雨菲、陈鹤：《中国高龄津贴政策评述与实证分析》，《人口与经济》2016 年第 1 期。

③ 同上。

等老年人，地方各级人民政府应当逐步给予养老服务补贴"。截至 2016 年年底，已有北京、天津、陕西、辽宁等 20 个省份出台了养老服务补贴相关政策。① 截至 2018 年年底，享受服务补贴的老年人已达到 354 万人。从补贴标准上看，养老服务补贴"由各地根据当地经济发展水平、物价变动情况和财力状况自主确定"。以杭州市萧山区为例，2019 年，萧山区将执行 25 元/小时的养老服务补贴新标准，根据"评估时长 × 单价"的方式，发放养老服务补贴。具体而言，萧山区对评估分值为 90 分及以上的老年人，每人每月提供价值 375 元的免费服务；为 85—89 分的老年人，每人每月提供价值 250 元的免费服务；以此类推。② 从补贴方式上看，"按月给符合条件的老年人发放现金、代金券"。③④ 仍以杭州市萧山区为例，萧山区养老服务补贴通过提供服务的方式实施，由服务对象在规定的补贴额度内自行选择，试行按月清零，服务内容包括生活照料类服务、家政维修类服务、医疗保健康复护理类服务等。

《中华人民共和国老年人权益保障法》指出，"对生活长期不能自理、经济困难的老年人，地方各级人民政府应当根据其失能程度等情况给予护理补贴"。"十二五"以来，各省份纷纷建立起护理补贴制度。2012 年，北京、天津两地建立起护理补贴制度；2013 年，黑龙江省对贫困失能老年人提供护理补贴制度；2014 年至今，江苏、陕西、贵州、云南等多个省份也陆续建立护理补贴制度；截至 2018 年年底，已有 29 个省份出台护理补贴相关政策。

老年人福利与优待政策还包括，对符合条件的老年人优先配租配售保障性住房、优先进行危房旧屋改造、依法优先办理涉及老年人权益的

---

① 中华人民共和国民政部：《民政部办公厅关于在全国省级层面建立老年人补贴制度情况的通报》，http：//xxgk. mca. gov. cn：8081/new_ gips/contentSearch？ id = 79980。

② 浙江省杭州市萧山区民政局：《关于进一步完善全区养老服务补贴制度的通知》，ht- tp：//www. xiaoshan. gov. cn/art/2018/12/20/art_ 1303237_ 27807797. html。

③ 中华人民共和国财政部：《关于建立健全经济困难的高龄、失能等老年人补贴制度的通知》，http：//www. gov. cn/xinwen/2014 – 10/23/content_ 2769678. htm。

④ 《民政部：已基本实现老年人高龄津贴、服务补贴和护理补贴制度全国覆盖》，ht- tps：//baijiahao. baidu. com/s？ id = 1621642869725939476&wfr = spider&for = pc。

重大事项、老年人乘车优惠、免除特困供养人员中的老年人和城乡低保老年人的殡葬基本服务费等多项内容。此外，2015 年，国务院出台《关于全面建立困难残疾人生活补贴和重度残疾人护理补贴制度的意见》，决定自 2018 年起，在全国实施困难残疾人生活补贴和重度残疾人护理补贴制度，这两项补贴将惠及困难残疾老年人群体，为其提供生活保障。

三 其他相关政策

（一）对失独老人的经济帮扶

"失独老人指的是失去独生子女的 60 岁以上人口。"[1] 由于失去独生子女，加之多数老年人缺乏稳定收入来源，失独老人面临严峻的养老保障困境，国家也因此实施对失独老人的经济帮扶。《中华人民共和国人口与计划生育法》指出"独生子女发生意外伤残、死亡，其父母不再生育和收养子女的，地方人民政府应当给予必要的帮助"。2006 年，各地陆续出台《独生子女家庭奖励扶助制度实施意见》；2007 年，《全国独生子女伤残死亡家庭扶助制度试点方案》出台，明确了对失独老人进行帮扶的具体标准。

《全国独生子女伤残死亡家庭扶助制度试点方案》的核心内容是针对独生子女死亡或伤、病残后未再生育或收养的城镇和农村家庭，在父母达到一定年龄后给予发放扶助金。[2] 在领取条件上，《全国独生子女伤残死亡家庭扶助制度试点方案》的扶助家庭必须符合 1933 年 1 月 1 日以后出生、女方年满 49 周岁、只生育一个子女或合法收养一个子女、现无存活子女或独生子女被依法鉴定为残疾等条件。在补贴力度上，各省根据当地物价和经济发展情况有所区别，但均未达到当地最低工资水平，在全面保障失独老人基本生活质量方面仍有待进一步加强。具体而言，2013 年，陕西省、深圳市给予失独老人的补贴力度为每人每月 800—1000 元；江西省、江苏省给予失独老人的补贴力

---

[1] 韩振燕、夏林、李跃：《失独老人养老困境与应对策略》，《中国老年学杂志》2018 年第 9 期。

[2] 穆光宗：《救助和关怀遭遇意外风险的计生家庭》，《人口与发展》2008 年第 6 期。

度为每人每月 500 元；山东、四川、云南、河南等省份对失独老人的补贴力度均不超过每人每月 300 元。

（二）保险等其他相关政策

其他相关政策包括发展商业养老保险、开展老年人意外伤害保险等多项内容。2017 年，《国务院办公厅关于加快发展商业养老保险的若干意见》（以下简称《若干意见》）指出，"发展商业养老保险，对于健全多层次养老保障体系，促进养老服务业多层次多样化发展，应对人口老龄化趋势和就业形态新变化，进一步保障和改善民生，促进社会和谐稳定等具有重要意义"①。《若干意见》同时指出，要"针对独生子女家庭、无子女家庭、'空巢'家庭等特殊群体养老保障需要，探索发展涵盖多种保险产品和服务的综合养老保障计划"。

2016 年，全国老龄办发布《关于开展老年人意外伤害保险工作的指导意见》（以下简称《意见》）指出，"开展老年人意外伤害保险工作，逐步建立和完善政府支持、社会捐助、个人自费投保相结合的老年人意外伤害保险制度，形成政府、社会、家庭和个人应对风险合力"。《意见》鼓励通过政策"加大保险缴费优惠力度，使意外伤害保险最大限度惠及广大老年人"，也鼓励"社会组织、爱心人士等捐资为老年人购买意外伤害保险，发挥慈善事业对老年人意外伤害保险工作的支持作用"。②

第二节　城乡困难家庭老年人经济状况分析

一　基于社会现实认知的经济状况分析

（一）城乡困难家庭老年人收入状况

1. 个人劳动收入

表 2-2 展示了从总体分布上看，城乡困难家庭老年人个人劳动

---

① 中华人民共和国国务院：《国务院办公厅关于加快发展商业养老保险的若干意见》，http://www. cncaprc. gov. cn/contents/12/182899. html。

② 全国老龄工作委员会办公室：《关于开展老年人意外伤害保险工作的指导意见》，http://www. cncaprc. gov. cn/contents/12/174129. html。

收入的情况。表 2 - 2 数据表明，接受调查的老年人劳动收入的总体均值为 10486.29 元/年。具体而言，城乡困难家庭老年人个人劳动收入均值为 8347.32 元/年，远低于普通老年人 15157.71 元/年的个人劳动收入均值。

表 2 - 2　　　　**总体—城乡困难家庭老年人个人劳动收入的情况**　　　（元/年）

劳动收入	均值	中位数	标准差	最小值	最大值
总体	10486.29	6000.00	13194.75	0.00	100000.00
困难家庭	8347.32	5000.00	10781.41	0.00	100000.00
低保户	6946.45	4300.00	8669.16	0.00	96000.00
边缘户	9788.94	5180.00	12434.91	0.00	100000.00
普通户	15157.71	10000.00	16403.36	0.00	100000.00

表 2 - 3 展示了从城乡分布上看，城乡困难家庭老年人个人劳动收入的情况。表中数据表明，接受调查的城市老年人劳动收入的总体均值为 14493.42 元/年；接受调查的农村老年人劳动收入的总体均值为 7914.61 元/年。具体而言，城市困难家庭老年人个人劳动收入均值为 11389.81 元/年，农村困难家庭老年人个人劳动收入均值为 6352.09 元/年。

表 2 - 3 中，既反映了困难家庭老年人与普通家庭老年人的劳动收入差距在城市和农村内部同时存在，也反映了城乡老年人劳动收入的差距，城市老年人劳动收入明显高于农村老年人。图 2 - 1 则以折线图的形式更为清晰地展现了城乡间、城乡不同家庭类型间劳动收入的差距。过去几十年来，我国在经济和社会发展上采取二元战略策略，导致城乡不同的制度设置和经济发展水平，形成了较为明显的城

乡分化的结果，是城乡老年人个人劳动收入差距的重要解释原因。[①]由此可见，农村老年人经济保障的问题相对严峻，提高农村老年人的经济收入和社会保障水平十分重要而必要。

表2-3　　　分城乡—城乡困难家庭老年人个人劳动收入的情况　　（元/年）

劳动收入		均值	中位数	标准差	最小值	最大值
城市	总体	14493.42	10000.00	16036.99	0.00	100000.00
	困难家庭	11389.81	7000.00	13585.31	0.00	100000.00
	低保户	8793.80	5900.00	11067.84	0.00	96000.00
	边缘户	14336.98	10000.00	15477.09	0.00	100000.00
	普通户	21564.53	18000.00	18765.47	0.00	100000.00
农村	总体	7914.61	5000.00	10200.52	0.00	100000.00
	困难家庭	6352.09	4000.00	7847.01	0.00	100000.00
	低保户	5634.88	3720.00	6136.46	0.00	40000.00
	边缘户	7044.21	5000.00	9157.37	0.00	100000.00
	普通户	11236.81	7200.00	13362.71	0.00	100000.00

[①]　姜向群、郑研辉：《中国老年人的主要生活来源及其经济保障问题分析》，《人口学刊》2013年第2期。

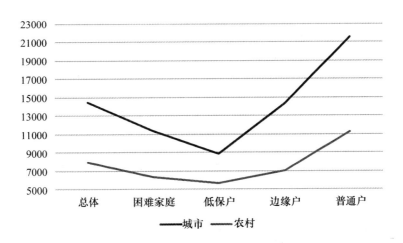

图 2 - 1　分城乡—城乡困难家庭老年人个人劳动收入的情况（元/年）

　　表 2 - 4 展示了从区域分布上看，城乡困难家庭老年人个人劳动收入的情况。表中数据表明，接受调查的东部老年人劳动收入的总体均值为 12683.85 元/年；接受调查的中部老年人劳动收入的总体均值为 9175.01 元/年，接受调查的西部老年人劳动收入的总体均值为 8310.46 元/年。具体而言，东部困难家庭老年人个人劳动收入均值为 9919.12 元/年，中部困难家庭老年人个人劳动收入均值为 7774.32 元/年，西部困难家庭老年人个人劳动收入均值为 6696.01 元/年。

　　近年来，我国经济高速增长，老年群体的经济状况已有了很大程度的改善和提高，但与此同时，城乡之间、区域之间老年人收入不均衡、不充分的特点仍十分明显，表 2 - 4 展示了我国东部、中部、西部老年人劳动收入的区域差距。相关研究证实了区域属性这一宏观因素会对老年人的劳动收入水平产生显著影响，区域差距"体现了经济发展、社会保障制度等因素造成的宏观社会差异"，需要给予经济欠发达地区的老年人以更多关注。①

―――――――――――

　　① 张文娟：《中国老年人劳动收入的影响因素及其地区差异》，《人口研究》2008 年第 6 期。

表 2-4　　　分区域—城乡困难家庭老年人个人劳动收入的情况　　（元/年）

劳动收入		均值	中位数	标准差	最小值	最大值
东部	总体	12683.85	8050.00	15263.93	0.00	100000.00
	困难家庭	9919.12	6000.00	12727.88	0.00	100000.00
	低保户	8041.77	5000.00	11343.27	0.00	96000.00
	边缘户	11410.62	7000.00	13566.46	0.00	100000.00
	普通户	17548.91	12000.00	17937.61	0.00	100000.00
中部	总体	9175.01	5800.00	10159.05	0.00	60000.00
	困难家庭	7774.32	4900.00	8855.30	0.00	50000.00
	低保户	6854.50	4300.00	7255.78	0.00	40000.00
	边缘户	9027.49	5000.00	10553.53	0.00	50000.00
	普通户	12671.77	10000.00	12200.32	0.00	60000.00
西部	总体	8310.46	4900.00	11975.18	0.00	100000.00
	困难家庭	6696.01	4000.00	9280.62	0.00	100000.00
	低保户	5702.65	4000.00	5897.78	0.00	36000.00
	边缘户	7783.34	4000.00	11860.62	0.00	100000.00
	普通户	12779.03	6500.00	16634.64	0.00	100000.00

2. 接受子女财物收入

在福利三角理论中，家庭对人们而言是非正式的私人组织，能够为个人提供非正式福利，老年人接受子女财物收入体现了其家庭支持。表 2-5 展示了从总体分布上看，城乡困难家庭老年人接受子女财物的情况。表中数据表明，接受调查的老年人接受子女财物的总体均值为 4091.57 元/年。具体而言，城乡困难家庭老年人接受子女财物均值为 3744.65 元/年，与普通户老年人 4890.73 元/年的均值相比，仍存在一定差距。

2010 年的全国人口普查结果表明，主要生活来源为"家庭其他成员供养"的男性老年人占比 28.24%，女性老年人占比 52.58%，总体而言，"家庭成员的供养仍是我国老年人生活来源的最主要方式"。① 长期以来，家庭养老都是我国最基本的养老方式，许多老年人都将子女当作老年生活有所依靠和保障的重要条件。然而，随着家庭结构核心化和老年人口数量的急剧增加，近年来，我国老年人对子女供养的依赖性有所降低，传统的家庭保障功能正在逐渐减弱。这一方面体现了现代化发展过程中的养老方式转变；另一方面，这也对我国社会养老保障提出了更高的要求。

表 2 - 5　　　　总体—城乡困难家庭老年人接受子女财物的情况　　　　（元/年）

接受子女财物的收入	均值	中位数	标准差	最小值	最大值
总体	4091.57	2000.00	8146.18	100.00	200000.00
困难家庭	3744.65	1500.00	8421.04	100.00	200000.00
低保户	3270.23	1000.00	9669.13	100.00	200000.00
边缘户	4252.14	2000.00	6806.16	100.00	60000.00
普通户	4890.73	2400.00	7417.11	100.00	100000.00

　　表 2 - 6 展示了从城乡分布上看，城乡困难家庭老年人接受子女财物的情况。表中数据表明，接受调查的城市老年人接受子女财物的总体均值为 4264.64 元/年；接受调查的农村老年人接受子女财物的总体均值为 3854.77 元/年，城市老年人获得子女更多的物质支持；这一结论在困难家庭老年人中同样成立，城市、农村困难家庭老年人接受子女财物的均值分别为 3970.51 元/年、3446.11 元/年。具体各

① 姜向群、郑研辉：《中国老年人的主要生活来源及其经济保障问题分析》，《人口学刊》2013 年第 2 期。

家庭类型而言，农村低保、城市低保、城市边缘户老年人接受子女财务的均值相对较低，而城市边缘户老年人获得了子女较多的物质支持。

相较城市老年人，农村老年人的经济保障问题更为严峻，尤其是农村困难家庭老年人，提高他们的经济收入和解决他们的社会保障问题需要引起足够重视。[①]

表 2 - 6   分城乡—城乡困难家庭老年人接受子女财物的情况   （元/年）

接受子女财物的收入		均值	中位数	标准差	最小值	最大值
城市	总体	4264.64	2000.00	8673.32	100.00	200000.00
	困难家庭	3970.51	1500.00	9317.51	100.00	200000.00
	低保户	3280.30	1000.00	10797.98	100.00	200000.00
	边缘户	4771.28	2000.00	7155.56	100.00	56000.00
	普通户	4910.47	2200.00	7019.43	100.00	50000.00
农村	总体	3854.77	2000.00	7360.42	100.00	100000.00
	困难家庭	3446.11	1500.00	7057.14	100.00	100000.00
	低保户	3255.66	1200.00	7758.47	100.00	100000.00
	边缘户	3629.17	2000.00	6312.32	100.00	60000.00
	普通户	4861.46	2500.00	7979.15	100.00	100000.00

3. 政府转移性收入

收入再分配理论指出，贫困的产生不单是个人的原因，也受到国家和社会因素的影响，因此，应当对财富进行再分配，以保障社会公平。城乡困难老年人的政府转移性收入即是对这一理论的体现，能够在一定程度上改善初次分配不均的格局，促进社会公平。表 2 - 7 展

---

① 王德强、王涛：《农村子女履行赡养义务偏好影响因素的实证分析》，《农业技术经济》2016 年第 12 期。

示了从总体分布上看，城乡困难家庭老年人政府转移性收入（在本书中指低保金、其他专项救助、临时救助、慰问金、老年津贴、计划生育扶助金、各种贫困补贴等）的情况。数据显示，接受调查的老年人政府转移性收入的总体均值为 5955.51 元/年。具体而言，城乡困难家庭老年人政府转移性收入均值为 6692.91 元/年，而边缘、普通户老年人政府转移性收入均值分别为 4104.11 元/年、3746.23 元/年。

表 2-7　　**总体—城乡困难家庭老年人政府转移性收入的情况**　　（元/年）

政府转移性收入	均值	中位数	标准差	最小值	最大值
总体	5955.51	3000.00	9360.41	0.00	106800.00
困难家庭	6692.91	4175.00	8915.80	0.00	106800.00
低保户	8620.02	6600.00	8585.34	0.00	106800.00
边缘户	4104.11	1320.00	8695.19	0.00	89200.00
普通户	3746.23	570.00	10272.15	0.00	102000.00

由于本书衡量的政府转移性收入不包括养老金，而是指低保、专项救助、各种贫困补贴等，因此低保家庭和边缘家庭的转移性收入均高于普通家庭，这也从侧面反映了低收入人群的转移性净收入占比相对较高，低保等转移性收入在其收入来源中占比较高，低保等转移性收入对其生活发挥了极其重要的作用。除了保证困难家庭的基本温饱，低保等转移性支付还能够发挥减贫效果，并直接调节国民收入再分配。[1] 让贫困人群获得更多的公共转移收入，"不仅有助于提高减贫力度，也有助于缩小收入差距"。[2]

---

[1] 王亚柯、高程玉：《社会保障制度的再分配效应：收入与财产》，《浙江大学学报》（人文社会科学版）2018 年第 6 期。

[2] 李实、詹鹏、杨灿：《中国农村公共转移收入的减贫效果》，《中国农业大学学报》（社会科学版）2016 年第 5 期。

据朱晓等在 2016 年的测算，"全国相对贫困老年人口为 7698 万—8959 万"。[①] 由于自身机能与健康的衰退、家庭养老功能的弱化、社会风险的加剧等原因，老年人成为贫困发生率相对较高的群体，低保等政府转移性收入对老年人而言，是十分重要的收入来源。[②]

与此同时，老年人也是低保等政府转移性收入覆盖的重点人群。上文已经提及，据民政部统计，截至 2015 年年底，在我国中西部 22 个国家重点扶贫省份农村低保人口中，农村低保老年人占比 40.2%；在 592 个国家扶贫工作重点县的农村低保人口中，老年人占比 36.1%，足见最低生活保障政策中老年人群体的高分布比例。同时，截至 2017 年年底，在特困人员救助供养制度中，全国共有农村特困人员 467.1 万人，其中老年人 392 万人，占 83.9%。

表 2-8 展示了从城乡分布上看，城乡困难家庭老年人政府转移性收入的情况。表中数据表明，接受调查的城市老年人政府转移性收入的总体均值为 6831.29 元/年；接受调查的农村老年人政府转移性收入的总体均值为 4601.68 元/年。具体而言，城市困难家庭老年人政府转移性收入均值为 7797.46 元/年，农村困难家庭老年人政府转移性收入均值为 5011.11 元/年。

近十年来，中国农村地区的转移性净收入大幅增加，体现了政府惠农政策力度的加大，也使得近年来城乡统筹得到进一步发展，然而，城乡间政府转移收入仍然存在一定差距。相关研究表明，城市户籍可以获得更高的转移性收入，"户籍对转移性收入不平等的贡献率达到 17.87%，是所有家庭特征中贡献最大的因素"。[③] 政府转移性收入应该向低收入阶层为主的弱势群体倾斜，进一步的实践中，应以农

---

① 朱晓、范文婷：《中国老年人收入贫困状况及其影响因素研究——基于 2014 年中国老年社会追踪调查》，《北京社会科学》2017 年第 1 期。

② 刘二鹏、张奇林：《农村老年贫困：一个分析框架及解释》，《当代经济管理》2018 年第 6 期。

③ 杨天宇：《中国居民转移性收入不平等成因的实证分析》，《中南财经政法大学学报》2018 年第 1 期。

村户籍、欠发达地区等弱势群体为瞄准目标，以此减少政府转移性收入中的不平等。

表2-8 分城乡—城乡困难家庭老年人政府转移性收入的情况 （元/年）

政府转移性收入		均值	中位数	标准差	最小值	最大值
城市	总体	6831.29	3500.00	10793.29	0.00	106800.00
	困难家庭	7797.46	5000.00	10313.33	0.00	106800.00
	低保户	9768.19	7390.00	9550.64	0.00	106800.00
	边缘户	4895.85	960.00	10706.23	0.00	89200.00
	普通户	4004.31	0.00	11642.49	0.00	102000.00
农村	总体	4601.68	2700.00	6323.57	0.00	75120.00
	困难家庭	5011.11	3260.00	5824.24	0.00	75000.00
	低保户	6689.75	5000.00	6196.13	0.00	75000.00
	边缘户	3045.57	1920.00	4642.88	0.00	48000.00
	普通户	3328.64	1600.00	7536.21	0.00	75120.00

表2-9展示了从区域分布上看，城乡困难家庭老年人政府转移性收入的情况，表中数据表明，接受调查的东部老年人政府转移性收入的总体均值为6518.63元/年，接受调查的中部老年人政府转移性收入的总体均值为4907.40元/年，接受调查的西部老年人政府转移

性收入的总体均值为5997.55元/年。具体而言，东部困难家庭老年人政府转移性收入均值为7513.93元/年，中部困难家庭老年人政府转移性收入均值为5658.23元/年，西部困难家庭老年人政府转移性收入均值为6123.80元/年。

表2-9　分区域—城乡困难家庭老年人政府转移性收入的情况　　（元/年）

政府转移性收入		均值	中位数	标准差	最小值	最大值
东部	总体	6518.63	3000.00	10128.00	0.00	94000.00
	困难家庭	7513.93	4800.00	9931.35	0.00	94000.00
	低保户	9999.77	8000.00	9458.43	0.00	94000.00
	边缘户	4602.36	1440.00	9681.81	0.00	89200.00
	普通户	3690.13	300.00	10153.52	0.00	90000.00
中部	总体	4907.40	3000.00	7215.70	0.00	106800.00
	困难家庭	5658.23	4000.00	7363.69	0.00	106800.00
	低保户	7225.82	5800.00	7528.83	0.00	106800.00
	边缘户	2901.56	1020.00	6169.72	0.00	60000.00
	普通户	2577.29	500.00	6187.78	0.00	70000.00
西部	总体	5997.55	3000.00	9859.86	0.00	102000.00
	困难家庭	6123.80	3600.00	8032.55	0.00	88800.00
	低保户	7591.93	5560.00	7449.32	0.00	63840.00
	边缘户	4199.79	1200.00	8365.27	0.00	88800.00
	普通户	5584.75	960.00	14300.26	0.00	102000.00

（二）城乡困难家庭老年人消费状况

1. 日常消费支出

表2-10展示了从总体分布上看，城乡困难家庭老年人日常消费支出（吃、穿、住、用、行、水电、燃气、采暖等）的情况。表

中数据表明，接受调查的老年人日常消费支出的总体均值为15582.72 元/年。具体而言，城乡困难家庭老年人日常消费支出均值为 13449.73 元/年，相对低于边缘户的 16211.9 元/年，以及普通户的 21978.82 元/年。

表 2-10　　**总体—城乡困难家庭老年人日常消费支出的情况**　　（元/年）

日常消费支出	均值	中位数	标准差	最小值	最大值
总体	15582.72	10000.00	17523.02	200.00	300000.00
困难家庭	13449.73	8140.00	14901.74	200.00	190480.00
低保户	11394.00	7200.00	12197.22	200.00	111000.00
边缘户	16211.99	10000.00	17531.54	200.00	190480.00
普通户	21978.82	16000.00	22531.23	200.00	300000.00

　　表 2-11 展示了从城乡分布上看，城乡困难家庭老年人日常消费支出的情况。表中数据表明，接受调查的城市老年人日常消费支出的总体均值为 19435.25 元/年；接受调查的农村老年人日常消费支出的总体均值为 9696.51 元/年。具体而言，城市困难家庭老年人日常消费支出均值为 16935.80 元/年，农村困难家庭老年人日常消费支出均值为 8204.95 元/年。

　　除了城市和农村内部存在的困难老年人和普通老年人的日常消费支出差距外，城乡老年人在消费水平、消费观念、消费偏好等方面也存在一定差距。在消费水平上，城市老年人消费水平显著高于农村老年人。在消费观念上，当城镇老年人的收入增加时，其会增加日常生活消费支出，而收入较低的农村老年人则选择只拿出较少部分去消费，表明城市老年人拥有更为强烈的消费倾向。在消费偏好上，收入较低的农村老年人更倾向于"满足基本需求的消费支出，

如食品支出", 而城镇老年人则"会选择增加能够满足自我实现需要
的消费支出"。①

表2-11　　分城乡—城乡困难家庭老年人日常消费支出的情况　　（元/年）

日常消费支出		均值	中位数	标准差	最小值	最大值
城市	总体	19435.25	13000.00	19072.14	200.00	300000.00
	困难家庭	16935.80	12000.00	16778.76	200.00	190480.00
	低保户	13633.10	9600.00	13271.12	200.00	95000.00
	边缘户	21775.69	16000.00	19921.08	200.00	190480.00
	普通户	26750.39	23000.00	23088.46	200.00	300000.00
农村	总体	9696.51	6000.00	12775.33	200.00	300000.00
	困难家庭	8204.95	5000.00	9321.37	200.00	111000.00
	低保户	7697.04	5000.00	9043.33	200.00	111000.00
	边缘户	8805.10	6000.00	9610.58	200.00	80000.00
	普通户	14340.96	10000.00	19310.15	200.00	300000.00

　　表2-12展示了从区域分布上看，城乡困难家庭老年人日常消费支出
的情况。表中数据表明，接受调查的东部老年人日常消费支出的总体均
值为17450.07元/年；接受调查的中部老年人日常消费支出的总体均值为
13671.00元/年，接受调查的西部老年人日常消费支出的总体均值为
13582.99元/年。具体而言，东部困难家庭老年人政府转移性收入均值为
15063.09元/年，中部困难家庭老年人政府转移性收入均值为11747.90元
/年，西部困难家庭老年人政府转移性收入均值为11890.83元/年。

---

　　① 杨成钢、石贝贝：《中国老年人口消费的影响因素分析》，《西南民族大学学报》
（人文社科版）2017年第7期。

　　与城市和农村内部相同，东部、中部、西部组内同样存在低保户老年人日常消费支出低于边缘户和普通户的情况。图 2－2 展示了不同区域间、不同家庭类型间老年人日常消费支出的差异。中、西部老年人的日常消费支出情况较为相近，而与中、西部老年人相比，东部各类老年人的日常消费支出相对较高，解释原因一方面来源于区域间经济水平发展不均衡，另一方面也可以从不同区域老年人消费观念和消费行为不同来理解。

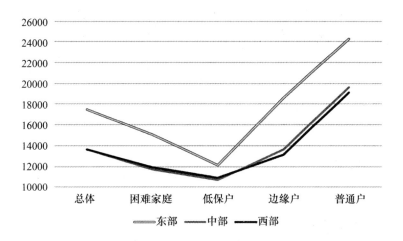

图 2－2　分区域—城乡困难家庭老年人日常消费支出的情况（元/年）

表 2－12　　分区域—城乡困难家庭老年人日常消费支出的情况　　（元/年）

日常消费支出		均值	中位数	标准差	最小值	最大值
东部	总体	17450.07	10000.00	19514.70	200.00	300000.00
	困难家庭	15063.09	9600.00	16943.68	200.00	190480.00
	低保户	12074.23	8000.00	13107.62	200.00	111000.00
	边缘户	18566.47	10800.00	19993.55	200.00	190480.00
	普通户	24270.87	18000.00	24217.67	200.00	300000.00

日常消费支出		均值	中位数	标准差	最小值	最大值
中部	总体	13671.00	8250.00	15516.83	200.00	300000.00
	困难家庭	11747.90	7200.00	12252.32	200.00	84000.00
	低保户	10682.72	6000.00	11477.18	200.00	80000.00
	边缘户	13623.44	10000.00	13316.67	200.00	84000.00
	普通户	19578.66	13500.00	21769.46	200.00	300000.00
西部	总体	13582.99	9600.00	14057.43	200.00	100000.00
	困难家庭	11890.83	8000.00	12308.94	200.00	80000.00
	低保户	10929.63	7900.00	10977.93	200.00	76640.00
	边缘户	13143.74	9600.00	13767.05	200.00	80000.00
	普通户	19139.50	13000.00	17596.90	200.00	100000.00

2. 医疗支出

表 2 - 13 展示了从总体分布上看，城乡困难家庭老年人医疗支出（门诊、住院、药房购药，康复保健）的情况。数据表明，接受调查的老年人医疗支出的总体均值为 12882.49 元/年。具体而言，城乡困难家庭老年人医疗支出均值为 13205.26 元/年。

表 2 - 13　　　　**总体—城乡困难家庭老年人医疗支出的情况**　　　　（元/年）

医疗支出	均值	中位数	标准差	最小值	最大值
总体	12882.49	5000.00	33359.10	0.00	1200000.00
困难家庭	13205.26	5000.00	34808.13	0.00	1200000.00
低保户	12360.91	4560.00	30852.38	0.00	700000.00
边缘户	14349.47	5000.00	39522.15	0.00	1200000.00
普通户	11915.03	5000.00	28568.15	0.00	500000.00

医疗支出具有一定特殊性，反映了老年人的健康状况，也反映了老年人的健康意识和健康行为。

表 2-14 展示了从城乡分布上看，城乡困难家庭老年人医疗支出的情况。表中数据表明，接受调查的城市老年人医疗支出的总体均值为 14742.15 元/年；接受调查的农村老年人医疗支出的总体均值为 10054.91 元/年。具体而言，城市困难家庭老年人医疗支出均值为 15239.68 元/年，农村困难家庭老年人医疗支出均值为 10159.38 元/年。

老年人医疗支出在城乡之间存在一定差异，城市各类老年人医疗支出高于农村各类老年人。与此同时，相关研究表明，影响城镇和农村老年人健康的因素也存在一定差异。具体而言，年龄对农村老年人健康的影响显著，而对城镇老年人的影响并不显著，表明农村高龄老年人的健康问题较为严重；受教育程度和收入都会显著影响农村老年人的健康，而对城镇老年人没有显著影响；性别、基本医疗保险都与城镇老年人的健康相关，在农村老年人中却不显著。[1]

表 2-14　　**分城乡—城乡困难家庭老年人医疗支出的情况**　　（元/年）

医疗支出		均值	中位数	标准差	最小值	最大值
城市	总体	14742.15	6000.00	38238.82	0.00	1200000.00
	困难家庭	15239.68	6000.00	40461.73	0.00	1200000.00
	低保户	13720.63	5000.00	34707.68	0.00	700000.00
	边缘户	17508.97	7200.00	47712.05	0.00	1200000.00
	普通户	13286.84	5000.00	30803.77	0.00	500000.00

---

[1]　贺飞燕、任燕燕、阚兴旺：《老年人群医疗服务和健康状况的影响因素研究》，《调研世界》2014 年第 12 期。

医疗支出		均值	中位数	标准差	最小值	最大值
农村	总体	10054.91	3600.00	23848.41	0.00	300000.00
	困难家庭	10159.38	4000.00	23655.19	0.00	300000.00
	低保户	10102.77	3750.00	22907.42	0.00	259468.00
	边缘户	10225.85	4000.00	24517.97	0.00	300000.00
	普通户	9729.77	3000.00	24458.27	0.00	300000.00

　　表 2 - 15 展示了从区域分布上看，城乡困难家庭老年人医疗支出的情况。表中数据表明，接受调查的东部老年人医疗支出的总体均值为 14091.34 元/年，相对高于中部老年人的 11603.10 元/年和西部老年人的 11680.51 元/年。具体而言，东部、中部、西部困难家庭老年人医疗支出均值分别为 14446.13 元/年、11963.74 元/年、11957.31 元/年，同样呈现东部老年人相对最高的态势。值得关注的点在于，东部、中部、西部各家庭类型中，边缘家庭老年人均拥有相对较高的医疗支出，表明边缘家庭在医疗方面的相对弱势，需要更多的关注和支持。

　　与普通家庭老年人相比，东、中、西部困难家庭老年人医疗支出均相对较多。此外，不同地区的医疗卫生费用支出方面存在显著差异。有研究表明，因东中西地域差异原因，不同区域的居民之间存在医疗卫生费用支出不公平。主要原因在于东、中、西部经济发展水平不同，医疗资源、医疗体系和医疗服务的完善程度不同，因而导致了老年人医疗卫生费用支出存在区域差别。国家在制定医疗政策时，应当充分考虑不同地区的差异。[1]

---

[1] 马宁宁、李勇：《我国老年人医疗卫生费用支出影响因素实证分析》，《中国药物评价》2016 年第 3 期。

表 2 - 15　　　　　分区域—城乡困难家庭老年人医疗支出的情况　　　（元/年）

医疗支出		均值	中位数	标准差	最小值	最大值
东部	总体	14091.34	5000.00	40108.37	0.00	1200000.00
	困难家庭	14446.13	5000.00	41895.19	0.00	1200000.00
	低保户	12753.75	4500.00	35241.92	0.00	700000.00
	边缘户	16455.61	6000.00	48569.20	0.00	1200000.00
	普通户	13085.07	4000.00	34546.09	0.00	500000.00
中部	总体	11603.10	5000.00	24920.05	0.00	300000.00
	困难家庭	11963.74	5000.00	26258.82	0.00	300000.00
	低保户	11889.47	4500.00	25813.32	0.00	300000.00
	边缘户	12094.09	5000.00	27050.54	0.00	260000.00
	普通户	10487.18	5000.00	20211.62	0.00	200000.00
西部	总体	11680.51	5000.00	23828.15	0.00	285000.00
	困难家庭	11957.31	5000.00	25090.74	0.00	285000.00
	低保户	12194.04	4800.00	27101.33	0.00	285000.00
	边缘户	11645.79	5000.00	22198.48	0.00	190000.00
	普通户	10766.68	5000.00	19086.45	0.00	183200.00

3. 养老服务支出

表 2 - 16 展示了从总体分布上看，城乡困难家庭老年人养老服务支出（如家政服务、护理服务、保姆支出等）的情况。表中数据表明，接受调查的老年人养老服务支出的总体均值为 250.56 元/年。具体而言，城乡困难家庭老年人养老服务支出均值为 227.43 元/年。

表 2-16　　　总体—城乡困难家庭老年人养老服务支出的情况　　　（元/年）

养老支出	均值	中位数	标准差	最小值	最大值
总体	250.56	0.00	2733.45	0.00	76800.00
困难家庭	227.43	0.00	2607.07	0.00	76800.00
低保户	171.47	0.00	1989.39	0.00	58400.00
边缘户	302.84	0.00	3258.41	0.00	76800.00
普通户	319.85	0.00	3081.12	0.00	70000.00

　　表 2-17 展示了从城乡分布上看，城乡困难家庭老年人养老服务支出的情况。表中数据表明，接受调查的城市老年人养老服务支出的总体均值为 329.63 元/年；接受调查的农村老年人养老服务支出的总体均值为 128.30 元/年。具体而言，城市困难家庭老年人养老服务支出均值为 293.96 元/年，农村困难家庭老年人养老服务支出均值为 126.18 元/年。

　　当前养老服务仍处于供不应求状态。相较于农村，城市组内在养老服务支出方面，存在更大的分化，即低保家庭和普通家庭的差距更大。同时，与城市相比，农村养老服务面临更加严峻的问题，存在财政投入不足、发展不平衡等问题，整体养老服务支出相对较低，农村老年人养老服务的可及性和对养老服务的认知也较差。在今后的实践中，需要通过增加政府财政性资金投入、加快农村老年活动室建设、完善社会养老服务体系建设等方式，不断促进农村养老服务的改善。[1]

---

　　[1]　裴育、史梦昱：《江苏省公共养老服务改善与财政可持续发展研究》，《南京审计大学学报》2017 年第 3 期。

表2-17　　分城乡—城乡困难家庭老年人养老服务支出的情况　　（元/年）

养老支出		均值	中位数	标准差	最小值	最大值
城市	总体	329.63	0.00	3343.91	0.00	76800.00
	困难家庭	293.96	0.00	3179.45	0.00	76800.00
	低保户	207.36	0.00	2352.82	0.00	58400.00
	边缘户	421.70	0.00	4103.45	0.00	76800.00
	普通户	433.91	0.00	3783.79	0.00	70000.00
农村	总体	128.30	0.00	1309.13	0.00	30000.00
	困难家庭	126.18	0.00	1320.03	0.00	30000.00
	低保户	111.27	0.00	1143.61	0.00	30000.00
	边缘户	143.74	0.00	1501.93	0.00	30000.00
	普通户	134.90	0.00	1275.68	0.00	24000.00

　　表2-18展示了从区域分布上看，城乡困难家庭老年人养老服务支出的情况。表中数据表明，接受调查的东部老年人养老服务支出的总体均值为319.36元/年；接受调查的中部老年人养老服务支出的总体均值为123.49元/年，接受调查的西部老年人养老服务支出的总体均值为254.08元/年。具体而言，东部困难家庭老年人养老服务支出均值为289.26元/年，中部困难家庭老年人养老服务支出均值为87.47元/年，西部困难家庭老年人养老服务支出均值为268.94元/年。

　　中部各类家庭老年人养老服务支出相对东、西部各类家庭老年人较少，尤其是中部低保户老年人，养老服务支出水平较低。养老服务的发展与老龄产业的发展紧密相连。目前，我国老龄产业发展存在较为明显的地区间发展不平衡现象。东部地区经济较为发达，老龄产业发展领先于全国各地，而中部、西部地区老龄产业发展较为滞后，中西部地区老年人对老龄产业的消费需求不足，导致产业发展动力不足，实践中需要通过"加大政府扶持力度，提高老龄产业满足市场有效需求的能力""构建需求导向的市场体系，优化老年市场产品和服务结构"等方式，促进老龄产业在区域间的持续协调发展。[①]

表2-18　　分区域—城乡困难家庭老年人养老服务支出的情况　　（元/年）

养老支出		均值	中位数	标准差	最小值	最大值
东部	总体	319.36	0.00	3300.47	0.00	76800.00
	困难家庭	289.26	0.00	3113.47	0.00	76800.00
	低保户	251.95	0.00	2644.04	0.00	58400.00
	边缘户	333.05	0.00	3587.85	0.00	76800.00
	普通户	404.98	0.00	3783.03	0.00	70000.00
中部	总体	123.49	0.00	1728.70	0.00	42000.00
	困难家庭	87.47	0.00	1467.57	0.00	40000.00
	低保户	27.22	0.00	258.23	0.00	4000.00
	边缘户	193.43	0.00	2411.30	0.00	40000.00
	普通户	235.01	0.00	2359.51	0.00	42000.00
西部	总体	254.08	0.00	2254.81	0.00	40000.00
	困难家庭	268.94	0.00	2470.60	0.00	40000.00
	低保户	207.31	0.00	1706.43	0.00	30000.00
	边缘户	350.57	0.00	3215.10	0.00	40000.00
	普通户	205.45	0.00	1323.96	0.00	13000.00

（三）城乡困难家庭老年人资产状况

1. 房产数量

表2-19展示了从总体分布上看，城乡困难家庭老年人持有房产

---

① 董昕、刘强、周婧玥：《我国老龄产业发展现状与对策：一个文献综述》，《西部论坛》2014年第4期。

数量的情况。表中数据表明，接受调查的老年人持有房产数量的总体均值为0.96套。具体而言，城乡困难家庭老年人持有房产数量均值为0.91套，相对低于户家庭老年人房产数量均值。

表2-19　　　总体—城乡困难家庭老年人持有房产数量的情况　　　（套）

房产数量	均值	中位数	标准差	最小值	最大值
总体	0.96	1.00	0.65	0.00	10.00
困难家庭	0.91	1.00	0.62	0.00	10.00
低保户	0.84	1.00	0.62	0.00	10.00
边缘户	1.00	1.00	0.60	0.00	7.00
普通户	1.11	1.00	0.71	0.00	10.00

　　表2-20展示了从城乡分布上看，城乡困难家庭老年人持有房产数量的情况。表中数据表明，接受调查的城市老年人持有房产数量的总体均值为0.93套；接受调查的农村老年人持有房产数量的总体均值为1.00套。具体而言，城市困难家庭老年人持有房产数量均值为0.88套，农村困难家庭老年人持有房产数量均值为0.95套。

　　在城市和农村内部，困难家庭老年人，特别是低保户老年人持有房产数量同样相对低于普通户老年人，体现了城市和农村困难家庭老年人相对缺乏稳定、安全的生活保障，处于相对弱势地位。还值得注意的是，农村各类型老年人持有房产的数量相对高于城市各类型老年人。最大的原因在于，农村各类型老年人住房为"自建房"的占比相对较高，各类型均超过七成，农村普通户老年人住房来源为"自建房"的占比更超过了八成，这一比例在城市各类型老年人中相对较低，城市普通户老年人住房来源为"自建房"的占比不足三成。

表 2-20　　分城乡—城乡困难家庭老年人持有房产数量的情况　　（套）

金融资产		均值	中位数	标准差	最小值	最大值
城市	总体	0.93	1.00	0.66	0.00	10.00
	困难家庭	0.88	1.00	0.67	0.00	10.00
	低保户	0.80	1.00	0.69	0.00	10.00
	边缘户	1.00	1.00	0.62	0.00	7.00
	普通户	1.08	1.00	0.62	0.00	5.00
农村	总体	1.00	1.00	0.61	0.00	10.00
	困难家庭	0.95	1.00	0.53	0.00	5.00
	低保户	0.90	1.00	0.48	0.00	3.00
	边缘户	1.01	1.00	0.57	0.00	5.00
	普通户	1.15	1.00	0.84	0.00	10.00

2. 金融资产

表 2-21 展示了从总体分布上看，城乡困难家庭老年人持有金融资产（储蓄、债券、股票等）的情况。表中数据表明，接受调查的老年人持有金融资产的总体均值为 19024.85 元。具体而言，城乡困难家庭老年人持有金融资产均值为 10369.52 元，仅为普通户老年人的 1/4。

图 2-3 以柱状图的形式更为清晰地展示了不同家庭类型老年人持有金融资产的情况，显示了城乡困难家庭老年人在金融资产持有情况方面的弱势地位。相较普通户，低保户和边缘户老年人持有的金融资产相对较少，尤其是低保户老年人，其持有的金融资产不足普通户老年人的 1/5，表明困难家庭老年人经济保障明显不足，处于经济不稳定之中。老年人持有金融资产，不仅与其经济状况有很大的关联，同时，也受老年人消费观念、消费水平和消费结构的影响。相关研究表明，在我国，老年人在所有年龄段中保持着

最高的储蓄率，可能原因在于不健全的社会保障体制、户籍制度等方面。[①]

表 2-21　　总体—城乡困难家庭老年人持有金融资产的情况　　（元）

金融资产	均值	中位数	标准差	最小值	最大值
总体	19024.85	0.00	156147.8	0.00	5000000.00
困难家庭	10369.52	0.00	97579.76	0.00	5000000.00
低保户	7825.09	0.00	114020.1	0.00	5000000.00
边缘户	13811.66	0.00	69277.51	0.00	1100000.00
普通户	45211.60	0.00	261659.50	0.00	5000000.00

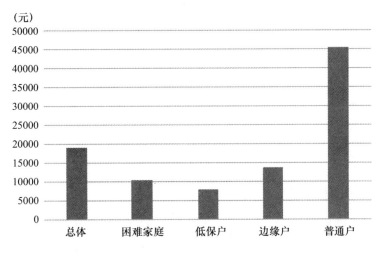

图 2-3　总体—城乡困难家庭老年人持有金融资产的情况（元）

表 2-22 展示了从城乡分布上看，城乡困难家庭老年人持有金融资产的情况。表中数据表明，接受调查的城市老年人持有金融资产的总体均值为 24324.73 元；接受调查的农村老年人持有金融资产的总

①　李雅娴、张川川：《认知能力与消费：理解老年人口高储蓄率的一个新视角》，《经济学动态》2018 年第 2 期。

体均值为 10843.53 元。具体而言，城市困难家庭老年人持有金融资产均值为 14565.90 元，农村困难家庭老年人持有金融资产均值为 3997.58 元。

与总体分布类似，城市和农村内部也存在低保户老年人持有金融资产显著少于边缘和普通户老年人的情况，且这种分化在农村中更为严重。具体而言，城市低保户老年人持有金融资产仅为城市边缘户的近 1/2，接近城市普通户的 1/2；农村边缘户老年人持有金融资产仅为农村普通户老年人的近 1/6，这一比重在低保老年人和普通老年人中更是达到了近 1/8。与此同时，城乡之间各类老年人持有金融资产的差距也值得关注。

表 2-22　　　分城乡—城乡困难家庭老年人持有金融资产的情况　　　（元）

	金融资产	均值	中位数	标准差	最小值	最大值
城市	总体	24324.73	0.00	173380.90	0.00	5000000.00
	困难家庭	14565.90	0.00	123542.50	0.00	5000000.00
	低保户	10880.50	0.00	143310.00	0.00	5000000.00
	边缘户	20028.38	0.00	86056.85	0.00	1100000.00
	普通户	53093.17	0.00	269517.10	0.00	5000000.00
农村	总体	10843.53	0.00	124557.60	0.00	5000000.00
	困难家庭	3997.58	0.00	27218.52	0.00	400000.00
	低保户	2707.53	0.00	18512.58	0.00	250000.00
	边缘户	5520.17	0.00	34748.44	0.00	400000.00
	普通户	32417.92	0.00	248076.30	0.00	5000000.00

二　基于自我评价认知的经济状况分析

（一）城乡困难家庭老年人经济自评状况

表 2-23 展示了从总体分布上看，城乡困难家庭老年人家庭经济状况的分布情况。表中数据表明，接受调查的老年人大多认为家庭经

济状况大致够用，占比38.43%，其次为认为家庭经济状况比较困难，占比超过30%。具体而言，城乡困难家庭老年人认为家庭经济状况比较困难的占比最多，其次为非常困难和大致够用，三者占比均超过30%；而普通家庭老年人认为家庭经济状况大致够用的占比最多，超过六成。

表2-23　总体—城乡困难家庭老年人家庭经济状况的分布情况　　　　（%）

经济状况	总体	困难家庭	低保家庭	边缘家庭	普通家庭
非常困难	25.49	32.10	36.22	26.52	5.69
比较困难	31.41	35.97	37.54	33.87	17.74
大致够用	38.43	30.06	25.62	36.04	63.53
比较宽裕	4.17	1.63	0.50	3.16	11.78
相当宽裕	0.50	0.24	0.12	0.41	1.26

图2-4展现了困难家庭老年人同普通家庭老年人在经济自评方面的差异，相较困难家庭老年人，普通家庭老年人在经济自评方面相对乐观。从总体上看，老年人经济状况自评较为消极，尤其是困难家庭老年人，超过95%的困难家庭老年人认为家庭经济比较困难、非常困难或大致够用，体现困难家庭老年人仍处于经济的弱势地位，生活在一定程度上为经济所困，无法得到足够而稳定的经济支持和保障。同时，从普通家庭老年人经济状况自评上看，普通家庭老年人经济状况自评为大致够用的最多，其次为比较困难，认为家庭经济比较宽裕或相当宽裕的普通家庭老年人不足15%，一定程度上体现了普通家庭老年人家庭经济状况同样值得关注，也体现了老年人群体在经济方面的劣势地位，需要给予更多的帮助与关注，使其度过有保障、有质量的晚年生活。

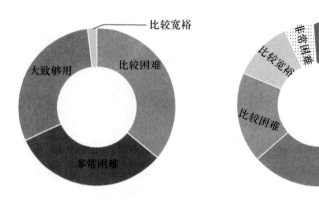

图 2-4 总体—城乡困难家庭老年人家庭经济状况的分布情况
(左图为困难家庭，右图为普通家庭)

表 2-24 展示了从城乡分布上看，城乡困难家庭老年人家庭经济
状况的分布情况。表中数据表明，接受调查的城市老年人大多认为家
庭经济大致够用，占比 40.38%，其次为认为家庭经济比较困难，占
比 31.68%；接受调查的农村老年人认为家庭经济大致够用、比较困
难、非常困难的占比均超过 30%。具体而言，城市困难家庭老年人认
为家庭经济比较困难的占比最高，为 37.16%，农村困难家庭老年人
认为家庭经济非常困难的占比最高，为 37.23%。

根据城乡困难家庭老年人家庭经济状况分布表，可得出以下几个
结论：首先，接受调查的城市和农村老年人对家庭经济状况的自评均
较为消极。其中，认为家庭经济状况比较宽裕或相当宽裕的城市老年
人不足 6%，认为家庭经济状况比较宽裕或相当宽裕的农村老年人不
足 4%。其次，城市老年人对家庭经济状况的自评略好于农村老年人，
尤其是困难家庭老年人。其中，认为家庭经济状况非常困难的城市老
年人不足 30%，而认为家庭经济状况非常困难的农村老年人达到了
37.23%。针对老年人经济状况的劣势地位，政府及相关部门应当加
大对老年人的经济扶助，尤其是农村地区老年人。

表 2 - 24　　　　　分城乡—城乡困难家庭老年人家庭经济状况
的分布情况　　　　　　　　　　　　（%）

经济状况		总体	困难家庭	低保户	边缘户	普通户
城市	非常困难	22.52	28.71	33.89	21.09	4.39
	比较困难	31.68	37.16	40.45	32.31	15.63
	大致够用	40.38	31.82	25.11	41.72	65.42
	比较宽裕	4.82	2.02	0.43	4.34	13.06
	相当宽裕	0.60	0.29	0.12	0.54	1.50
农村	非常困难	30.08	37.23	40.16	33.78	7.80
	比较困难	31.00	34.17	32.65	35.96	21.14
	大致够用	35.42	27.37	26.47	28.45	60.48
	比较宽裕	3.16	1.06	0.62	1.57	9.71
	相当宽裕	0.34	0.17	0.10	0.24	0.87

（二）城乡困难家庭老年人债务自评状况

表 2 - 25 展示了从总体分布上看，城乡困难家庭老年人家庭债务的情况。表中数据表明，接受调查的老年人家庭债务的总体均值为 22937.26 元。具体而言，城乡困难家庭老年人家庭债务均值为 23369.95 元，且以边缘家庭老年人的家庭债务均值相对最高。

表 2 - 25　　　　总体—城乡困难家庭老年人家庭债务的情况　　　　（元）

家庭债务	均值	中位数	标准差	最小值	最大值
总体	22937.26	0.00	78816.08	0.00	1000000.00
困难家庭	23369.95	0.00	73374.47	0.00	1000000.00
低保户	20668.89	0.00	64629.61	0.00	1000000.00
边缘户	27007.95	0.00	83601.48	0.00	1000000.00
普通户	21641.77	0.00	93244.28	0.00	1000000.00

从借债原因上看，"看病"是低保户、边缘户和普通户借债的最主要原因，尤其对于低保户和边缘户而言，因看病而借债的占比均超过70%，这一比例在普通家庭中仅为53%，这体现了困难家庭面对疾病时的脆弱性，因病致贫、因病返贫的现象较多。"日常生活需要"是低保家庭借债的第二大原因，而对于边缘户和普通户而言，"买房、租房或修建房"则在其借债原因中占比排名第二。此外，"孩子上学"也是三类家庭借债的重要原因，表明当前教育花费对各类家庭来说依然存在一定压力。

表2-26展示了从城乡分布上看，城乡困难家庭老年人家庭债务的情况。表中数据表明，接受调查的城市老年人家庭债务的总体均值为24419.98元；接受调查的农村老年人家庭债务的总体均值为20646.65元。具体而言，城市困难家庭老年人家庭债务均值为24735.67元，农村困难家庭老年人家庭债务均值为21291.95元。

在城市和农村中，边缘家庭均是家庭债务均值最多的一类家庭。从借债原因上看，"看病"依然是城市和农村老年人借债的最主要原因，然而，这一比重在城市普通户中的比重最低，这一方面体现了城市普通户经济条件相对较好，也一定程度上体现了城市普通户得到了较高水平的医疗保障。此外，"日常生活需要"是城市低保户借债的第二主要原因，而"买房、租房或修建房"则是城市边缘、普通户和农村三类户借债的第二主要原因。

表2-26　　**分城乡—城乡困难家庭老年人家庭债务的情况**　　（元）

家庭债务		均值	中位数	标准差	最小值	最大值
城市	总体	24419.98	0.00	85427.48	0.00	1000000.00
	困难家庭	24735.67	0.00	80602.61	0.00	1000000.00
	低保户	22157.64	0.00	74276.39	0.00	1000000.00
	边缘户	28547.49	0.00	89036.32	0.00	1000000.00
	普通户	23496.99	0.00	98225.68	0.00	1000000.00

续表

家庭债务		均值	中位数	标准差	最小值	最大值
农村	总体	20646.65	0.00	67291.59	0.00	1000000.00
	困难家庭	21291.95	0.00	60711.70	0.00	1000000.00
	低保户	18163.95	0.00	43768.92	0.00	500000.00
	边缘户	24955.84	0.00	75758.29	0.00	1000000.00
	普通户	18641.17	0.00	84565.78	0.00	1000000.00

三　基于政策后果认知的经济状况分析

（一）充足性

从充足性上看，反贫困与收入保障政策覆盖率较高，基本上保障了城镇和农村的贫困人口，但仍存在目标瞄准、福利叠加等问题，影响充足性效率的进一步发挥。[1] 根据民政部统计，截至 2018 年年底，全国有城市低保对象 1007.0 万人，农村低保对象 3519.0 万人，农村特困人员 455.0 万人。据人社部统计，我国基本养老保险覆盖超过 9 亿人。这些数据体现了反贫困与收入保障政策的保障对象覆盖率相对较高，充足性较好。然而相关研究也表明，低保救助覆盖率已经超出了实际的农村低保救助需要，反贫困制度对象的目标瞄准存在一定问题，影响反贫困与收入保障政策充足性的效率，需要在研究和实践中进一步探索和解决。[2]

当前，我国老年人优待与福利政策仍处于不断发展阶段，总体覆盖水平不高，充足性稍显不足。在制度发展原则上，老年人对于社会优待与福利存在普遍性需要和特殊性需要，应当坚持"普惠性"和"选择性"相结合的发展方式，既要有"全国范围内统一政策的各类

---

[1]　吴镝、刘福华、姚建平：《城市低收入人口瞄准机制研究——以沈阳、阜新、葫芦岛三市为例》，《地方财政研究》2016 年第 8 期。

[2]　印子：《农村低保政策"走样"及其整体性治理》，《西北农林科技大学学报》（社会科学版）2019 年第 2 期。

优待需要"，又要有"针对老年人特殊优待需要以及各地根据自身经济社会发展实际情况而附加的福利待遇"。[①] 从目前的发展来看，各地的老年福利与优待制度建设较为健全，但优待政策出台率相对较低，覆盖老年群体范围较小，尤其基层政府对老年福利与优待制度的重视不够。据相关统计，"省级政府均有相关老年人优待政策出台，而地市级、县区级政府老年人优待政策出台率分别为 83.11%、58.93%"，[②] 一定程度上影响了老年福利与优待政策的充足性。在今后的实践中，有待通过基层政府创新地方特色的老年优待政策、明确老年优待政策责任主体等方式，进一步提升老年优待与福利政策的充足性。

其他老年人经济支持相关政策中，以老年人意外伤害保险为例，下文将分析其充足性。当前，老年人意外伤害保险仍处于发展的初级阶段，充足性有待提高。相关研究表明，老年人意外保险购买意愿较弱，"具有意外伤害保险购买意愿的老年人所占比重不到 1/4，绝大多数老年人不愿购买意外伤害保险"。[③] 老年人意外保险充足性仍显不足的原因是：一方面，由于意外保险属于个人自费行为，侧重满足"高水平"和多样化需求，完全取决于老年人的个人意愿；另一方面，由于老年人意外保险仍处于铺开阶段，政策支持力度不足，政策知晓度有待提高，老年人意外保险的保障水平和覆盖面仍有待提升。

以下，将以老年人福利与优待政策中的代表性制度——高龄津贴为例，对老年人经济支持相关政策充足性，做进一步分析与评价。

截至 2018 年年底，全国 60 周岁以上老年人口 24090 万人，享受高龄津贴的老年人 2972.3 万人，比上年增长 10.8%。尽管享受老年

---

① 李志明：《中国老年优待制度的发展定位与政策建议》，《学术研究》2015 年第 4 期。

② 何铨、张湘笛：《基于政策协同视角的老年人优待政策体系评估》，《广州大学学报》（社会科学版）2018 年第 8 期。

③ 丁志宏、黄莉、任佳格、宋金浩、陈楠：《我国城市老年人意外伤害保险购买意愿现状及影响因素的实证研究》，《南方人口》2017 年第 3 期。

津贴的高龄老年人数量不断增加，但总体来看，高龄津贴政策总体覆盖水平不高，充足性不足。图2-5展示了城乡困难家庭老年人享受老年津贴的分布情况。在接受调查的总体老年人中，享受老年津贴的老年人占比55.38%，超过半数；享受老年津贴的城乡困难家庭老年人同样占比过半，占比达58.30%。享受老年津贴的低保家庭老年人占比较高，这一方面同本次调查中低保家庭老年人平均年龄相对较大有关，另一方面也同部分省份设置老年津贴领取条件有关。

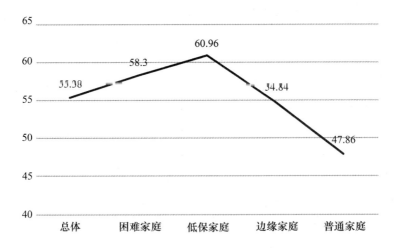

图2-5　城乡困难家庭老年人享受老年津贴的分布情况（%）

当前，我国所有省份均已建立高龄津贴制度，然而，据相关研究表明，"即使在80岁以上这一年龄段，领取高龄津贴的比例仍只达到39.69%"。[1] 高龄津贴充足性不足，主要原因在于，许多地区未按民政部规定的三个标准（全省统一发文、80岁以上、按月发放）进行高龄津贴的发放，各省在具体年龄标准、补贴金额等方面还存在一定的差异。例如，北京对90周岁以上的老年人发放高龄津贴；陕西、内蒙古等10个省份对领取高龄津贴的老年群体作了低保、特困供养

① 沈雨菲、陈鹤：《中国高龄津贴政策评述与实证分析》，《人口与经济》2016年第1期。

对象等低收入老年人的限定。① 下一步，需要明确高龄津贴的定位，提高高龄津贴的覆盖水平和福利待遇，以此促进高龄津贴的进一步发展。

此处需要说明，部分地区的高龄津贴政策具有碎片、叠加性质，个别省份，如果按照高龄津贴文件规定，领取高龄津贴的老年人年龄限定在 90 岁及以上，但由于搭配出台了其他制度安排，实际老年人得到津贴福利的年龄仍然是 80 岁及以上。本书此处是以对应文件中对高龄津贴的直接限定为准。

（二）公平性

反贫困与社会保障政策不仅具有经济功能，能够帮助贫困人群解决温饱问题，还具有较强的政治社会功能，能够维护社会公平正义，实现社会收入分配的大致平等，对于政治稳定和社会安定发挥着积极作用。相关研究分析了不同阶段下我国农村反贫困政策中的公平性。立足新阶段，我国农村扶贫政策将从消除绝对贫困到消除以收入不平等为特点的转型新贫困，扶贫瞄准目标更为精准，可以克服以往扶贫政策中的不足，有利于提高扶贫效率，也提高了扶贫政策的公平性。②

"作为一项老年福利政策，老年优待制度的未来发展还应遵循老年福利政策乃至社会保障政策一贯追求的公平原则。在老年优待制度中，公平原则的最充分体现就是建立覆盖全体老年人的优待项目体系，让老年人普遍享受优待福利"③。然而，相关研究表明，从三方面看，当前我国老年福利与优待政策公平性仍显不足。首先，在领取条件上，多数地区的老年人优待与福利政策以户籍制度为基本管理依据，享受福利与优待的老年人范围也多限定在户籍为相应辖区的老年人，将户籍之外的老年人排除在外。其次，优待存在城乡差异，有一

---

① 《养老 | 31 个省份高龄津贴制度全覆盖 老年人福利普惠化》，https：// gongyi. ifeng. com/a/20180521/44997936_ 0. shtml。

② 柯元、杨和明：《基于公平与效率视角的中国农村反贫困战略评析与展望》，《求实》2012 年第 10 期。

③ 李志明：《中国老年优待制度的发展定位与政策建议》，《学术研究》2015 年第 4 期。

些地区将老年人优待与福利范围限定在使用公共设施与公共服务等事项上，导致许多福利与优待项目只有城市老年人才能享受。再次，优待存在地区差异，各地的老年人优待项目与各地经济水平发展紧密相关，保障水平差别较大。在经济较为发达的城市，优待与福利项目较多，范围较广，充足性较好；而在经济欠发达省市，老年人福利与优待制度覆盖面小、水平较低，尤其是乘车、看病等问题都没有实质性的优惠或减免措施。① 在进一步的实践中，可以通过完善现有立法，明确老年优待的性质和定位，建立监督管理机制等方式提升老年福利与优待政策的公平性。

在其他老年人经济支持相关政策中，以对失独老年人的经济帮扶为例，下文分析其公平性。失独家庭为人口红利做出了重大贡献，当其陷入困境时，基于社会公平原则，国家应主动承担起照顾责任。② 然而，当前对失独老年人的经济帮扶仍存在几个有损公平性的方面。第一，"财政扶助标准存在城乡差异、地方差异"，对家庭经济收入本就处于劣势的农村失独家庭并不公平；第二，财政扶助存在严重的区域差别，有些省份的扶助标准较高，如广西壮族自治区为每人每月860元，也有一些省份如湖南省、辽宁省，采用的是国家最低标准，全国各地扶助标准的差异对失独家庭而言存在不公平；第三，从扶助资金来看，中央财政投入不足，失独家庭的扶助资金主要来源于地方财政，这对于当初严格执行计划生育政策的地区也存在不公平。③ 失独家庭财政扶助制度公平性的提升，有待通过明确财政扶助的补偿属性、统一财政扶助的城乡标准等多个方面予以改进。

以下，本书将以反贫困与收入保障政策中的代表性制度——最低生活保障制度为例，对老年人经济支持相关政策公平性作进一步分析与评价。

最低生活保障制度对维护社会稳定和提高居民生活质量具有重要

---

① 杨立雄：《中国社会优待制度研究》，《晋阳学刊》2012 年第 4 期。
② 吴佩芬：《中国"失独"家庭面临的困境与路径选择》，《南方论丛》2013 年第 4 期。
③ 郝佳：《失独风险、利益损害与政府责任》，《人口与经济》2017 年第 4 期。

作用。对获得低保资格的人而言，该制度是具有公平性的，而与此同时，实践表明，低保政策中制度包含的非公平因素导致了救助结果的不公平，政策执行中的社区瞄准偏差导致了制度的不公平。

最低生活保障制度是补缺型而非普惠型制度，原因在于该制度只覆盖绝对贫困群体，对于亚贫困群体缺乏相应的制度设计和制度回应。与此同时，由于最低生活保障制度不足以完全满足绝对贫困群体的基本生活需要和"多样的生存需求"，所以，一系列的社会救助制度，例如医疗救助、教育救助等与低保制度相互衔接与叠加，共同对绝对贫困群体的生活进行保障和支持，提升了绝对贫困群体的生活质量和福利水平。然而，这种简单的福利叠加，也导致了那些低保边缘家庭处于更加不公平的地位，使得绝对贫困群体上升为相对贫困群体，而未能享受低保及其配套福利制度的亚贫困群体成为了实际上的绝对贫困群体。相关研究发现，由于低保及其配套政策的施行，低保家庭获得转移性收入及多重福利的叠加，使其福利水平高于非低保困难家庭，造成了不公平现象。

与此同时，在政策执行过程中，低保对象的识别和瞄准实行社区瞄准机制，也容易导致制度执行上的非公平。以农村低保为例，农村社区作为典型的熟人社区，在对低保申请者进行识别和瞄准时，往往容易由关系、人情等变通性、主观性特征突出的潜规则取代政策规定等正式规则而成为选择和决定低保对象的准则，导致"人情保""关系保"等非公平现象的出现。[①] 在今后的实践中，推动低保制度的"分类施保"和精细化设计、构建覆盖农村亚贫困群体的低保制度设计等途径，是提高最低生活保障制度的公平性的重要举措。

（三）有效性

反贫困与收入保障政策实施以来，中国取得了举世瞩目的减贫成就，体现了其有效性。"中国的大规模减贫，不仅使得本国 7 亿人口

---

① 张开云、叶浣儿：《农村低保政策：制度检视与调整路径》，《吉林大学社会科学学报》2016 年第 4 期。

摆脱贫困、逐步走向小康，也为全球减贫事业作出了巨大贡献"。① 反贫困与收入保障政策的有效性，不仅体现在贫困地区群众收入不断增长，生活条件不断改善上，也体现在贫困地区基础设施和公共服务不断完善等方面，切实改变了贫困地区群众分享经济增长的机会和能力。②

老年福利与优待政策通过经济补贴的方式，减轻老年人生活负担，有利于消除和缓解老年人陷入贫困的风险，同时使得老年人共享经济社会发展成果，提升生活质量，体现其有效性。然而，由于当前老年福利与优待充足性和公平性稍显不足，覆盖老年人群体有限，一定程度上限制了其有效性的进一步发挥。

在其他老年人经济支持相关政策中，以对失独老年人的经济帮扶为例，下文分析其有效性。2012 年，中国人口与发展研究中心对 15个省份计划生育特殊困难家庭的抽样调查显示，尽管对其进行了经济帮扶，但由于经济扶助力度较小，扶助标准较低，"计划生育特殊困难家庭仍面临生活保障、养老照料、大病医疗和精神慰藉等方面的困难，有 80% 的调查对象担心养老问题"，表明政策有效性仍存在一定不足，需要通过提高扶助标准、增加扶助项目等方式进一步改善。③

以下，本书将以反贫困与收入保障政策中的代表性制度——最低生活保障制度为例，对老年人经济支持相关政策有效性，作进一步分析与评价。

最低生活保障制度是国家通过现金转移支付，实现对弱势群体基本生存权的保障，缓解或减少其陷入贫困的风险，被称为"最后一道安全网"。表 2 - 27 展示了从总体分布上看，城乡困难家庭老年人低保作用评价的分布情况。表中数据表明，接受调查的全体老年人中，

① 汪三贵、曾小溪：《从区域扶贫开发到精准扶贫——改革开放 40 年中国扶贫政策的演进及脱贫攻坚的难点和对策》，《农业经济问题》2018 年第 8 期。

② 张伟宾、汪三贵：《扶贫政策、收入分配与中国农村减贫》，《农业经济问题》2013年第 2 期。

③ 冉文伟、陈玉光：《失独父母的养老困境与社会支持体系构建》，《党政视野》2015年第 10 期。

认为低保作用很大的超过半数,认为低保作用比较小或作用很小的仅占6.35%。具体而言,城乡困难家庭老年人对低保作用的评价中,认为低保作用很大的占比最高,为57.35%,认为低保作用比较大或一般的占比分别为17.12%和19.21%,表明大部分城乡困难家庭老年人对低保的评价相对较高,最低生活保障制度在一定程度上为他们带来了经济支持和帮助,提高了他们的生活质量。

表2-27　总体—城乡困难家庭老年人低保作用评价的分布情况　　　　(%)

低保作用评价	总体	困难家庭	低保家庭	边缘家庭	普通家庭
作用很大	57.20	57.35	57.89	42.67	48.65
作用比较大	17.10	17.12	16.91	22.67	16.22
作用一般	19.35	19.21	19.08	22.67	27.03
作用比较小	3.13	3.04	2.91	6.67	8.11
作用很小	3.22	3.28	3.21	5.33	0.00

关于最低生活保障制度等反贫困与收入保障政策的有效性,学术界进行了许多讨论和研究。韩华为、徐月宾的研究表明,我国农村低保制度具备反贫困效应,能够着实降低实保样本的贫困水平。[1] 罗文剑、王文对城市低保减贫效果的实证评估表明,"城市低保对低保样本的减贫效果较为显著,但对应保样本和总样本的减贫效果并不理想"。[2] 左停、赵梦媛、金菁认为,以低保为代表性制度的一系列社会

_____

① 韩华为、徐月宾:《中国农村低保制度的反贫困效应研究——来自中西部五省的经验证据》,《经济评论》2014年第6期。

② 罗文剑、王文:《城市低保的减贫效应分析——基于中国家庭追踪调查(CFPS)的实证研究》,《江西财经大学学报》2018年第5期。

救助制度能够通过促进就业的方式起到减贫作用。[①] 彭宅文则指出，当前低保标准过低，不能完全弥补家庭的发展类支出，引发了"福利依赖"等现象，使得低保的有效性受到影响。[②] 综合已有研究表明，一定程度上，农村低保等反贫困和收入保障政策在缓解贫困、提高受助对象生活质量等方面具备有效性，但有效性仍有待通过完善低保动态调整机制、精准瞄准对象、提高低保制度执行力度和透明度等途径进一步予以改善和提升。

第三节　若干思考

基于上文从反贫困与收入保障维度、老年福利与优待维度和其他相关政策维度三个维度对老年人经济支持政策的梳理，以及基于社会现实认知、自我评价认知和政策后果认知对城乡困难家庭老年人经济状况的分析与评价，本书提出优化城乡困难家庭老年人经济支持的三点思考。

第一，提升社会养老保障供给水平，创新缓解老年贫困的救助政策。

"通过制度设计来保障每个社会成员都获得生存与发展的机会和能力，成为现代文明社会人文关怀的关键体现，也是政府合法存在与运行的基础。"[③] 当前，老年人能够享受的反贫困和经济保障政策主要包括最低生活保障制度、特困人员供养制度等，但现阶段，这些保障项目的保障能力相对较弱，保障水平相对较低，无法完全满足老年人的养老需要。以最低生活保障制度为例，据民政部统计，2018 年四季度，全国城市低保平均标准为 579.7 元/人/月，全国农村低保平均标

---

① 左停、赵梦媛、金菁：《路径、机理与创新：社会保障促进精准扶贫的政策分析》，《华中农业大学学报》（社会科学版）2018 年第 1 期。

② 彭宅文：《最低生活保障制度与救助对象的劳动激励："中国式福利依赖"及其调整》，《社会保障研究》2009 年第 2 期。

③ 刘二鹏、张奇林：《农村老年贫困：一个分析框架及解释》，《当代经济管理》2018 年第 6 期。

准为 4833.4 元/人/年，对生活的保障程度相对较低。① 尤其对于身体健康状况较差，劳动能力不足的老年人而言，这类社会救助制度是其日常生活经济来源的主要组成部分，也是其生活的最后一道安全网，应当通过加强政府财政投入的方式，进一步提高保障标准和保障水平，确保老年人的经济生活安全。

要创新老年救助方式，以提高救助效率和救助水平。一方面，要"设立灵活多样的贫困标准和更加精准的老年贫困识别机制"，通过更加精准的多维贫困识别机制，进一步认知老年贫困的表现形式和致贫原因，从而"防止因贫困标准设定单一所带来的老年贫困识别误差"。② 另一方面，建立分类社会救助机制，按照老年人类型差异、不同的家庭规模、不同的贫困程度制定不同的救助系数，从而更科学、更有针对性地提高困难老年人的救助水平，使其基本生活得到保障，也提高了救助制度的效率，真正发挥为需要保障的人服务的作用。③此外，借鉴发达国家的经验，建立老年低收入者等弱势群体的养老金保护机制，包括建立最低养老金机制和基于退休年龄的养老金梯度给付机制等，也能够为困难老年人提供更充足的收入保障，有效抵御贫困风险。④

第二，破除老年福利与优待条件限制，完善政府和社会共同承担机制。

当前老年福利与优待制度实行属地化管理，带来了诸多弊端，公平性也有所欠缺。因此，应当在明确老年人优待方式和项目、提高老年人福利与优待水平的基础上，建立全国基本老年优待和福利制度，"将部分基本老年优待项目、优待内容、优待方式、优待标准交由国

---

① 民政部：《2018 年 4 季度民政统计季报》，http：//www. mca. gov. cn/article/sj/tjjb/qgsj/2018/20181201301328. html。

② 苗红军：《城市老年人口反贫困的政策取向研究——基于老年贫困形成的机制视角》，《辽宁大学学报》（哲学社会科学版）2017 年第 2 期

③ 同上。

④ 柳如眉、柳清瑞：《人口老龄化、老年贫困与养老保障——基于德国的数据与经验》，《人口与经济》2016 年第 2 期。

家层面进行规定，做到全国适度统一"。① 同时，还应当统一优待对象，并逐步取消地域限制，"使更多的老年人优待项目能够被60岁以上老年人平等享有，在此基础上适当照顾贫困、高龄和失能老年人"，也使得外地老年人同样能够享受到本地老年人所享有的优待和福利制度。

政府和社会都在老年人福利与优待制度体系中发挥着重要的作用。于政府而言，除了制定和执行老年人福利和优待政策外，还应当建立监督和管理机制，将老年人福利与优待工作纳入绩效考核以促进其管理水平的提高和效率的提升。在经费投入方面，政府应当建立稳定的经费保障机制，除提高老年人优待和福利水平外，对承担老年福利与优待服务而影响自身效益的行业和单位给予直接财政补助或给予税收优惠。此外，政府还应降低公益性行业的准入门槛，简化老年福利与优待相关的公益慈善类社会组织的设立条件，以财政补贴等方式调动和引导社会力量参与老年福利与优待服务。对社会组织和市场主体而言，提供老年福利与优待服务可能会为其带来一些负担，这就一方面要求为这些组织提供政策优惠、购买服务等补偿，另一方面也要求这些组织和主体强化自身履行社会责任的意识，主动为老年人提供免费或低收费的关爱和服务。②

第三，优化老年保障制度设计，以积极老龄化理念应对老年脱贫。

"按照更加公平、更可持续、更有效率的要求，优化老年保障各项制度建设，使之能够覆盖全民，并长期持续健康运行。"③ 具体而言，优化老年保障制度设计，应包括以下几点。一是实施全民参保，采取相关措施让全体社会成员，特别是全体老年人，参与到基本养老保险等收入保障制度中来，"全面落实老年保障领域的社会保险权益"。二是明确老年保障制度定位，科学划分老年保障与各项救助制

① 李志明：《中国老年优待制度的发展定位与政策建议》，《学术研究》2015年第4期。
② 同上。
③ 何文炯：《老有所养：更加平衡、更加充分》，《国家行政学院学报》2017年第6期。

度的主体责任，这是老年保障和救助制度可持续发展的基础。三是加强老年保障各项制度衔接，促进内外的整合和调整。在内部，要打破各项制度城乡分割的现状和"碎片化"的现状，统一待遇和管理体制，加强顶层设计；在外部，充分考虑与其他制度的衔接，促进各类老年保障制度的协调发展。①

当前，对贫困老年人的帮助主要是通过现金补贴的方式为其提供基本生存保障，却在一定程度上忽视了发展性资金的投入。老年贫困并不仅仅表现在收入贫困方面，老年人的能力贫困、心理贫困等同样值得关注。在当前积极老龄化理念、精准扶贫政策的指引下，缓解老年贫困，不仅要继续给予老年人以经济支持，不断提高经济保障水平和效率，保障其基本生存，同时还要注重发展性资金的投入，通过资金投入，一方面有针对性地提供老年服务，提高老年人自身素质，激发老年人内在潜能；另一方面为老年人提供发展机会，从而促进其发展。②

---

① 曹清华：《老年社会救助的兜底保障问题研究》，《河南师范大学学报》（哲学社会科学版）2016 年第 3 期。

② 王昶、王三秀：《积极老龄化理念下老年精准扶贫的困境及应对路径》，《探索》2016 年第 2 期。

第三章　城乡困难家庭老年人健康与医疗状况

第一节　城乡困难家庭老年人健康与医疗政策概览

　　健康是指一个人在身体、精神和社会等方面都处于良好的状态。传统的健康观是"无病即健康"，现代的健康观是整体健康，世界卫生组织提出，"健康不仅是躯体没有疾病，还要具备心理健康、社会适应良好和有道德"。① 现代人的健康内容包括：躯体健康、心理健康、社会健康、智力健康、道德健康、环境健康等。

　　从国家角度而言，国家对公民健康权的实现负有尊重、实现与保障三方面的义务。作为人口老龄化快速发展的大国，我国对老年健康及其保障、健康促进等问题的重视程度不断提高，并制定出一系列法律、政策、规章来保护与发展老年人的健康权益（见表3－1）。

表3－1　　　　　　　　老年人健康与医疗状况代表性制度

维度	年份	文件名	部门
综合性政策	2018	中华人民共和国老年人权益保障法	全国人民代表大会常务委员会
	2017	"十三五"国家老龄事业发展和养老体系建设规划	中华人民共和国国务院
	2016	"十三五"卫生与健康规划	中华人民共和国国务院

---

　　① 世界卫生组织：《世界卫生组织宪章》，联合国第一届世界卫生大会，1948年。

续表

维度	年份	文件名	部门
医疗保险与医疗救助	1998	国务院关于建立城镇职工基本医疗保险制度的决定	中华人民共和国国务院
	2013	城乡医疗救助基金管理办法	中华人民共和国财政部、民政部
	2003	关于实施农村医疗救助的意见	中华人民共和国民政部、卫生部、财政部
	2005	关于建立城市医疗救助制度试点工作的意见	中华人民共和国民政部、卫生部、劳动保障部、财政部
	2012	关于开展城乡居民大病保险工作的指导意见	中华人民共和国国务院、中华人民共和国卫生部、财政部、人力资源和社会保障部、民政部、中国保险监督管理委员会
	2015	关于全面实施城乡居民大病保险的意见	中华人民共和国国务院
	2016	国务院关于整合城乡居民基本医疗保险制度的意见	中华人民共和国国务院
医疗卫生服务体系	2016	"健康中国2030"规划纲要	中国共产党中央委员会、中华人民共和国国务院
	2009	关于深化医药卫生体制改革的意见	中国共产党中央委员会、中华人民共和国国务院
	2016	"十三五"期间深化医药卫生体制改革规划	中华人民共和国国务院
	2015	关于推进分级诊疗制度建设的指导意见	中华人民共和国国务院
医疗预防与健康促进	2015	精神卫生法	全国人民代表大会常务委员会
	2015	全国精神卫生工作规划（2015—2020年）	中华人民共和国卫生和计划生育委员会、中央综治办、国家发展和改革委员会等10个部门
	2017	"十三五"健康老龄化规划	中华人民共和国卫生和计划生育委员会、国家发展和改革委员会、教育部、科学技术部等14个部门
	2017	中国防治慢性病中长期规划（2017—2025年）	中华人民共和国国务院
	2016	国家残疾预防行动计划（2016—2020年）	中华人民共和国国务院

一 医疗保险与医疗救助政策

（一）医疗保险制度

医疗保险制度一般指基本医疗保险，是为了补偿劳动者因疾病风险造成的经济损失而建立的一项社会保险制度。[①] 通过用人单位与个人缴费，建立医疗保险基金，参保人员患病就诊发生医疗费用后，由医疗保险机构对其给予一定的经济补偿。基本医疗保险制度的建立和实施集聚了单位和社会成员的经济力量，再加上政府的资助，可以使患病的社会成员从社会获得必要的物质帮助，减轻医疗费用负担，防止患病的社会成员"因病致贫"。

我国的医疗保险制度于 20 世纪 50 年代初建立，是国家社会保障制度的重要组成部分，也是社会保险的重要项目之一。1998 年，国务院发布《关于建立城镇职工基本医疗保险制度的决定》，提出在各个省市建立满足职工基本医疗需求的社会医疗保险制度。2003 年，灵活就业人员被纳入医保制度范围。2003 年和 2007 年，我国分别开展了新型农村合作医疗试点和城镇居民基本医疗保险的试点工作。2009—2011 年，人社部发文指出，城镇居民医保将开展门诊统筹和探索总额预付工作，对保障范围和支付政策提出了规范。2016 年，国务院发布了《关于整合城乡居民基本医疗保险制度的意见》，要求各省市整合城镇居民医保和"新农合"两项制度，逐步建立起统一的城乡居民医保制度。2012 年，国家发改委等六部委发布了《关于开展城乡居民大病保险工作的指导意见》，明确提出针对城镇居民医保、新农合参保（合）人员大病负担过重的情况，引入市场机制来构建大病保险制度。2015 年，《关于全面实施城乡居民大病保险的意见》出台，大病保险在全国范围全面实施，并在 2015 年年底实现了城镇居民医保、新农合参保人群的全覆盖。

[①] 胡海峰：《我国医保付费制度改革及总额控制管理探析》，《环渤海经济瞭望》2018年第 4 期。

具体来讲，我国的医疗保险体系包括城镇职工基本医疗保险制度、城乡居民基本医疗保险制度（2016 年与新型农村合作医疗制度合并）为主的基本医疗保险体系和大病医疗费补充保险，分别适合不同的居民。基本医疗保险是医疗保险体系的基础，实行个人账户与统筹基金相结合，能够保障广大参保人员的基本医疗需求，主要用于支付一般的门诊、急诊、住院费用。大额医疗费补充保险属于基本医疗保险的补充形式，是借鉴商业保险机制为职工建立的大额医疗费保险形式，资金主要用于支付基本医疗保险统筹基金最高支付限额以上部分的医疗费用。

我国的医疗保险实施 20 多年来，在保障职工身体健康和维护社会稳定等方面发挥了积极的作用，已经形成了"全民医保"体系。截至目前，我国基本医疗保险覆盖人数已经超过 13.5 亿人，基本上实现了全覆盖，保障水平不断提高。[①] 与此同时，三大基本医疗保险制度的建立以及保障水平逐步提高，职工医保和居民医保基金最高支付限额分别为当地职工年平均工资和当地居民年人均可支配收入的 6 倍，政策范围内住院医疗费用报销比例分别达到 80% 和 70% 左右。居民医保财政补助标准从 2007 年的人均 40 元增长到 2018 年的 490 元。大病保险实现城乡居民医保参保人员全覆盖，政策范围内费用报销比例超过 50%，[②] 使得全体国民"病有所医"的目标基本实现，参保人医保政策范围内的门诊与住院费用报销比例逐步提高。

老年人处于身体机能的下降阶段，会产生较高的健康风险，对医疗及医保的需求要高于其他居民，因此是医疗保险重点关注与支持的政策对象。社会保险法规定，对于超过六十岁的家庭困难老人、孤寡老人，国家会免除医疗保险的缴纳。政府对基本医疗保险的投资也在不断增加，并向老年人、残疾人等弱势群体倾斜。《中华人民共和国

---

① 中华人民共和国人力资源和社会保障部：《我国基本医疗保险覆盖人数超 13 亿》，http：//www. gov. cn/guowuyuan/2017 - 10/05/content_ 5229626. htm。

② 中华人民共和国人力资源和社会保障部：《8 省与社保基金签订合同，委托养老金额 4100 亿元》，http：//www. sohu. com/a/160498888_ 561670？ _ f = index_ businessnews_ 3_ 8。

老年人权益保障法》规定,"享受最低生活保障的老年人和符合条件的低收入家庭中的老年人参加新型农村合作医疗和城镇居民基本医疗保险所需个人缴费部分,由政府给予补贴"。《"十三五"国家老龄事业发展和养老体系建设规划》也明确提出,"要健全稳定可持续筹资和报销比例调整机制,完善缴费参保政策;加快推进基本医疗保险全国联网和异地就医结算,实现跨省异地安置退休人员住院费用直接结算;鼓励有条件的地方研究将基本治疗性康复辅助器具按规定逐步纳入基本医疗保险支付范围,从而健全医疗保险制度"。我国老年人医疗保险事业发展良好,2000年时只有33.2%的60岁以上老年人享有医疗保险,当前老年人基本医疗保险的覆盖率已达到98.4%。①

(二)医疗救助制度

城乡医疗救助制度是指通过政府拨款和社会捐助等多渠道筹资并建立基金,对最低生活保障家庭成员、特困供养人员和其他特殊困难人参加城乡居民基本医疗保险个人缴费部分给予补贴,以及对个人和家庭承担的符合规定的基本医疗费用自负部分给予补助的一项社会救助制度。②

中国的医疗救助制度起步于21世纪初。2003年,民政部等发布了《关于实施农村医疗救助的意见》,明确了救助对象、救助办法,并在2004年出台救助基金管理办法,在2005年提出加快推进医疗救助工作,基本建立起规范和完善的农村医疗救助制度。2005年,民政部等发布《关于建立城市医疗救助制度试点工作的意见》,开始逐步建立城市医疗救助制度。2009年,人社部发文提出将城乡低保家庭成员、五保户、低收入家庭重病患者和其他特殊困难人员纳入医疗救助范围。2013年,财政部和民政部印发了《城乡医疗救助基金管理办法》,对城乡医疗救助基金的管理和使用进行了规范。2015年,民政部发布了《关于进一步完

---

① 中华人民共和国国家统计局:《2018年国民经济和社会发展统计公报》,http://www.stats.gov.cn/tjsj/zxfb/201902/t20190228_ 1651265.html。

② 赖志杰:《城乡医疗救助制度的现状、主要问题与建设重点》,《当代经济管理》2014年第7期。

善医疗救助制度全面开展重特大疾病医疗救助工作的意见》（以下简称《意见》）开始整合城乡医疗救助制度，广泛开展重特大疾病医疗救助工作。《意见》提出，"城市医疗救助制度和农村医疗救助制度于2015年年底前合并实施，全面开展重特大疾病医疗救助工作，进一步细化实化政策措施，实现医疗救助制度科学规范、运行有效，与相关社会救助、医疗保障政策相配套，保障城乡居民基本医疗权益"。

按救助对象，我国目前主要有城市医疗救助对象和农村医疗救助对象。根据民政部、卫生部、劳动保障部和财政部2005年颁布的《关于建立城市医疗救助制度试点工作的意见》，城市医疗救助对象主要是城市居民最低生活保障对象中未参加城镇职工基本医疗保险的人员、已参加城镇职工基本医疗保险但个人负担仍然较重的人员和其他特殊困难群众。根据民政部、卫生部和财政部2003年联合下发的《关于实施农村医疗救助的意见》，农村医疗救助对象为农村五保户、农村贫困家庭成员和地方政府规定的其他符合条件的农村贫困农民。在各地的试点实践中，逐步增加了两份"意见"以外的其他救助对象，如低收入老年人、流动人口中的孕妇、精神病患者等。根据我国2014年颁布实施的《社会救助暂行办法》规定，救助对象采取以下方式进行申请：对救助对象参加居民医保或新农合的个人缴费部分给予补贴；对救助对象经基本医保、大病医保和其他补充医保支付后，个人及其家庭难以承担的符合规定的基本医疗自负费用，给予补助。申请人向乡镇人民政府、街道办事处提出，经审核、公示后，由县级人民政府民政部门审批。最低生活保障家庭成员和特困供养人员的医疗救助，由县级人民政府民政部门直接办理。

医疗救助制度自建立以来不断发展，全国医疗救助人次快速上升，医疗救助支出持续增长，2004年以来全国医疗救助总人次大幅增长，2004年救助人次为640.7万人次，2018年救助人次为8596.18万人（其中重点救助对象3705.12万人），增长了13.42倍。[①] 说明医

---

① 杨甜甜：《我国城乡医疗救助现状研究》，《科技视界》2014年第23期。

疗救助制度的覆盖面不断扩大，救助人数大幅增加，更多的贫困人口享受到了医疗保障服务。

老年人特别是农村老年人是医疗救助主要和重点的救助对象，国家和政府重视对贫困老年人的医疗保障和救助，《健康扶贫工程"三个一批"行动计划》中提出"加大医疗救助力度，将符合条件的农村贫困人口全部纳入救助范围，进一步提高救助水平"。同时，"各地要统筹基本医保、大病保险、医疗救助、商业健康保险等保障措施，实行联动报销，加强综合保障，切实提高农村贫困人口受益水平"。在《民政部关于提高农村贫困老年人政策托底保障水平的提案答复的函》中，"逐步扩大医疗救助对象范围。在做好低保对象、特困人员等重点救助对象医疗救助工作基础上，逐步将低收入家庭老年人等特殊困难群体纳入医疗救助范围。拓展重特大疾病医疗救助范围，探索实施因病致贫家庭重病患者救助"。

（三）长期照护相关政策

长期照护保险制度是指以社会互助共济方式筹集资金，为长期失能人员的基本生活照料，以及与基本生活密切相关的医疗护理提供资金或服务保障的社会保险制度。

2012年年底，国家再次修订并颁布《中华人民共和国老年人权益保障法》，规定"国家逐步开展长期护理保障工作，保障老年人的护理需求"，从法律层面保障老年人的长期照护权益。2013年，国务院《关于加快发展养老服务业的若干意见》明确提出，"各地要加快建立养老服务评估机制，建立健全经济困难的高龄、失能等老年人补贴制度"，这成为我国对失能照护保障探索的开端。2014年，财政部、民政部、全国老龄办发布《关于建立健全经济困难的高龄失能等老年人补贴制度的通知》及国务院办公厅发布《关于全面放开养老服务市场提升养老服务质量的若干意见》均要求各省要建立高龄津贴、养老服务补贴、护理补贴等老年人三项补贴制度。2015年9月，国务院颁发《关于全面建立困难残疾人生活补贴和重度残疾人护理补贴制度的意见》，第一次将长期照护界定为"因残疾产生的特殊护理消费品和照护服务支出持续 6 个月以上时间",指出护理补贴"主要补助残疾人因残疾产生的额外长期照护支出",还提出各类需要长期照护的残疾人都应逐步地纳入政策补贴范围。这是长期照护政策领域的重要进步。2016 年,人社部《关于开展长期护理保险制度试点的指导意见》提出"推动探索建立长期护理保险制度,进一步健全更加公平更可持续的社会保障体系,不断增加人民群众在共建共享发展中的获得感和幸福感"。

总结上述政策,在长期照护领域,政府主要通过增加养老机构的资金支持,以促进供方建设来支持养老服务体系的建设;针对社区服务组织,主要是公益创投、社会组织孵化等方式对开办养老机构进行支持。而对养老服务机构的扶持,政府制定税收优惠政策和行政事业费减免政策;政府按照实际入住养老机构人员数,或者聘用的护理人员数进行补贴;对于日常运营的水电采取费用优惠或一定数额的补贴;通过公益创投项目购买服务以及以发放服务券的形式,购买指定社区机构的服务。此外,还包括对符合条件参加养老照护职业培训和职业技能鉴定的从业人员,给予一定数额的补贴;对吸纳就业困难人员就业的养老机构,给予社会保险补贴等政策鼓励;吸纳更多养老服务人员就业等。

二 医疗卫生服务体系政策

(一)医疗资源结构优化相关政策

医疗资源和医疗服务的有效供给是维护和促进居民健康的基础和保障,经过长期发展,我国已经建立了由医院、基层医疗卫生机构、专业公共卫生机构等组成的覆盖城乡的医疗卫生服务体系。2009 年,国务院发布《关于深化医药卫生体制改革的意见》(以下简称《意见》)提出,要以"坚持非营利性医疗机构为主体、营利性医疗机构为补充,公立医疗机构为主导、非公立医疗机构共同发展的办医原则,建设结构合理、覆盖城乡的医疗服务体系",《意见》提出要大力发展农村医疗卫生服务体系,同时,采取增强服务能力、降低收费标准、提高报销比例等综合措施，引导一般诊疗下沉到基层，逐步实现社区首诊、分级医疗和双向转诊，从而促进医疗资源与服务向基层、向农村倾斜，促进医疗资源与服务的合理配置。

2016 年，习近平总书记在全国卫生与健康大会上提出了"健康中国"理念，随后，国务院发布《"健康中国 2030"规划纲要》（以下简称《规划纲要》），成为我国当前及今后一个时期指导健康及医疗卫生工作的统领性政策文件。《规划纲要》提出要完善医疗卫生服务体系，"全面建成体系完整、分工明确、功能互补、密切协作、运行高效的整合型医疗卫生服务体系"。针对老年人口及贫困人口，在《规划纲要》中也专门提出："加强康复、老年病、长期护理、慢性病管理、安宁疗护等接续性医疗机构建设。实施健康扶贫工程，加大对中西部贫困地区医疗卫生机构建设支持力度，提升服务能力，保障贫困人口健康。"同时，在《规划纲要》指引下，由卫生计生委编制了《"十三五"卫生与健康规划》和《"十三五"期间深化医药卫生体制改革规划》，通过五年规划实施，落实《规划纲要》提出的各项任务要求，形成合理政策，促进我国医疗卫生事业的健康、有序发展。

经济新常态下，基本医疗卫生服务体系面临提能增效的重任，以三级医院为主提供常见病、多发病的诊疗服务不仅使用了大量优质医疗资源，还引起居民就医不便，造成医疗费用负担加重，不利于从根本上解决"看病难，看病贵"问题。在此背景下，2015 年，国务院发布了《关于推进分级诊疗制度建设的指导意见》（以下简称《指导意见》），以指导各地推进分级诊疗制度建设，围绕总体要求、以强基层为重点完善分级诊疗服务体系、建立健全分级诊疗保障机制、组织实施四方面提出了意见。按照《指导意见》计划，"2020 年，基本建立符合我国国情的分级诊疗制度。其中，具体目标包括：分级诊疗服务能力全面提升，保障机制逐步健全，布局合理、规模适当、层级优化、职责明晰、功能完善、富有效率的医疗服务体系基本建立，基层首诊、双向转诊、急慢分治、上下联动的分级诊疗模式逐步形成"。

通过建立分级诊疗制度，能够推进医疗资源合理配置、基本医疗卫生服务均等化，对于促进医药卫生事业长远健康发展、提高人民健康水平、保障和改善民生具有重要意义。

为提升我国新时期老龄事业发展水平、完善老年医疗和康复体系，国家进行了顶层制度设计。2017 年国务院印发的《"十三五"国家老龄事业发展和养老体系建设规划》提出，加强老年康复医院、护理院、临终关怀机构和综合医院老年病科建设。有条件的地区可将部分公立医院转为康复、护理等机构。提高基层医疗卫生机构康复护理床位占比，积极开展家庭医生签约服务，为老年人提供连续的健康管理和医疗服务。到 2020 年，35% 以上的二级及以上综合医院设立老年病科。可见，政策制定从现实问题出发，充分考虑老年人群的特点，提供的医疗服务更具有针对性。

（二）医疗服务质量提升相关政策

医疗服务质量不仅涵盖诊疗质量的内容，还强调病人的满意度、医疗工作效率、医疗技术经济效果（投入与产出关系）以及医疗的连续性和系统性。随着经济社会的发展，人民的健康需求也随之发生变化，要满足人民快速增长的多层次、多样化健康需求，需要推动医疗服务高质量发展，建立优质高效的医疗卫生服务体系。

2015 年，卫计委和国家中医药局决定利用 3 年时间在全国医疗卫生系统实施"进一步改善医疗服务行动计划"，"实现便捷就医、人文就医、安全就医、明白就医、智慧就医，人民群众看病就医感受明显改善，社会满意度明显提高"。2016 年，《"健康中国 2030"规划纲要》提出，要提升医疗服务水平和质量，"建立与国际接轨、体现中国特色的医疗质量管理与控制体系、建设医疗质量管理与控制信息化平台、全面实施临床路径管理，规范诊疗行为，优化诊疗流程，增强患者就医获得感"。2017 年，卫计委、中医药管理局发布《进一步改善医疗服务行动计划（2018—2020 年）》，在总结过去三年改善医疗服务行动经验的基础上，进一步巩固改善医疗服务的有效举措，将其固化为医院工作制度，突出应用新理念、新技术，创新医疗服务模式，建立预约诊疗制度、远程医疗制度、临床路径管理制度、检查检验结果互认制度、医务社工和志愿者制度五项制度。

通过实施改善医疗服务行动计划，推动医疗服务高质量发展，不断满足人民群众医疗服务新需求。截至 2017 年年底，二级及以上公立医院中，超过 40% 的医院开展了预约诊疗和远程医疗服务，超过 80% 的医院开展了临床路径管理和同级检查结果互认，居民看病就医感受逐步得到改善。2017 年，全国门诊总量比上年增加 2.5 亿人次（增长 3.2%），居民平均就诊由 2016 年的 5.8 次增加到 2017 年的 5.9 次。全国住院总量比上年增加 1708 万人（增长 7.5%），年住院率由 2016 年的 16.5% 增加到 2017 年的 17.6%，居民医疗服务利用持续增加。①

此外，对老年人的医疗卫生服务质量提升政策还包括：落实老年人医疗服务优待政策，为老年人特别是高龄、重病、残疾、失能老年人就医提供便利服务。鼓励各级医疗卫生机构和医务工作志愿者为老年人开展义诊。加强康复医师、康复治疗师、康复辅助器具配置人才培养，广泛开展偏瘫肢体综合训练、认知知觉功能康复训练等老年康复护理服务等多项内容。

三 健康预防与促进相关政策

（一）健康预防相关政策

健康是促进人的全面发展的必然要求，是经济社会发展的基础条件。党和国家历来高度重视老年群体的健康，在健康领域不断进行改革，不断促进和全面提升包括老年人在内的全体居民的健康素养和健康水平。

---

① 中华人民共和国国家卫生健康委员会：《2017 年我国卫生健康事业发展统计公报》，2018 年。

2016 年 3 月，《国民经济和社会发展"十三五"规划》提出，"积极应对人口老龄化，加强顶层设计，构建以人口战略、生育政策、就业制度、养老服务、社保体系、健康保障、人才培养、环境支持、社会参与等为支撑的人口老龄化应对体系"，规定了我国当前及以后一个时期的老龄人口的政策方向。2016 年 10 月，《"健康中国 2030"规划纲要》明确提出将"健康老龄化"上升为国家战略规划。2017年 1 月，《"十三五"卫生与健康规划》将发展老年健康服务作为"十三五"期间健康事业的发展目标之一。该规划包括提高老年人健康素养、健全老年健康服务体系等政策内容。2017 年 1 月，《中国防治慢性病中长期规划（2017—2025 年）》提出"以提高人民健康水平为核心，以深化医药卫生体制改革为动力，以控制慢性病危险因素、建设健康支持性环境为重点，以健康促进和健康管理为手段，提升全民健康素质，降低高危人群发病风险，提高患者生存质量，减少可预防的慢性病发病、死亡和残疾，实现由以治病为中心向以健康为中心转变，促进全生命周期健康，提高居民健康期望寿命"，为推进健康中国建设奠定坚实基础。2017 年 2 月，《"十三五"国家老龄事业发展与养老体系建设规划》将"着力加强全社会积极应对人口老龄化的各方面工作，着力完善老龄政策制度，着力加强老年人民生保障和服务供给，着力发挥老年人积极作用，着力改善老龄事业发展和养老体系建设支撑条件，确保全体老年人共享全面建成小康社会新成果作为'十三五'期间老龄事业发展的指导思想，并将'健康老龄化'理念宣传普及进社区、进家庭"作为加强老年人健康促进和疾病预防的工作之一。2017 年 3 月，国家卫计委等 13 部门联合发布《"十三五"健康老龄化规划》，确立了"建立覆盖城乡老年人的基本医疗卫生制度，构建与国民经济和社会发展相适应的老年健康服务体系，持续提升老年人的健康水平"的发展目标，以积极应对人口老龄化，维护老年人的健康功能，提高老年人的健康水平。

2017 年，"中国老年健康促进工程"正式启动，具体围绕以下项目开展工作：联合各类媒体，整合专家资源，面向基层、社区、家庭的中老年人群，以科学、实用、有效为标准，开展有计划性、系统性的健康教育项目。实施老年重大疾病防控项目，推动和促进实施脑卒中、骨健康、糖尿病、高血压、心脏病、肾病、肿瘤、阿尔茨海默症等重大疾病的筛查、预防、干预和康复项目的开展。帮助基层医疗机构提高服务能力和水平。建设以老龄人群为中心的健康保障体系，共同促进社会服务能力和老龄人群健康水平的提高。

（二）精神健康相关政策

我国老年人心理与精神健康需求激增与心理与精神保障供给缺位并存，老年人的心理与精神保障尤其是一些特殊老年人的心理与精神关怀成为亟需关注的社会问题。为了满足老年人日益增长的心理与精神健康需求，需要建立正式制度与非正式制度相结合的老年心理与精神保障供给体系，发展多层次的老年心理与精神保障体系。

2009 年 3 月，国务院发布了《关于深化医药卫生体制改革的意见》，提出对精神病院等在投入政策上予以倾斜。2010 年 2 月，卫生部、中央编办、国家发改委、财政部、人社部发布《关于公立医院改革试点的指导意见》，同样要求对精神病医院在投入政策上倾斜。2012 年 10 月，在经历长达 27 年的讨论之后，全国人民代表大会常务委员会发布了《精神卫生法》，立法规范开展精神障碍诊断、治疗活动，2015 年 6 月，国家卫计委率先发布了《全国精神卫生工作规划（2015—2020 年）》，提出全国精神科执业（助理）医师数量增加到 4 万名，其中东部地区每 10 万人口不低于 3.8 名，中西部地区每 10 万人口不低于 2.8 名。同时要健全基层精神卫生防治人员、心理治疗师、社会工作师等精神卫生服务队伍。有效落实严重精神障碍救治管理任务，登记在册的严重精神障碍患者管理率和精神分裂症患者治疗率均达到 80% 以上，显著减少患者肇事肇祸案（事）件。精神障碍康复工作初具规模，70% 以上的县（市、区）设有精神障碍康复机构，50% 以上的居家患者接受康复服务。要努力提高常见精神障碍和心理行为问题防治能力，使公众对抑郁症等常见精神障碍的认识和主动就医意识普遍提高。2017 年 1 月，《"十三五"卫生与健康规划》

提出老年人心理健康与心理关怀等具体措施，政策关注点从一般人群的健康聚焦到老年人的心理健康问题。

此外，目前还没有针对老年人精神健康的专门政策法规出台，有学者建议，一方面在未来应该出台专项政策，明确服务对象、服务项目、服务标准，建立考核评估机制，为关爱老年人心理健康提供制度保障；另一方面，明确不同级别医疗机构的服务内容，在有条件的地方设立专业科室、病房，加强分工协作。在此基础上，加大专门人才培养，在高校增设老年人心理健康类课程，对社工进行培训，提供多层次的人才服务，并探索构建科学的老年人心理健康服务体系，开展多种形式的心理健康专项行动，促进服务模式的改进和完善。

（三）残疾人健康相关政策

当前，中国开始进入残疾人规模增大、结构变动、风险提高的关键时期。人口快速老龄化、意外伤害、慢性疾病等因素，在一定程度上让残疾预防和保障变得更复杂。有数据预估，到 2030 年，每年将新增残疾人 200 万—250 万人。随之而来的，不仅是给个人、家庭、社会造成压力，而且带来了不小的经济负担和精神负担。

2016 年 9 月，国务院办公厅印发《国家残疾预防行动计划（2016—2020 年）》，这是我国首个在残疾预防领域的国家级政策文件，通过有效控制出生缺陷和发育障碍致残、着力防控疾病致残、努力减少伤害致残、显著改善康复服务四大主要行动来推动残疾有效减少、控制残疾的发生、发展，推进健康中国建设。2016 年 10 月，《"健康中国 2030"规划纲要》提出，突出解决好残疾人、低收入人群等重点人群的健康问题；推动残疾人康复体育和健身体育广泛开展；将残疾人康复纳入基本公共服务，实施精准康复，为城乡贫困残疾人、重度残疾人提供基本康复服务。制定实施国家残疾预防行动计划，增强全社会残疾预防意识，开展全人群、全生命周期残疾预防，有效控制残疾的发生和发展。加强对致残疾病及其他致残因素的防控。

此外，截至 2017 年年底，北京、浙江、安徽、湖南、天津、河

北、辽宁、吉林、福建、江西、山东、河南、湖北、广东、青海15
个省市均出台残疾预防和康复政策，通过积极开展残疾预防工作，完
善医疗康复工作，提升非医疗康复服务水平，加强辅助器具适配服务
等，维持并不断提升残疾人的健康水平。

此外，基于目前对健康的认识及上文中所述的我国老年人的基本
情况，针对老年人的健康政策除要维持老年人的健康水平的同时，还
应关注由于经济及地区差异带来的健康不公平性。实现健康公平和全
民健康，应建立起以权利公平、机会公平、规则公平的健康公平保障
体系，保证人民平等参与、平等发展的健康权利。权利公平是中国健
康事业发展的根本原则。宪法第二十一条"保护人民健康"条文，从
根本上确认了每一个人都平等享有基本健康权利。国务院新闻办公室
发布《中国健康事业的发展与人权进步》白皮书提出，"人人有权享
有公平可及的最高健康标准"。未来政策制定的重点有三个方面：第
一，注重引导医疗卫生工作重心下移、资源下沉，保证城乡居民公平
享有基本医疗卫生权益；第二，注重对特定区域的政策倾斜，保证医
疗卫生资源的公平获得；第三，注重对特定群体的非歧视性，有针对
性地满足特殊的健康需求。

第二节　城乡困难家庭老年人健康与
医疗状况分析

一　基于社会现实认知的健康与医疗状况分析

（一）城乡困难家庭老年人身体健康状况

随着我国老龄化的快速发展，老年人健康问题已不容忽视。大量
研究证明，社会经济地位与健康状况有很强的正向相关关系。经济收
入低下的老年人，往往健康状况较差，这也是社会分层理论中由于资
源占有量不同而导致的群体差异的表现之一。① 而在患病方面或身体

---

① 杜鹏：《中国老年人口健康状况分析》，《人口与经济》2013 年第 6 期。

机能受损方面，姜向群、魏蒙、张文娟研究发现，在社会—心理—生物医学模式下，社会经济评价状况较好的老年人患慢性病率要低于社会经济评价状况较差的老年人。[①] 本部分将对城乡困难家庭老年人的慢性疾病状况进行描述分析。

表 3 - 2 展示了从总体分布上看，城乡困难家庭老年人慢性疾病的情况。数据表明，接受调查的老年人总体样本中，患有骨关节病的老年人占比最高，达 55.03%，其次为高血压、心脑血管疾病，占比分别为 44.85%、34.49%。具体而言，在困难家庭老年人总体样本中，慢性疾病的类别分布同总体一致，较多困难家庭老年人患有骨关节病、高血压、心脑血管疾病。其中，低保家庭老年人患有白内障/青光眼、糖尿病、心脑血管疾病、胃病、骨关节病等多种慢性疾病的占比相对较高，接近六成的低保家庭老年人患有骨关节病；而边缘家庭老年人患有高血压、癌症/恶性肿瘤的占比相对较高。

根据健康生产函数，"老龄健康"是一种特殊的资本，对其投资会产出更长的健康时间，同时，它的折旧率也"远高于一般的健康资本"。对健康的投资决定健康状况，更高的收入会有更充足的预算，从而会得到更充足的营养摄入和更充分的卫生保健。[②] 与经济水平较低的老年人相比，经济水平较高的老年人对健康的投资水平也较高，健康预防较充分，从而受慢性病影响较少。有研究报告表明，慢性疾病是导致我国老年人健康状况差异的主要原因。与经济水平较高的老年人相比，经济水平较低的老年人，尤其是困难家庭老年人更容易受慢性疾病的影响。[③] 主要原因包括：慢性疾病的危险因素（如高血压）在经济困难的老年人中更为常见；经济困难老年人享有的初级卫生保健资源有限；与经济水平较高的相比，他们受慢性病负面结果的

---

① 姜向群、魏蒙、张文娟：《中国老年人口的健康状况及影响因素研究》，《人口学刊》2015 年第 37 期。

② Grossman M. ，"On the Concept of Health Capital and the Demand for Health"，*Journal of Political Economy*，Vol. 80，No. 2，1972.

③ 郭平、程建鹏、尚晓援：《中国城乡老年人健康状况与卫生服务利用的差异》，《人口与发展》2015 年第 1 期。

影响更为深远。① 再者，不受控制的健康状况会导致高额的个人卫生支出，这会使健康状况和卫生服务可及性的差异进一步扩大。

表 3 - 2　　　总体—城乡困难家庭老年人慢性疾病的分布情况　　　（％）

慢性病	总体	困难家庭	低保家庭	边缘家庭	普通家庭
白内障/青光眼	24.45	25.58	26.51	24.34	21.06
高血压	44.85	45.61	45.40	45.88	42.58
糖尿病	13.56	13.73	14.08	13.26	13.05
心脑血管疾病	34.49	36.29	39.09	32.52	29.07
胃病	32.48	34.15	35.78	31.95	27.48
骨关节病	55.03	57.55	59.87	54.43	47.48
慢性肺部疾病	18.73	20.13	21.70	18.02	14.50
癌症/恶性肿瘤	3.71	4.42	4.12	4.82	1.59
生殖系统疾病	8.06	8.15	9.00	6.99	7.81
老年痴呆	4.88	5.81	6.27	5.18	2.12
帕金森病	1.14	1.28	1.23	1.35	0.73
其他慢性病	7.98	8.65	9.23	7.87	5.96
没有慢性病	11.13	9.96	8.93	11.34	14.64

表 3 - 3 展示了从城乡分布上看，城乡困难家庭老年人慢性疾病的情况。数据表明，接受调查的城市老年人总体样本中，慢性疾病为骨关节病的占比最高，达到56.19%；其次为高血压、心脑血管疾病，占比分别为46.02%和37.32%。在农村老年人总体样本中，老年人主要的慢性疾病为骨关节病、高血压、胃病，占比分别为53.24%、43.05%、33.02%。具体而言，城市困难家庭老年人样本中，各类慢性病的占比均高于城市普通户老年人，患骨关节病占比58.73%，高

①　世界卫生组织：《中国老龄化与健康国家评估报告》，2016 年，www. who. int.

血压占比 47.05%，心脑血管疾病占比 39.74%。在农村困难家庭老年人样本中，没有慢性病的占比 11.41%，这一比例高于城市困难家庭老年人，但低于农村普通户老年人。

居住环境等的不同，健康状况也有一定差别，总体而言，城市老年人患有慢性病的情况略差于农村老年人。导致城乡老年人慢性病差异的原因，可以从以下方面进行解释。吴燕、徐勇使用 CI 指标（ADL 受限率计算集中指数）对江苏省苏州市老年人慢性疾病患病率进行验证，发现慢性病患病率的 CI 值为正值，提示慢性病患病率集中在高收入人群；ADL 受限率的 CI 值为负值，提示 ADL 受限率集中在低收入人群。慢性病患病率倾向于高收入人群，尤其是 ≥3 种慢性病的患病率，这可能与高收入者生活条件较好，从事的体力劳动较少，加之饮食精细等有关。[①] 同时，还有研究表明，高收入者慢性病更高发可能与高收入者自我保健意识较强，且更易获得医疗卫生服务，从而导致自我报告的患病率较高有关。[②]

表 3-3　　　分城乡—城乡困难家庭老年人慢性疾病的分布情况　　　（%）

	慢性病	总体	困难家庭	低保户	边缘户	普通户
城市	白内障/青光眼	27.36	28.65	28.99	28.14	23.58
	高血压	46.02	47.05	46.38	48.05	42.98
	糖尿病	15.60	15.62	16.58	14.21	15.54
	心脑血管疾病	37.32	39.74	43.37	34.39	30.23
	胃病	32.13	34.80	36.55	32.22	24.33
	骨关节病	56.19	58.73	60.87	55.57	48.77

---

① 吴燕、徐勇：《不同收入老年人健康状况公平性分析》，《中国公共卫生》2012 年第 28 期。

② Davina C. Ling、刘续棵：《经济增长的不平衡对中国老年人健康的影响》，《中国劳动经济学》2009 年第 2 期。

续表

慢性病		总体	困难家庭	低保户	边缘户	普通户
城市	慢性肺部疾病	18.99	20.60	23.10	16.92	14.26
	癌症/恶性肿瘤	4.56	5.49	5.04	6.15	1.82
	生殖系统疾病	8.46	8.71	9.71	7.24	7.72
	老年痴呆	4.80	5.67	6.57	4.34	2.25
	帕金森病	1.20	1.35	1.47	1.18	0.75
	其他慢性病	8.18	8.89	9.89	7.42	6.11
	没有慢性病	10.67	9.00	7.68	10.95	15.54
农村	白内障/青光眼	19.97	20.92	22.35	19.25	16.98
	高血压	43.05	43.41	43.77	42.98	41.94
	糖尿病	10.40	10.85	9.89	11.99	9.01
	心脑血管疾病	30.12	31.05	31.93	30.02	27.21
	胃病	33.02	33.17	34.50	31.60	32.58
	骨关节病	53.24	55.76	58.19	52.91	45.41
	慢性肺部疾病	18.32	19.42	19.36	19.49	14.90
	癌症/恶性肿瘤	2.40	2.78	2.57	3.03	1.21
	生殖系统疾病	7.46	7.29	7.83	6.66	7.97
	老年痴呆	5.01	6.01	5.77	6.30	1.91
	帕金森病	1.05	1.17	0.82	1.57	0.69
	其他慢性病	7.67	8.29	8.14	8.47	5.72
	没有慢性病	11.84	11.41	11.02	11.86	13.17

（二）城乡困难家庭老年人失能状况

当前，中国的老龄化已经进入快速和深度发展阶段，呈现出老年人口基数大、新增老年人口多、"未富先老"等特征。人口老龄化为社会带来了一系列挑战，其中，老年人失能问题值得进一步关注。失能不但对老年人的生理健康产生着持续的损害影响，而且带来了专业照护人员缺乏、护理费用支出紧张等一系列问题。社会支持理论指出，个人从社会网络中获得的一般性社会资源能够帮助个人解决日常生活中遇到的问题，失能老年人能够得到的照料和护理即是其社会支持的重要体现。然而，对于来自困难家庭的失能老年人而言，由于社会支持不足，其往往缺乏足够的物质和精神支持，加之社会保障不够充分，失能与照护问题亟待得到重视。以下将从健康状况、照料人数及参与护理保险意愿三个方面进行描述与分析。

1. 失能状况

表3-4展示了从总体分布上看，城乡困难家庭老年人的失能状况。表中数据表明，接受调查的老年人健康的占比51.72%，功能障碍的占比43.48%，完全失能的占比4.80%。具体而言，城乡困难家庭老年人健康的占比45.49%，远低于普通家庭老年人70.42%的健康占比。

表3-4　　　　　总体—城乡困难家庭老年人失能状况的分布情况　　　　　（%）

健康状况	总体	困难家庭	低保家庭	边缘家庭	普通家庭
健康	51.72	45.49	42.62	49.35	70.42
功能障碍	43.48	48.49	51.19	44.85	28.46
完全失能	4.80	6.02	6.19	5.80	1.12

日常生活自理能力是老年人独立应对生活的能力，是反映老年人健康状态的重要方面，由失能导致的日常生活自理能力下降对老年人健康的影响较大。从总体上看，相较普通家庭老年人，困难家庭老年人的失能状况相对严重，失能老年人比例相对较高，尤其是低保家庭老年人。已有学者的研究发现，患慢性疾病、低收入、高龄等是影响老年人自理能力的危险因素，① 困难家庭老年人在慢性疾病、收入等

———————

① 高利平、袁长海、刘保锋：《山东省老年人生活自理能力及影响因素分析》，《中国公共卫生》2010年第11期。

方面的脆弱性正是其失能状况相对严峻的重要原因。图3-1更为清晰地展示了困难家庭与普通家庭老年人在失能状况方面的巨大差异，困难家庭老年人的失能状况相当严峻，身体健康的困难家庭老年人在此次调查中占比不足五成。

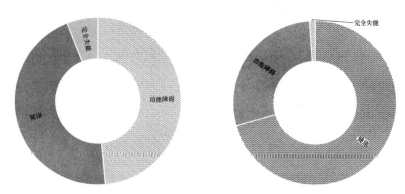

图3-1 总体—城乡困难家庭老年人失能状况的分布情况
（左图为困难家庭，右图为普通家庭）

更值得关注的是，失能老年人有着较大的经济照护需求，照护、赡养、康复等费用将给家庭经济带来沉重的负担。① 对于困难家庭失能老年人而言，一方面，其身体健康状况相对较差，经济支出需求更大，对家庭造成的负担相对更重；另一方面，其家庭经济状况相对较差，支付能力较弱，能够提供的家庭支持相对较少，导致困难家庭老年人得不到健康保障，失能状况进一步加剧，处于更加弱势的地位。因此，亟需通过完善社会保障制度等方法，提高社会对失能老年人的支持水平，尤其需对经济水平相对低下的困难家庭老年人予以一定的政策倾斜，以满足其健康和照护需要，使其健康得到应有的保障，提高生活质量。②

---

① 姜向群、刘妮娜、魏蒙：《失能老年人的生活状况和社区照护服务需求研究》，《老龄科学研究》2014年第7期。

② 邢琰、安思琪、陈长香：《支持体系对高龄失能老人经济照顾需求的影响》，《中国老年学杂志》2019年第2期。

　　表 3-5 展示了从城乡分布上看城乡困难家庭老年人失能状况。数据表明，接受调查的城市老年人总体样本中，健康老年人占比54.33%，功能障碍老年人占比 41.72%，完全失能老年人占比 3.95%；农村老年人总体样本中，健康老年人占比 47.68%，功能障碍老年人占比 46.21%，完全失能老年人占比 6.11%，城市功能障碍及完全失能老年人占比均低于农村老年人，表明城市老年人身体健康状况相对乐观。这种城乡差异在困难家庭老年人样本中同样存在，健康的城市困难家庭老年人占比 47.55%，这一比重在农村困难家庭老年人样本中为 42.35%。

表 3-5　　　　分城乡—城乡困难家庭老年人失能状况的分布情况　　　　（%）

健康状况		总体	困难家庭	低保户	边缘户	普通户
城市	健康	54.33	47.55	43.83	53.03	74.20
	功能障碍	41.72	47.37	50.83	42.26	25.16
	完全失能	3.95	5.08	5.34	4.71	0.64
农村	健康	47.68	42.35	40.58	44.43	64.30
	功能障碍	46.21	50.19	51.80	48.31	33.80
	完全失能	6.11	7.46	7.62	7.26	1.90

　　表 3-5 显示，城乡困难家庭老年人在失能状况方面存在一定的差距，这种差距可以从老年人的生活自理能力方面进行可能的解释和印证。杜鹏从年龄、性别和城乡的角度研究发现，老年人生活自理能力存在明显差别，农村老年人生活自理能力比城市差。[1] 老人的经济状况越好，日常生活自理能力越好。相关政策制定时应对有失能老人的家庭进行一定的政策倾斜，可以从社会救助和社会保险双层面进行

---

　　[1]　杜鹏：《中国老年人口健康状况分析》，《人口与经济》2013 年第 6 期。

配合实现对此类老人家庭的贫困扶助，从而促进经济欠发达地区老年人的健康水平提升。

表3-6展示了从区域分布上看，城乡困难家庭老年人失能状况的情况。数据表明，接受调查的东部老年人总体样本中，健康的占比54.41%，功能障碍的占比41.23%，完全失能的占比4.36%；中部老年人总体样本中，健康的占比49.80%，功能障碍的占比44.88%，完全失能的占比5.32%；西部老年人总体样本中，健康的占比47.66%，功能障碍的占比47.17%，完全失能的占比5.17%。在东部困难家庭老年人样本中，健康的占比47.10%，功能障碍的占比47.27%，完全失能的占比5.63%；中部困难家庭老年人样本中，健康的占比44.74%，功能障碍的占比48.68%，完全失能的占比6.58%；西部困难家庭老年人样本中，健康的占比42.62%，功能障碍的占比51.16%，完全失能的占比6.22%。

表3-6   分区域—城乡困难家庭老年人失能状况的分布情况   （%）

健康状况		总体	困难家庭	低保户	边缘户	普通户
东部	健康	54.41	47.10	43.66	51.14	75.25
	功能障碍	41.23	47.27	50.36	43.64	24.00
	完全失能	4.36	5.63	5.98	5.22	0.75
中部	健康	49.80	44.74	42.96	47.86	65.47
	功能障碍	44.88	48.68	50.00	46.37	33.09
	完全失能	5.32	6.58	7.04	5.77	1.44
西部	健康	47.66	42.62	39.70	46.45	64.14
	功能障碍	47.17	51.16	54.92	46.22	34.14
	完全失能	5.17	6.22	5.38	7.33	1.72

表3-6显示，城乡困难家庭老年人的失能状况呈现从东部到中西部递增的趋势。从社会经济特征分析其原因，东部地区经济发达，多数地区的政府资金到位，老年人的医疗保障和帮扶政策执行较好；

中西部地区大多数社区由于面临较多的老年人子女下岗、失业问题以及政府倾斜性政策投入不足的问题，多采取帮助申请贫困救助的方式，不能有效解决老年人的健康问题。[①] 区域差异的存在是一个客观现实，因此，解决老年人健康的区域差异问题也不能一蹴而就，应该制定综合性健康政策，有针对、有重点地解决老年人健康不公平问题。

2. 照料人数

表3-7展示了从总体分布上看，城乡困难家庭老年人照料人数的情况。表中数据表明，接受调查的总体老年人样本中，照料人数的均值为1.08。具体而言，在城乡困难家庭老年人总体样本中，照料人数的均值为1.07，低于普通户总体样本中照料人数的均值1.22。

尽管我国养老服务体系不断完善，但受到传统观念、家庭经济水平等的限制，老年人的主要照料者依然为自己或家庭成员。然而，当前家庭规模日益小型化，2人或3人家庭成为家庭类型主体，家庭在社会变迁中逐渐丧失了照料老年人的能力，往往导致老年人陷入"照料贫困"的境地。[②] 表3-7展示了我国城乡家庭老年人照料人数的整体性匮乏状况，尤其以低保户老年人的照料人数最少，在生活照料方面处于相对弱势的地位。

相关研究表明，与其他老年人相比，经济困难的老年人与子女互动较少，与子女关系疏离，能得到的来自子女的照料相对缺乏；同时，由于经济困难，这类老年人较难获得家庭外部护理人员的持续性服务，[③] 表明其在生活照料方面未能得到足够保障，"照料贫困"的现象十分常见。尤其对于困难家庭的失能老年人而言，这类群体身体健康状况较差、缺乏照料、没有经济能力，在照料方面非常弱势，亟

---

① 崔娟、毛凡、王志会：《中国老年居民多种慢性病共存状况分析》，《中国公共卫生》2016年第1期。

② 彭希哲、胡湛：《当代中国家庭变迁与家庭政策重构》，《中国社会科学》2015年第12期。

③ 党俊武等：《第四次城乡老年人生活状况调查报告》，社会科学文献出版社2018年版。

需社会的关注和扶持。

因此，社会应该将更多目光放在老年人照护上，尤其是关注城乡困难家庭失能老年人的照护问题。为此，"国家可以将'底线'和'基本'的度量从'三无''五保'等特殊困难老年群体转向失能老年人，建立财政兜底的对失能老年人的长期照护政策和制度，将能力丧失且收入匮乏作为财政补贴的主要原则"。同时，政府还可以通过倡导能够补足家庭照料的组织化、规模化的失能老年人分类照料方式等其他方式，来满足老年人的照护需要，使得城乡困难家庭的失能老年人得到足够的健康保障。[①]

表3-7	总体—城乡困难家庭老年人照料人数的情况				（人）
照料人数	均值	中位数	标准差	最小值	最大值
总体	1.08	1.00	0.87	0.00	6.00
困难家庭	1.07	1.00	0.85	0.00	6.00
低保户	1.04	1.00	0.83	0.00	6.00
边缘户	1.11	1.00	0.89	0.00	6.00
普通户	1.22	1.00	1.09	0.00	4.00

表3-8展示了从城乡分布上看，城乡困难家庭老年人照料人数的情况。表中数据表明，接受调查的城市老年人总体样本中，照料人数的均值为1.11；在农村老年人总体样本中，照料人数的均值为1.05。具体而言，城市困难家庭老年人样本中，照料人数的均值为1.10；农村困难家庭老年人样本中，照料人数的均值为1.03。城市各类老年人拥有相对较多的照料人数。

[①] 杨团：《农村失能老年人照料贫困问题的解决路径——以山西永济蒲韩乡村社区为例》，《学习与实践》2016年第4期。

　　随着我国改革开放的不断深入，家庭生产属性由集体生产经济向个体打工经济转变，家庭的结构形态和关系模式发生了同步变迁，家庭的养老照料形式也随之发生改变，子女不再是承担老人养老的唯一或主要的照料人。[①] 表3-8中展示了城市和农村家庭照料人数少的现实，进一步对比城市和农村家庭老年人照料人数可以看出，农村老年人整体照料人数的均值均低于城市老年人的照料人数，农村困难家庭老年人照料人数与其他家庭类型照料人数相比存在劣势，对提高农村老年人社会保障和社会救助水平提出了更高的要求。

表3-8　　　　　分城乡—城乡困难家庭老年人照料人数的情况　　　　　（人）

	照料人数	均值	中位数	标准差	最小值	最大值
城市	总体	1.11	1.00	0.89	0.00	6.00
	困难家庭	1.10	1.00	0.87	0.00	6.00
	低保户	1.08	1.00	0.84	0.00	6.00
	边缘户	1.13	1.00	0.91	0.00	6.00
	普通户	1.23	1.00	1.11	0.00	4.00
农村	总体	1.05	1.00	0.85	0.00	5.00
	困难家庭	1.03	1.00	0.83	0.00	5.00
	低保户	0.99	1.00	0.80	0.00	4.00
	边缘户	1.09	1.00	0.86	0.00	5.00
	普通户	1.22	1.00	1.08	0.00	4.00

　　3. 老年护理保险参与状况

　　表3-9展示了从总体分布上看，城乡困难家庭老年人参加护理保险意愿的情况。数据表明，接受调查的老年人，愿意参加护理保险

---

　　① 谭丽：《农民依靠家庭养老保障的现状与问题——以家庭财产与养老权为视角》，《黑龙江社会科学》2015年第6期。

的占比 59.24%，不愿意参加护理保险的占比 40.76%。具体而言，在城乡困难家庭老年人总体样本中，愿意参加护理保险的占比 59.73%，不愿意参加护理保险的占比 40.27%。在普通家庭老年人总体样本中，愿意参加护理保险的占比 57.97%，不愿意参加护理保险的占比 42.03%。

在人口老龄化的背景下，我国"空巢老人"和"失独老人"数量越来越多，荆涛、王靖韬、李莎提出，随着我国人口老龄化现象的加剧以及我国家庭功能的弱化，我国长期护理保险的需求会急剧增加。[1] 但值得注意的是，长期以来，我国对建立长期护理保险的意识不强，制定长期护理保险存在诸多阻碍，以及家庭照护对长期护理保险的替代作用，会减少老年人对长期护理保险的需求。[2] 表 3-9 中展示了老年人特别是困难家庭老年人对参加护理保险的意愿，其中，困难家庭老年人对参加护理保险展现了较高的意愿，从侧面印证了我国对困难家庭老年人的社会保障政策投入不足，需要增强社会保险和社会救助的综合救助机制，保障老年人的受照护权益。

随着老年人照护需求的不断增加，加之家庭照护功能的逐步退化，长期护理保险因其互助共济、责任共担的特点，而被当作我国应对老年风险的有效途径。当前，我国长期护理保险基本制度框架已经初步成型，但仍存在覆盖面较窄、保障范围有限、筹资渠道具有很大的依附性、筹资缺乏公平性、服务内容单一、缺乏预防机制等问题，需要从"打破制度局限、明确定位与发展方向""建立责任共担的多渠道独立筹资机制""科学厘定失能等级、适度扩大补偿范围""完善服务内容、建立护理预防机制"等方面进行完善，实现我国长期护理保险制度的进一步发展。[3]

---

① 荆涛、王靖韬、李莎：《影响我国长期护理保险需求的实证分析》，《北京工商大学学报》（社会科学版）2011 年第 26 期。

② 曹信邦、陈强：《中国长期护理保险需求影响因素分析》，《中国人口科学》2014 年第 4 期。

③ 卢婷：《我国长期护理保险发展现状与思考——基于全国 15 个城市的实践》，《中国卫生事业管理》2019 年第 1 期。

表 3 - 9　　　　总体—城乡困难家庭老年人参加护理保险意愿
的分布情况　　　　　　　　　　（%）

护理保险意愿	总体	困难家庭	低保家庭	边缘家庭	普通家庭
愿意	59.24	59.73	58.51	61.33	57.97
不愿意	40.76	40.27	41.49	38.67	42.03

　　表 3 - 10 展示了从城乡分布上看，城乡困难家庭老年人参加护理保险意愿的情况。数据表明，接受调查的城市老年人总体样本中，愿意参加护理保险的占比 55.26%，不愿意参加护理保险的占比 44.74%。在农村老年人总体样本中，愿意参加护理保险的占比 65.89%，不愿意参加护理保险的占比 34.11%。具体而言，在城市困难家庭老年人样本中，愿意参加护理保险的占比 55.28%，在农村困难家庭老年人样本中，愿意参加护理保险的占比 67.23%，相对高于城市困难家庭老年人。

　　表 3 - 10 中，既反映了农村家庭老年人具有比城市家庭老年人更高的参加护理保险的意愿，也反映了无论在城市还是农村，困难家庭老年人都具有较强的意愿参加护理保险。丁志宏、魏海伟研究发现，城市老年人购买长期照护保险的意愿不高，并且存在较高的逆向选择；人口社会因素、经济因素、替代因素、健康因素及意识因素显著影响着城市老年人购买长期护理保险的意愿。[①] 在制定具体护理保险政策时，应加强对长期护理保险的引导，加大对长期护理保险知识宣传。另外，要加大财政的补贴力度，激发老年人对护理保险的需求。

---

① 丁志宏、魏海伟：《中国城市老人购买长期护理保险意愿及其影响因素》，《人口研究》2016 年第 6 期。

表 3 – 10 　　　　分城乡—城乡困难家庭老年人参加护理保险意愿
的分布情况 　　　　　　　　（%）

护理保险意愿		总体	困难家庭	低保户	边缘户	普通户
城市	愿意	55.26	55.28	54.03	57.10	55.19
	不愿意	44.74	44.72	45.97	42.90	44.81
农村	愿意	65.89	67.23	66.98	67.51	62.50
	不愿意	34.11	32.77	33.02	32.49	37.50

二　基于自我评价认知的健康与医疗状况分析

（一）城乡困难家庭老年人心理健康状况

1. 心理抑郁

表 3 – 11 展示了从总体分布上看，城乡困难家庭老年人心理抑郁的情况。数据表明，接受调查的老年人，无抑郁症状的占比 51.38%，有抑郁症状的占比 48.62%，接近半数老年人有抑郁症状。具体而言，在城乡困难家庭老年人总体样本中，无抑郁症状的占比 45.19%，远低于普通家庭老年人的 68.74%，其中，低保家庭老年人无抑郁症状的占比相对较低，仅为 41.16%，困难家庭老年人，尤其是低保家庭老年人的心理健康状况特别值得关注。

老年阶段是心理抑郁的高发阶段，抑郁的发生机制具有复杂性，是多种影响因素综合作用的结果，学界已有研究表明，健康水平、经济状况及社会（家庭）支持是影响老年人抑郁状况的主要因素。[1] 孔宪焜、肖巧玲、李娟在城市地区进行了调查，认为家庭支持和健康状况是最为主要的影响因素。[2] 孟琛、汤哲研究发现，在影响老年人心

---

[1] 贺新艳、栾霞、刘丽杰：《丧偶独居老年人抑郁状况及相关因素的调查》，《中华现代护理杂志》2010 年第 2 期。

[2] 孔宪焜、肖巧玲、李娟：《老年抑郁症状相关因素的城乡比较》，《中国心理卫生杂志》2018 年第 8 期。

理抑郁的诸多因素中，老年人的经济状况的意义比较大。[①] 表3-11
显示，困难家庭老年人的心理抑郁状况要显著高于普通家庭老年人，
与上述研究结论一致。

表3-11　　　总体—城乡困难家庭老年人心理抑郁的分布情况　　　（%）

心理抑郁	总体	困难家庭	低保家庭	边缘家庭	普通家庭
无抑郁症状	51.38	45.19	41.16	50.50	68.74
有抑郁症状	48.62	54.81	58.84	49.50	31.26

表3-12展示了从城乡分布上看，城乡困难家庭老年人心理抑郁
的情况。数据表明，接受调查的城市老年人总体样本中，有抑郁症状
的占比46.72%；在农村老年人总体样本中，有抑郁症状的占比
51.63%，农村老年人的心理抑郁状况相对积极。具体而言，在城市
困难家庭老年人样本中，有抑郁症状的占比53.55%；在农村困难家
庭老年人样本中，有抑郁症状的占比56.80%，同样呈现农村略差于
城市的分布。

图3-2清晰展示了城乡间、家庭类型间老年人心理抑郁的差异
情况。相较于城市老年人，农村老年人的心理抑郁状况更为严重。而
影响城乡老年人抑郁发生的因素既有相同之处又有不同之处。孟琛、
汤哲的研究认为，"影响抑郁症状发生与否的因素在城乡两地总体上
是一致的，躯体健康和经济因素无论对城市或农村老年人均有十分重
要的作用"。"躯体健康对农村老年人的意义较城市老年人更大"，这
与农村目前的养老状况有关。[②] 由于农村社会保障体系的不健全，农
村老年人尽可能长时间地参加劳动，以便有更多的劳动收入对自己和

---

① 孟琛、汤哲：《北京城乡老年人抑郁症状的分析与比较》，《中国老年学杂志》2000
年第4期。
② 同上。

家庭给予支持，一旦老年人健康状况下降不再能继续从事生产劳动，就会对本人的情绪产生较大影响。[①]

表 3 - 12　　分城乡—城乡困难家庭老年人心理抑郁的分布情况　　（％）

	心理抑郁	总体	困难家庭	低保户	边缘户	普通户
城市	无抑郁症状	53.28	46.45	41.96	52.96	72.22
	有抑郁症状	46.72	53.55	58.04	47.04	27.78
农村	无抑郁症状	48.37	43.20	39.75	47.12	63.11
	有抑郁症状	51.63	56.80	60.25	52.88	36.89

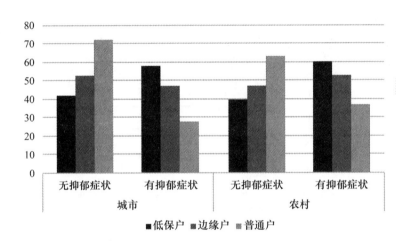

图 3 - 2　分城乡—城乡困难家庭老年人心理抑郁的分布情况（％）

2. 幸福感

表 3 - 13 展示了从总体分布上看，城乡困难家庭老年人幸福感的情况。数据表明，接受调查的老年人总体幸福感的均值为 6.92。具体而言，在城乡困难家庭老年人样本中，幸福感的均值为 6.58，低于在

---

① 张文娟：《中国老年人的劳动参与状况及影响因素研究》，《人口与经济》2010 年第 1 期。

普通户样本中幸福感的均值 7.86。

大量研究表明，主观幸福感是衡量老年人心理健康水平和个人生活质量的重要综合心理指标。学者们对主观幸福感及其影响因素进行了大量的实证研究。研究表明，老年人的主观幸福感受到个性、自尊等主观因素，以及社会支持、经济收入、受教育水平、健康关注、子女的孝顺程度等客观因素的影响。[1][2][3] 表 3 - 13 展示了城乡困难家庭老年人的总体情况，其中，困难家庭，尤其是低保户家庭老年人的幸福感与普通户老年人相比水平较低，可以看出经济收入在很大程度上会对老年人的幸福感产生影响。张伟等的研究证明，"老年人的主观幸福感受到个人收入的显著影响，而与家庭收入状况之间的关系并不显著"。[4] 这一定程度上说明，老年人自身经济状况方面的安全感对其幸福感的影响更大，老年人个人较好的经济基础以及有保障的经济来源，是老年人生活幸福的重要源泉。

表 3 - 13　　　　　总体—城乡困难家庭老年人幸福感的情况

幸福感	均值	中位数	标准差	最小值	最大值
总体	6.92	8.00	2.65	0.00	10.00
困难家庭	6.58	7.00	2.77	0.00	10.00
低保户	6.43	7.00	2.81	0.00	10.00
边缘户	6.77	7.00	2.71	0.00	10.00
普通户	7.86	8.00	1.99	0.00	10.00

---

① 唐丹、邹君、申继亮：《老年人主观幸福感的影响因素》，《中国心理卫生杂志》2006 年第 3 期。

② 王大华、佟雁、周丽清：《亲子支持对老年人主观幸福感的影响机制》，《心理学报》2004 年第 1 期。

③ 胡洪曙、鲁元平：《收入不平等、健康与老年人主观幸福感——来自中国老龄化背景下的经验证据》，《中国软科学》2012 年第 11 期。

④ 张伟、胡仲明、李红娟：《城市老年人主观幸福感的影响因素分析》，《人口与发展》2014 年第 6 期。

表 3-14 展示了从城乡分布上看，城乡困难家庭老年人幸福感的情况。数据表明，接受调查的城市老年人总体样本中，幸福感的均值为 6.99；在农村老年人总体样本中，幸福感的均值为 6.81。具体而言，在城市困难家庭老年人样本中，幸福感的均值为 6.61；在农村困难家庭老年人样本中，幸福感的均值为 6.54，各类老年人幸福感均呈现城市优于农村的情况。图 3-3 更为清晰、直观地展现了城市和农村老年人幸福感的差异情况。

表 3-14 分城乡—城乡困难家庭老年人幸福感的情况

	幸福感	均值	中位数	标准差	最小值	最大值
城市	总体	6.99	8.00	2.60	0.00	10.00
	困难家庭	6.61	7.00	2.73	0.00	10.00
	低保户	6.46	7.00	2.76	0.00	10.00
	边缘户	6.81	7.00	2.68	0.00	10.00
	普通户	8.04	8.00	1.78	0.00	10.00
农村	总体	6.81	8.00	2.73	0.00	10.00
	困难家庭	6.54	7.00	2.83	0.00	10.00
	低保户	6.38	6.00	2.89	0.00	10.00
	边缘户	6.72	7.00	2.75	0.00	10.00
	普通户	7.57	8.00	2.25	0.00	10.00

我国老年人的收入较低且来源单一，城市老年人收入主要来自退休金，农村地区则主要来自劳动收入。同时随着老年人逐渐丧失劳动能力，农村老年人的收入差距高于城市地区，如果缺乏子女的支持，

将会直接影响生活质量，并对幸福感产生影响。[①] 相关研究表明，社会保障和子女的经济支持也是影响老年人幸福感的重要因素，享受社会保障和稳定的家庭收入的城市老年人的幸福感高于农村老年人的幸福感。[②] 城乡居民基本医疗保险政策的推行，有助于缩小城乡老年人在社会保障方面的差距，对促进老年人的幸福感起到积极作用。

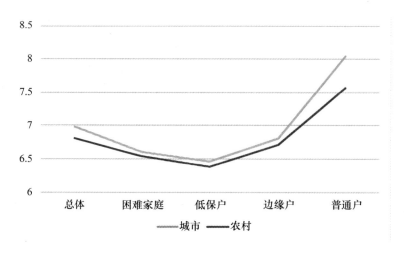

图3-3 分城乡—城乡困难家庭老年人幸福感的得分情况

（二）城乡困难家庭老年人健康认知与行为状况

1. 健康体检

表3-15展示了从总体分布上看，城乡困难家庭老年人健康体检的情况。数据表明，接受调查的老年人中，健康体检的老年人占比62.96%，没有健康体检的老年人占比37.04%。具体而言，在城乡困难家庭老年人总体样本中健康体检的老年人占比60.47%，没有健康体检的老年人占比39.53%，远低于在普通家庭老年人总体样本中

---

　　① 亓寿伟、周少甫：《收入、健康与医疗保险对老年人幸福感的影响》，《公共管理学报》2010年第7期。

　　② 胡宏伟、高敏、王剑雄：《老年人主观幸福感的影响因素与提升路径分析——基于对我国城乡老年人生活状况的调查》，《江苏大学学报》（社会科学版）2013年第4期。

健康体检的老年人占比 70.42%。

随着我国公共卫生运动的开展和健康知识的普及，居民的健康意识逐渐提升，积极参与健康促进与预防活动。表 3 - 15 展示了城乡困难家庭老年人健康体检的情况，从表中可以看出，老年人健康体检的总体已经达到 62.96%，健康体检活动参与显示了较高的程度。同时，普通家庭老年人健康体检参与高于困难家庭老年人，其原因可能与城市老年人经济收入高，健康意识较强，以及与城市老年人参与工作单位组织的定期体检有关。

表 3 - 15　　　　总体—城乡困难家庭老年人健康体检的分布情况　　　　（%）

健康体检	总体	困难家庭	低保家庭	边缘家庭	普通家庭
是	62.96	60.47	58.65	62.92	70.42
否	37.04	39.53	41.35	37.08	29.58

表 3 - 16 展示了从城乡分布上看，城乡困难家庭老年人个人健康体检的情况。表中数据表明，接受调查的城市老年人总体样本中，健康体检的老年人占比 61.23%，没有健康体检的老年人占比 38.77%。在农村老年人总体样本中，健康体检的老年人占比 65.63%，没有健康体检的老年人占比 34.37%。具体而言，在城市、农村困难家庭老年人样本中，健康体检的老年人分别占比 58.19%、63.94%。

从表 3 - 16 中可以看出，农村老年人的健康体检参与程度高于城市老年人，农村困难家庭老年人的健康体检参与与城市困难家庭老年人相比也显示了较高的水平，显示了老年人，特别是农村老年人健康意识的提高。可以从政策角度对其原因进行分析，全国老龄办等联合发布了《关于进一步加强老年人优待工作的意见》，规定在卫生保健优待方面，提出医疗卫生机构要优先为辖区内 65 周岁以上常住老年人免费建立健康档案，每年至少提供 1 次免费体格检查和健康指导。对老年人特别是农村老年人，各地政府开展了多种帮扶措施，健康体检是其中一项重要的内容。

表 3 - 16　　　分城乡—城乡困难家庭老年人健康体检的分布情况　　　（%）

	健康体检	总体	困难家庭	低保户	边缘户	普通户
城市	是	61.23	58.19	54.51	63.62	70.13
	否	38.77	41.81	45.49	36.38	29.87
农村	是	65.63	63.94	65.60	61.99	70.88
	否	34.37	36.06	34.40	38.01	29.12

2. 身体不适处置方法

表 3 - 17 展示了从总体分布上看，城乡困难家庭老年人身体不适处置方法的情况。数据表明，接受调查的老年人身体不适时最常用的处置方法为找医生看病，占比 58.47%；其次为自我治疗，占比 37.32%，未处置的占比 4.21%。具体而言，在困难家庭老年人总体样本中，占比最高的身体不适处置方法依然为找医生看病，为 58.37%；未处置的仅占比 4.33%。同时，分家庭类型来看，边缘家庭老年人身体不适时选择找医生看病的比例相对高于低保、普通家庭老年人，为 60.00%；低保家庭老年人身体不适时找医生看病的比例相对最低，而未处置的比例相对较高。

卫生服务利用水平的最直接体现就是人们的就医行为，即人们是否及时、有效地利用了医疗卫生资源。相关学者的研究证明了老年人是否选择积极、健康的就医行为将直接影响其能否尽早发现疾病尽早治疗，从而维持及提高其健康水平。[①] 近年来，我国经济实力不断增强，政府不断加大对社会保障事业的投入力度，医疗卫生事业也取得了较大的成就，覆盖城乡的医疗保障制度框架基本建立，医疗卫生服务的可及性也得到了较大的提升。表 3 - 17 展示了当老年人身体不适时，找医生看病已经成为主要的选择，特别是困难家庭老年人也将找

---

①　高筱琪、丁淑贞、王京：《老年人健康促进生活方式和健康价值的相关性》，《中国健康心理学杂志》2015 年第 23 期。

医生看病作为主要的处置办法，这也说明了我国医疗卫生服务可及性的提升和老年人就医习惯的改变。

表 3 - 17　　　总体—城乡困难家庭老年人身体不适处置方法
的分布情况　　　　　　　　　　　（%）

身体不适处置方法	总体	困难家庭	低保家庭	边缘家庭	普通家庭
找医生看病	58.47	58.37	57.90	60.00	58.77
自我治疗	37.32	37.30	37.71	36.75	37.39
未处置	4.21	4.33	4.39	4.25	3.84

表 3 - 18 展示了从城乡分布上看，城乡困难家庭老年人身体不适处置方法的情况。数据表明，接受调查的城市老年人总体样本中，身体不适处置方法为找医生看病的占比最高，为 52.92%，自我治疗的占比 42.36%，未处置的占比 4.72%。在农村老年人总体样本中，身体不适处置方法为找医生看病的占比 67.05%，自我治疗的占比 29.54%，未处置的占比 3.41%。农村老年人身体处置方法更加偏向于找医生看病，城市老年人自我治疗的占比高于农村老年人。具体而言，在城市困难家庭老年人样本中，身体不适处置方法为找医生看病的占比 52.71%，自我治疗的占比 42.35%，未处置的占比 4.94%。在农村困难家庭老年人样本中，身体不适处置方法为找医生看病的占比 66.98%，自我治疗的占比 29.62%，未处置的占比 3.40%。

从表 3 - 18 中可以看出，城市老年人的自我治疗比例要高于农村老年人，相同的情况在困难家庭老年人也存在。分析可能的原因，老年人在身体不适后，判断能够自我治疗是基于城市老年人拥有良好的医疗保障支持，城市老年人的家庭常备药物要多于农村老年人，农村老年人通常存在医药资源匮乏的情况，一定程度上导致了城乡老年人在身体不适处置方法上的差异。

表 3 - 18　　　分城乡—城乡困难家庭老年人身体不适处置方法
的分布情况　　　　　　　　（%）

身体不适处置方法		总体	困难家庭	低保户	边缘户	普通户
城市	找医生看病	52.92	52.71	51.81	54.03	53.53
	自我治疗	42.36	42.35	42.85	41.62	42.40
	未处置	4.72	4.94	5.34	4.35	4.07
农村	找医生看病	67.05	66.98	68.14	65.61	67.24
	自我治疗	29.54	29.62	29.07	30.27	29.29
	未处置	3.41	3.40	2.79	4.12	3.47

3. 锻炼次数

表 3 - 19 展示了从总体分布上看，城乡困难家庭老年人每周锻炼次数的情况。数据表明，接受调查的总体老年人每周锻炼次数均值为 4.02；困难家庭老年人每周锻炼次数均值为 3.71。具体而言，在各家庭类型老年人样本中，普通户老年人每周锻炼次数较多，均值为 4.97 次，其次为边缘户，低保户老年人每周锻炼次数相对较少。

老龄化带来的老年人健康问题，需要通过某种途径来实现延缓老年人机体衰老、预防疾病发生的健康促进目标。[①] 老年人锻炼不仅有助于老年人改善和提高健康水平，而且可以扩展老年人的生活空间，保证老年人的生活质量。表 3 - 19 显示了老年人每周锻炼次数的情况，我国老年人的健身意识增强，锻炼频次较多。同时，困难家庭老年人每周锻炼次数较少，这与困难家庭老年人的经济状况较差、健康意识较低有关。政府部门应制定政策，引导困难家庭老年人积极参与健身锻炼，促进他们的社会参与与健康水平。

---

① 李捷、王凯珍：《京津冀地区城市老年居民体育锻炼参与现状研究》，《首都体育学院学报》2018 年第 3 期。

表 3 – 19　　**总体—城乡困难家庭老年人每周锻炼次数的情况**　　（次/周）

每周锻炼次数	均值	中位数	标准差	最小值	最大值
总体	4.02	3.00	4.21	0.00	21.00
困难家庭	3.71	2.00	4.19	0.00	21.00
低保户	3.64	2.00	4.21	0.00	21.00
边缘户	3.80	3.00	4.16	0.00	21.00
普通户	4.97	7.00	4.15	0.00	21.00

　　表 3 – 20 展示了从城乡分布上看，城乡困难家庭老年人每周锻炼次数的情况。数据表明，接受调查的城市老年人总体样本中，每周锻炼次数的均值为 4.38，在农村老年人总体样本中，每周锻炼次数的均值为 3.47。具体而言，在城市困难家庭老年人样本中，每周锻炼次数的均值为 4.03，大于在农村困难家庭老年人样本中每周锻炼次数的均值 3.21。

　　城市和农村之间在每周锻炼次数情况上存在较大差距，城市各类老年人每周锻炼次数的情况均优于农村各类老年人。这种差异的存在应该是城市和农村之间经济、文化、医疗卫生服务等各方面现实不平等的一种自然反映，说明我国农村居民健康素养水平的提高任重而道远。2016 年发布的《"健康中国 2030"规划纲要》是今后推进健康中国建设的行动纲领，其指出要突出解决好老年人等重点人群的健康问题。由于城乡之间经济发展水平不同，文化和医疗服务等各方面也有巨大差异，因此提高我国老年人健康素养水平，需要各地区根据当地的文化和经济特点有针对性地开展健康促进活动。

表 3-20　　分城乡—城乡困难家庭老年人每周锻炼次数的情况　　（次/周）

每周锻炼次数		均值	中位数	标准差	最小值	最大值
城市	总体	4.38	5.00	4.28	0.00	21.00
	困难家庭	4.03	3.00	4.26	0.00	21.00
	低保户	3.84	3.00	4.27	0.00	21.00
	边缘户	4.32	5.00	4.23	0.00	21.00
	普通户	5.40	7.00	4.17	0.00	21.00
农村	总体	3.47	1.00	4.05	0.00	21.00
	困难家庭	3.21	0.00	4.03	0.00	21.00
	低保户	3.30	0.00	4.08	0.00	21.00
	边缘户	3.10	0.00	3.97	0.00	21.00
	普通户	4.28	5.00	4.01	0.00	21.00

三　基于政策后果认知的健康与医疗状况分析

（一）充足性

从充足性上看，我国医疗保险政策覆盖率较高，医疗救助政策的覆盖率有待提高，目前仍存在目标定位不清晰、实际覆盖水平较低等问题，影响充足性进一步发挥效率。根据国家卫计委的统计数据，截至 2018 年年底，我国基本医疗保险覆盖人数超过 13.5 亿，参保率稳定在 95% 以上；2017 年，城乡居民基本医保人均财政补助标准提高到 450 元，医保目录新增 375 个药品；城乡居民大病保险制度，覆盖 10.5 亿人，大病患者合规医疗费用报销比例平均提高 12 个百分点左右。[①] 这些数据体现了医疗保险政策的保障对象覆盖率相对较高，充足性较好。从目前情况来看，自 2007 年地方政府推进医疗救助与城镇居民医保制度衔接以来，多数省份资助参保者人数与覆盖水平都有

---

① 《国家卫计委：全国基本医疗保险参保人数超过 13.5 亿》，https://baijiahao. baidu. com/s? id =1592183044911442919&wfr = spider&for = pc。

较大幅度提高。2018 年，我国医疗救助人次达到 1.2 亿人。[①] 从相关研究来看，绝大多数省份至今依然无法实现对基本目标定位群体的医疗救助全覆盖，全国仍有约 500 多万符合既定政策资助条件的贫困群体成员享受不到免费参保待遇，需要明确目标定位，进一步提高医疗救助制度的充足性。我国的长期保险制度仍在探索阶段，在未来的政策设计时，需要明确政策目标定位和覆盖人群，确保政策的充足性发挥效率。[②]

当前，我国的医疗卫生体系政策仍处于改革深化的阶段，总体覆盖水平和程度有待于进一步提升。国家大力推进基本公共卫生服务均等化的努力的确促进了医疗卫生资源均衡程度的提高，但是仍然存在以下问题，国家大力推进的基本公共卫生服务均等化，提高了医疗卫生资源相对匮乏地区的医疗卫生资源供给水平，但是对于医疗卫生资源较为丰富的地区作用并不明显，存在医疗卫生资源浪费的问题。基本公共卫生服务均等化平等支持不同发展水平的医疗卫生服务事业的发展，这也导致医疗卫生服务资源较匮乏的地区仍然处于相同的地位。有学者通过计算基尼系数研究我国医疗资源的区域覆盖情况，发现西部地区在研究时段内的基尼系数均值为 0.3270，远远高于东部地区（0.2747）和中部地区（0.2572），西部地区医疗卫生资源供给水平的非均衡程度高于东部地区和中部地区，[③] 这说明我国仍然存在医疗卫生资源较匮乏的地区，需要在医疗卫生体系政策实践探索中进一步细化目标，扩大覆盖率。

健康预防与促进政策方面，以慢性疾病健康促进政策为例，分析充足性。慢性疾病健康促进政策是改善慢性病患者健康状况的重要手段之一。《中国慢性病报告》显示，2017 年，我国有 750 万居民死于

---

① 《去年中国医疗救助 1.2 亿人次》，http：//www.sohu.com/a/308446511_362042。

② 白晨、顾昕：《中国城镇医疗救助的目标定位与覆盖水平》，《学习与实践》2015 年第 11 期。

③ 马志飞、尹上岗、乔文怡：《中国医疗卫生资源供给水平的空间均衡状态及其时间演变》，《地理科学》2018 年第 6 期。

慢性疾病，预计未来十年慢性病死亡还将上升19%。慢性疾病健康促进政策充足性稍显不足，可从以下几个方面分析其充足性缺乏的原因：首先，政府对健康领域的高度重视，期望优化慢性病健康促进的制度环境与顶层设计，以破解当前健康领域面临的诸多问题，进而推动健康中国战略。然而，许多策略措施在具体实施层面的实际操作性不强。其次，卫生资金投入、卫生人才培养与基础设施建设作为慢性病健康促进事业的核心发展要素，依旧略显不足。另外，我国在慢性疾病健康促进方面还没有明确针对私人企业进入和发展的具体政策，这可能是健康预防与促进政策在今后发展的突破口。

以下，将以医疗保险与医疗救助政策中的代表性制度：医疗保险为例，对老年人医疗保险与医疗救助政策的充足性作进一步分析与评价。

表3-21展示了城乡困难家庭老年人参加医疗保障的情况，图3-4更为清晰地展现了各类老年人参加医疗保险的分布情况，其中，参加（原）新型农村合作医疗的老年人占比最多，占比51.14%；困难家庭老年人样本中参加这种类型医疗保险的比例也最高，占比52.43%。在总体老年人中，（原）新型农村合作医疗和（原）城镇居民医疗保险的参保比例分别为51.14%、27.03%，即接近八成的老年人参加了城乡居民医疗保险。（原）城镇居民医疗保险与（原）新型农村合作医疗合并成城乡居民医疗保险后，有研究发现，城乡居民医疗保险的门诊报销比例偏低，在疾病程度严重的情况下，城市致贫或者返贫的边际概率远高于乡镇和农村，在城乡居民医疗保险实际运行过程中，要关注政策的充足性情况，对政策目标群体实行精准化管理。

城市居民参加（原）城镇居民医疗保险和城镇职工医疗保险为主，随着城镇化的推进，大量农村居民迁居至城市，城市的（原）新型农村合作医疗保险占有了一定比例。困难家庭老年人主要以参加（原）城镇居民医疗保险为主，这与困难家庭老年人大多在年轻时没有参加正式单位制工作有关。陈瑶等研究发现无医疗保险的城镇居民比有医疗保险的城镇居民的医疗经济负担要重，且参加公费医疗、城镇职工基本医疗保险及商业医疗保险的人群，医疗经济负担分别下降了5%或4%；而参加城镇居民基本医疗保险和新型农村合作医疗的人群的医疗经济负担无明显下降。[1] 2016 年，国务院发布了《关于整合城乡居民基本医疗保险制度的意见》，要求各省市整合城镇居民医保和"新农合"两项制度，逐步建立起统一的城乡居民医保制度，这一措施有利于提升医疗保险制度的充足性，而对于是否有效降低居民的医疗支出负担，还有待进一步评价。

据相关调查结果显示，东、中、西部老年人对医疗服务的平均需求分别为 20.3%、32.7% 和 47%，但东、中、西部的医疗服务平均供给量分别为 50.1%、33.7% 和 16.2%，由于我国东、中、西部经济发展不平衡，老年人的就医及时性状况也存在区域差别。总体而言，西部社区的老年人及时就医性最低，东部最高。因此，医疗保险制度在完善的过程中需要充分考虑不同省份间的差异性，适度增加医疗保障政策的灵活性，尽量确保提供均等化的医疗服务。

表 3 - 21　　总体—城乡困难家庭老年人参加医疗保障的分布情况　　　　（％）

参加医疗保障	总体	困难家庭	低保家庭	边缘家庭	普通家庭
城镇职工医疗保险	20.67	16.32	13.27	20.28	31.90
公费医疗	6.06	4.09	3.50	4.84	11.15
（原）城镇居民医疗保险	27.03	29.07	32.34	24.82	21.76
（原）新型农村合作医疗	51.14	52.43	52.14	52.81	47.82
商业医疗保险	1.54	1.09	0.97	1.26	2.69
无医疗保险	4.59	5.62	6.36	4.67	1.95

----

[1]　陈瑶等：《我国医疗保险对城镇居民直接疾病经济负担影响研究》，《中国卫生经济》2009 年第 28 期。

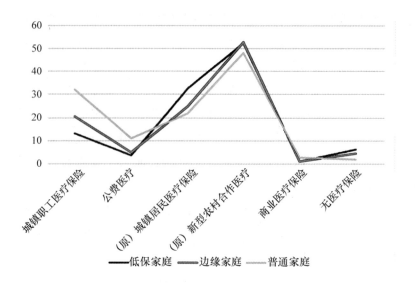

图 3 - 4　总体—三类老年人参加医疗保障的分布情况（%）

（二）公平性

老年人的医疗与健康政策公平性可以从筹资公平、卫生服务利用公平（可及）、健康结果公平三个方面进行分析和评价。

首先，医疗保险与医疗救助政策存在筹资公平性不够充分的问题。自 2016 年起，各省逐步开始将原有的城镇居民医疗保险和"新农合"整合成城乡居民基本医疗保险制度，各地在落实统一筹资标准要求时，大多沿袭了前期整合省份的做法，采取城乡居民等额缴费的筹资安排。这样的制度安排有助于制度整合和平稳过渡。但从筹资公平性角度分析，这样的制度设计并没有改善城乡居民在基本医保筹资方面的公平性，例如，2008—2015 年的统计数据显示，居民医保和新农合个人缴费占城乡居民人均可支配（纯）收入的比例不仅没有缩小，反而有所扩大，增加了城乡居民在基本医保筹资方面的不公平程度；从制度运行的结果来看，居民医保和新农合制度的运行，也没有缩小城乡居民在医疗保健支出方面的不公平程度，农民医疗保健支出占人均纯收入的比例和人均消费支出的比例持续高于同期的城镇居民，且差距近年来有所扩大。① 由于医疗救助制度遵循"属地管理"原则，县级政府的财政拨款是各地医疗救助基金的主要来源，各地根据本地救助对象、病种类别、物价水平等因素确定医疗救助的财政预算。各地在经济发展水平上存在较大差异，财政实力不尽相同，导致不同的县级政府对医疗救助的投入水平有高有低，因此，"县级政府财政能力的巨大差异对医疗救助筹资水平的横向不平等贡献最大"，此外，中央财政会根据各县级政府的财政实力，采取区别对待原则缓解各地救助基金的不平衡状况，对中西部欠发达地区的投入较多，对东部较发达地区的投入相对较低。②

　　其次，医疗卫生服务政策公平性仍显不足。卫生服务利用公平要求具有相同医疗服务需要的人可以得到相同的医疗服务，降低社会人群在健康和卫生服务利用方面存在的不公正和不应有的社会差距，使整个人群都能有相同的机会从中受益。而我国在社会经济水平整体提高的同时，卫生服务利用水平的差距也在逐渐增大。有学者具体分析了卫生服务利用公平在门诊服务利用方面的表现，发现门诊服务利用最低的为贵州，每万人口年门诊量 7300.2 人次，最高的是北京，每万人口年门诊量 47616.5 人，其是贵州的 6 倍多；在住院服务利用方面，最低的为西藏，每万人口年入院量 406.8 人次，最高的是新疆，每万人口年入院量 1225.3 人次，是西藏的 3 倍多。门诊服务利用集中指数 0.234，其中社会经济因素贡献了 0.315，人均 GDP 和城镇化分别贡献了 0.247 和 0.068；住院服务利用集中指数 0.044，其中社会经济因素贡献了 0.035，因此，社会经济因素不仅直接影响卫生服务的利用，而且还可以通过居民的支付能力、健康意识、卫生服务可及性和社会保障制度等影响卫生服务的利用。③ 社会经济因素直接和

---

　　① 朱坤、张小娟、朱大伟：《整合城乡居民基本医疗保险制度筹资政策分析——基于公平性视角》，《中国卫生政策研究》2018 年第 3 期。

　　② 顾昕、白晨：《中国医疗救助筹资的不公平性——基于财政纵向失衡的分析》，《国家行政学院学报》2015 年第 2 期。

　　③ 王爱芹、孟明珠、孔丽娜：《我国卫生服务利用省际公平性研究》，《中国卫生统计》2015 年第 32 期。

间接地影响着居民的卫生服务利用水平，因此，政府部门有必要采取措施提高贫困人群卫生服务利用的经济可及性，以改善其卫生服务利用水平。

世界卫生组织指出："健康是身体、精神和社会适应上的完好状态，而不仅仅是没有疾病或虚弱。"[①] 由此可知，应当从多维的角度评价老年人的健康公平性。传统的健康指标主要局限在躯体健康方面，且主要反映躯体的生理学或病理学变化，而忽略了躯体的功能、心理和社会适应方面。有学者据此将健康分为六个维度的指标，分析老年人健康的公平性问题，发现社会经济地位是健康不公平的主要影响因素，收入状况的差异可能直接导致享有医疗服务的差异，收入较高的老年人可能保健意识更强、更有条件及时享有高质量的医疗保健服务。[②] 而对于低收入的老年人来说，其社会支持网络较差，收入差距带来的社会相对地位低和社会压力重等一系列问题，也会影响其身心健康；社会经济地位相对较高的老年人居住的小区更可能设有公共体育活动场所及设施，这给老年人经常参加体育锻炼提供了可及性，从而导致健康结果的相对不公平。

由于医疗服务是卫生服务的重要组成部分，所以研究医疗服务利用的公平可及性是分析卫生系统公平性的主要途径之一。一直以来，老年人对于医疗服务的需求较高，且近年来中国老龄人口不断增加，所以，分析中国老年人医疗服务利用公平性具有现实意义。

表 3-22 展示了从总体分布上看，城乡困难家庭老年人距离最近医疗机构路程距离的情况。数据表明，接受调查的老年人中距离最近医疗机构路程距离的均值为 18.83 分钟。医疗资源可及性对健康的影响可以解释为医疗资源配置是否能满足人们对医疗资源的需求，而医疗资源的需求是健康的引致需求，所以人们是通过对医疗资源的利用从而满足健康需求的。医疗资源可及性不会对人们的健康状况有直接

---

① 世界卫生组织：《世界卫生组织宪章》，联合国第一届世界卫生大会，1948 年。
② 张文娟、王东京：《中国老年人口的健康状况及变化趋势》，《人口与经济》2018 年第 229 期。

作用，而是通过人们对现有医疗资源的利用来满足其健康需求。分析医疗资源配置对健康的影响这一问题，需要从医疗资源利用行为这一视角考虑。表3-22展示了困难家庭老年人与普通户老年人相比，距离最近医疗机构相对较远的问题。距离医疗机构越远，卫生可及性越差，老年人选择到医疗机构就医的概率越低。贫困老年人本身获取各项资源能力较差，对医疗资源的潜在需求更大，医疗机构位置布局会直接影响其就医选择。

表3-22 总体—城乡困难家庭老年人距离最近医疗机构
路程距离的情况 （分钟）

路程距离	均值	中位数	标准差	最小值	最大值
总体	18.83	12.00	20.86	0.00	360.00
困难家庭	19.50	15.00	20.81	0.00	240.00
低保户	19.83	15.00	20.53	0.00	180.00
边缘户	19.06	15.00	21.18	0.00	240.00
普通户	16.80	10.00	20.87	0.00	360.00

受我国城乡二元社会结构影响，城乡医疗卫生发展不平衡，极大制约了医疗服务利用的可及性，城乡差异明显。农村中老年人就医行为则往往受到健康成本的制约，而城市中老年人可能因为医疗保障较好，同时医疗资源更为丰富，就医比较容易实现。因此，未来政策制定的重点在于加大对农村医疗卫生服务体系建设的力度，促进健康公平的综合性建设方案。

我国政府在推动促进医疗资源公平可及方面一直在做出努力，根据卫生部2012年要求，各地需因地制宜根据供求双方潜在需求，确保医疗资源配置公平合理、有效可行。从卫生可及性对老年人就医行为的影响看，政策重点之一就是对贫困地区医疗资源的公平和有效性提出更高的要求。医疗网点的全面覆盖、合理布局、交通等辅助设施的优化，促进医疗资源平等化，使得那些距离医疗机构较远，且获取各种资源能力有限的老年人，更便捷地获得有效、优质的医疗救助和服务。

（三）有效性

我国的医疗保险与医疗救助制度取得了待遇水平稳步提高、管理服务不断优化、保障人数不断扩大，保障标准不断提高等成就，在提高人民健康水平、减贫济困方面效果显著。同时，我国的医疗保险制度有效性仍有进一步优化的空间，自 2016 年国务院开始整合城镇居民医保和新农合两项制度以来，各省的整合进度不一，或积极推进，或整合受阻。截至 2017 年年底，全国 31 个省份中有 23 个省份出台了整合规划，全国 334 个地市（不含京津沪渝）中，已有 283 个地市出台了具体实施方案，约 84.73% 的省份开始整合工作，还有 8 个省份的 51 个地市还没有出台相关政策。① 管理体制和经办机构不统一，医疗卫生资源在城乡及区域间配置不均匀是主要影响因素。整合方式不明确、缺乏体系建设规划、制度整合成本难以预测等问题也阻碍着城乡居民医保整合。此外，医疗救助过程中存在结算程序烦琐，耗时较长；医疗救助知晓率有待进一步提高等问题，影响了医疗救助制度的实施效果。

医疗卫生服务政策有效性不够充足，最大的原因在于医疗卫生资源配置的不合理。随着市场经济的发展，医疗资源配置和利用由基层医疗卫生机构向城市公立医院流动，基层医疗卫生机构服务能力被不断削弱，医疗资源配置和利用的"倒金字塔"问题开始形成；同时，在现行医保制度下，参保人可自由选择定点医疗机构就医，放松了对参保人行为的约束和管制，患者流向大医院，逐级就诊的有序就

---

① 王翠琴、李林、薛惠元：《改革开放 40 年中国医疗保障制度改革回顾、评估与展望》，《经济体制改革》2019 年第 1 期。

医格局被打破，出现了群众"看病难、看病贵"，大型医院"一号难求"，基层医疗卫生机构"门可罗雀"的状况。分级诊疗制度及医联体的建立对优化医疗卫生资源的配置起到了积极的作用，截至2018 年年底，我国基层医疗卫生机构 94.2 万个，其中，社区卫生服务中心（站）3.5 万个，乡镇卫生院 3.7 万个，村卫生室 63.3 万个，诊所（医务室）21.8 万个。基层医疗卫生机构增加 10040 个。[①]但由于缺乏政策引导、基层服务能力不足、双向转诊渠道不畅通、卫生资源信息沟通不畅等问题，影响了基层卫生服务制度建设，需要通过加强政策引导、构建基层医疗卫生机构复合功能的服务平台等方式进一步完善。

健康预防与促进政策的有效性也存在不充足的情况。杜鹏、武超分析了 1994—2004 年全国人口变动抽样调查数据，对中国老年人的生活自理能力进行了分析，发现与 1994 年抽样调查结果相比，中国老年人生活不能自理的比例明显提高，从 7.5% 上升到 8.9%，增长了 1.4%。城市和农村老年人生活不能自理比例 10 年间都有所上升。城市老年人不能自理比例从 1994 年的 5.3% 提高到 2004 年的 6.9%，农村老年人从 8.7% 提高到 10.8%。[②]随着社会经济的发展，老年人的生活环境和健康意识也会随之提升，出现失能率提高的问题或与不同年龄组、地域等影响因素存在关联，总而言之，政府需要开展定期的调查研究，为提升健康预防与促进政策的有效性提供政策依据。

表 3-23 展示了从总体分布上看，城乡困难家庭老年人就医问题的情况。数据表明，接受调查的老年人非常担心就医问题的占比 32.31%，完全不担心的占比 25.93%，较为担心的占比 15.24%，不太担心的占比 14.92%，一般的占比是 11.61%。从根本上说，就医问题是一个复杂的社会问题，与医疗卫生服务的供需双方都有紧密的

---

① 中华人民共和国国家卫生健康委员会：《2018 年 1—5 月卫生统计公报》，2018 年。

② 杜鹏、武超：《中国老年人的生活自理能力状况与变化》，《人口研究》2006 年第 1 期。

联系。表 3 - 23 显示了不到一半老年人对就医问题非常担心及较为担心，其中困难家庭老年人对就医问题的担心程度要高于普通家庭及总体水平，这主要与收入被认为是医疗可及性的一个重要决定因素有关，临床研究也发现，与拥有医疗保险的病人相比，没有医疗保险的病人拥有更少的住院日以及接受更不恰当的药物和治疗，困难家庭具有医疗保障的脆弱性，医疗救助覆盖率及补助金额不足也是一个重要的原因。[①]

城市老年人经济收入水平较高，生活水平较好，更加注重自我保健与卫生医疗问题。与农村老年人相比，城市老年人更加关注就医问题，这一结论在城乡困难家庭老年人中依然成立。有研究发现，教育水平的提高会增进人们对健康以及医疗知识的了解，增强个人对自身健康状况的关心。学历越高，认知能力越强，自我保健意识也越强，对医疗卫生的关注度越高。根据张航空的研究，老年人口受教育程度城市高于农村，未上过学和小学的老年人口以农村比例最高，受教育程度为初中、高中和大专及以上的以城市最高。[②]此外，城市居民获得医疗信息的渠道比农村居民多，对医疗知识的了解也更多。

西部地区家庭老年人对就医问题非常担心及较为担心，分析其原因，西部地区的经济社会发展状况与东部及中部相比存在一定的差距，医疗卫生服务资源分布不均衡、不充分同时存在，社会保障的作用有待于进一步提升。针对目前老年人对医疗需求量较大的现实情况，"互联网＋医疗"政策的推行，有助于将东部优质的专家资源、技术资源实现跨区域、同步性的传输，能够缓解西部医疗资源可及性缺乏的状况。

---

① 李萍、宋长爱：《中国居民就医行为研究进展》，《护理研究》2010 年第 17 期。
② 张航空：《中国老年人口受教育水平现状及其变动》，《中国老年学杂志》2016 年第 36 卷。

表 3 - 23　　　　**总体—城乡困难家庭老年人就医问题的分布情况**　　　（%）

就医问题	总体	困难家庭	低保家庭	边缘家庭	普通家庭
非常担心	32.31	35.06	36.86	32.74	25.20
较为担心	15.24	14.73	14.66	14.81	16.55
一般	11.61	11.69	11.31	12.19	11.39
不太担心	14.92	14.10	13.33	15.11	17.02
完全不担心	25.93	24.42	23.85	25.15	29.83

第三节　若干思考

基于上文从医疗保障与医疗救助维度、医疗卫生服务体系维度和健康预防与促进维度三个维度对老年人健康与医疗政策的梳理，以及基于社会现实认知、自我评价认知和政策后果认知对城乡困难家庭老年人健康与医疗状况的分析与评价，以下将提出优化城乡困难家庭老年人健康与医疗支持的三点思考。

第一，促进医疗保险发展公平，提升医疗救助精准性。

近年来，我国政府已经明确提出了构建城乡居民社会医疗保险体系的要求。已经实现城乡居民基本医疗保险的省、市目前效果比较良好，应当进一步推进基本医疗保险的一体化进程，缩小城镇职工与城乡居民之间的待遇差距。"卫生服务的提供不应根据支付能力大小和地域的可及性，而应与社会成员的实际需要相联系即取决于需求水平"[①] 实际需要相同的人均可以获得同等质量的卫生服务。值得肯定的是，广东省佛山市、东莞市、中山市和深圳市先行先试，已经以不同方式率先实现了基本医疗保险的一体化，这为我国其他统筹区进行

---

① 申曙光：《新时期我国社会医疗保险体系的改革与发展》，《社会保障评论》2017 年第 1 期。

制度的最终整合，形成一体化的医疗保险制度提供了经验借鉴。

医疗救助作为贫困人群遭受健康冲击的重要缓冲机制，对贫困脆弱性具有缓解作用，城镇低收入家庭的贫困脆弱性低于农村低收入家庭的贫困脆弱性，医疗救助能够适当缩小城乡低收入家庭贫困脆弱性之间的差异。有学者测算结果显示，"在获得医疗救助之前的城乡脆弱性差距为 0.1724；但在获得医疗救助之后，这一差距下降至 0.123"，说明城乡低收入家庭之间的贫困脆弱性差异在实施医疗救助制度后有所缩小。相对于城市，医疗救助对于农村低收入家庭在未来免于陷入贫困窘境的作用更大。要建立基于救助对象需求差异的医疗救助模式，根据救助对象的贫困脆弱性差异调整相应的医疗救助分担比例，特别要提高医疗负担较重的重病患者的医疗救助比例，并对农村因病致贫家庭采取倾斜政策。[1] 针对区域间存在的医疗救助横向不公平问题，医疗救助政策需要更加细化与差别化，要在关注传统的东中西的区域差异基础上，更加强调缩小各区域内部省际差异的重要意义。比如，在确定中央财政对各省医疗救助转移支付额方面制订一个转移支付公式，公式中除了引入东中西这一传统的区域变量外，还要更多地考虑各省的经济发展水平、人口结构、贫困发生率、医疗卫生水平等因素。[2] 这样不仅让转移支付更加科学化，也将使转移支付更加规范化和制度化。

第二，促进医疗卫生服务体制改革，探索长期照护保障制度优化。

"十三五"期间是我国医疗卫生体制改革的一个攻坚时期，起着承前启后的作用，而突破口便在于医保、医疗、医药"三医"联动改革。协调改革要求，以医保支付方式改革为核心，既调整医疗服务价格，纠正资源错配，又推进收入来源体系、收入分配体系以及医疗保

---

① 章晓懿、沈崴奕：《医疗救助对低收入家庭贫困脆弱性的缓解作用研究》，《东岳论丛》2014 年第 8 期。

② 孙菊、秦瑶：《医疗救助制度的救助效果及其横向公平性分析》，《中国卫生经济》2014 年第 11 期。

险支付标准体系的合理制定，尤其是发挥医疗保险支付方式与标准的引导作用。最为重要的是，支付方式与水平应能促进对医生技术劳务价值的认可，同时坚决控制住医生和医院依靠过度医疗获得收益。[①]

个体的长期护理保险参保意愿差异很大，而仅仅依靠商业长期护理保险很难实现失能老人照护经济风险化解的目标，无法减轻个人和家庭的经济负担。[②] 政府有必要探索建立长期照护保险制度，使所有参保者共同承担风险损失。对于经济收入水平较低的农村、西部地区、低收入家庭老年人，政府应当加大财政补贴力度。对于有能力参保的居民，政府应给予适度财政补贴，来刺激民众的参保热情，提高参保率。另外，政府应该在失能照护领域完善市场准入机制，提升护理服务质量，适度提高支付待遇水平。

第三，促进老龄健康立法和公共政策建设，建设综合性健康促进体系。

健康促进工作需要政府的大力配合。政府部门应审视现有政策与规章制度，借鉴各国不断出台的针对老年群体的相关立法，从社会保障、健康维护和身心调适等方面对我国的老年健康立法进行促进，制定出强有力的、有针对性的政策和相关法规。在公共政策建设上，政府部门应加强完善各种公共政策，如：完善推进老年医疗保障制度和积极建立老年护理保障制度，争取实现老年人群全覆盖；加强健康促进机构建设和人才培养，对健康促进专业人员进行统一规范化的培训以满足工作需求；开展项目评估时务必结合我国国情，制订统一、科学的健康促进评估体系，以建立明确的理论框架，增加老年人健康促进的可信度，鼓励社会人士支持健康养老项目。

健康促进工作需要进一步完善社区卫生服务体系、医院提供配套服务指引以及良好家庭支持与自我管理，通过建设综合性健康促进体

---

① 于晶波、孙强、王永平：《山东省3所医院医生收入和业余医疗服务收入的分析》，《中国卫生经济》2004年第4期。

② 张晖、许琳：《需求评估在长期护理保险中的作用及实施》，《西北大学学报：哲学社会科学版》2016年第5期。

系提升老年人的健康水平和素质。以社区卫生服务机构为载体,健全保健设备和养老设施,能有效提高老年人的生活质量。[①] 通过建立社区医疗服务网络、开展社区医疗卫生保健服务、增添医疗辅助设备等,可以为老年人提供日常的医疗保健;作为提供服务的医院方应重点加强长期护理的制度性建设,将医院住院护理转为失能残障护理,此外,应当加强健康老龄化的人才培养和科技创新;健康促进工作需要家庭的支持和个人的努力。老年人的健康生活离不开家庭提供的保障,[②] 因此,应当积极动员老年人亲属及子女参加各种形式的老年人健康教育,建立良好的家庭关系,提供良好的家庭支持。此外,老年人个人的生活方式和态度也对健康促进有重要的影响,是健康促进工作的关键所在。比如丰富的日常生活可以消除老年人退休后产生的孤独感和失落感,增强老年人的自信和改善其心理健康水平;老年人应避免不良的生活方式、经常进行体育锻炼、提高自我保健意识,可以预防、减少或延缓老年疾病的发生,促进身心健康。

---

① 倪卫国:《社区卫生服务机构参与城市居家养老服务的途径和方法》,《社区卫生保健》2007 年第 1 期。

② 陈长香、田苗苗、李淑杏:《应对老年人健康问题的家庭、社区、社会支持体系》,《中国老年学》2013 年第 23 期。

第四章 城乡困难家庭老年人养老服务供需状况

第一节 城乡困难家庭养老服务政策概览

一 养老服务政策演进脉络

我国养老服务政策的演变与人口老龄化进程紧密相关，大致经历了四个阶段：

（一）孕育阶段

新中国成立至改革开放初期（1949—1986 年），主要以机构集中供养的方式为城市"三无"老人与农村"五保"老人提供粗放的养老服务。其时，绝大部分城镇居民养老依靠所在机关、企事业单位保障；农村老人的照料护理则由家庭提供，邻里互助作为补充，因此，这一阶段的养老服务政策仅是针对特殊困难人群的"补丁"措施。可以说，这一阶段的养老服务政策是由国家主导的"救济型"或"剩余型"的，其基本特征是养老服务被看作是一个私人领域的问题，仅存在垄断性、国家化的有限干预；绝大部分个体的养老服务需求都能够在家庭内部得到解决，养老服务没有也不可能成为普遍的社会问题。[1]

（二）探索阶段

1987—1999 年，是我国步入老龄化社会的前夜。通过探索构建独

---

[1] 姚俊：《需求导向抑或结构制约——中国养老服务政策变迁的制度嵌入性分析》，《天府论》2015 年第 5 期。

立于单位制、村集体的养老服务网络，政府试图保障老年人作为公民而应享有的"老有所养"权利。1994 年印发的《中国老龄工作七年发展纲要（1994—2000 年）》明确了养老服务的基本任务与发展方向，即实现老有所养，建立起适合我国国情的国家、社区、家庭、个人相结合的社会养老保障体系。在实际推进层面，城乡之间是各有侧重的。在城镇，强调制度化养老，要求逐步建立统一的养老保险制度；在农村，则强调家庭养老的重要性，倡导以家庭养老为基础，与社区扶持相结合。可以看出，在这一时期，养老服务体系的层次性已有所体现，面向"三无""五保"等特殊老年人的养老服务逐步由一项孤立的政策补丁转变为宏大体系的兜底性构成要件。

（三）发展阶段

2000—2012 年，随着我国正式迈入老龄化国家行列，以政府为主的发展模式已经无法满足老年人的养老服务需求。2000 年出台的《关于加快实现社会福利社会化的意见》和《中共中央国务院关于加强老龄工作的决定》，第一次明确提出要努力建立以家庭养老为基础、社区服务为依托、社会养老为补充的养老服务机制。

（四）新的转型时期

在上一阶段以机构为重心的发展过程中，出现了养老机构空置率居高不下，同时绝大多数居家养老的老年人，尤其是失能失智老年人没有得到政策支持等问题。扭转以机构为重心的发展中出现的问题，以及满足老年人医疗需求等新要求成为这一时期的主要任务，于是养老服务体系建设的重心由重机构向重服务转变，由重机构向重社区与居家转变，向重医疗、重康复等需求转变。这一转型以 2013 年 9 月发布的《国务院关于加快发展养老服务业的若干意见》为标志。之后几年间陆续出台的几十个配套文件，为加快我国养老服务业的发展提供了较好的政策环境。特别是 2016 年 12 月国务院办公厅下发的《关于全面放开养老服务市场提升养老服务质量的若干意见》、2016 年 10 月十部委联合下发的《关于支持整合改造闲置社会资源发展养老服务的通知》、2017 年 1 月十三部委联合下发的《关于加快推进养老服务业放管服改革的通知》等为我国养老服务业的进一步发展提供了政策支持。《"十三五"国家老龄事业发展和养老体系建设规划》提出了"十三五"期间养老服务要实现政府运营的养老床位占比不超过50%，护理型养老床位占比不低于30%的发展目标，对机构养老未来的发展方向具有指导意义。为满足老年人的医疗需求，2017年11月8日卫计委发布《关于康复医疗中心、护理中心基本标准和管理规范（试行）的通知》，提出"鼓励社会力量举办康复医疗机构、护理机构，打通专业康复医疗服务、临床护理服务向社区和居家康复、护理延伸的'最后一公里'"的发展目标，使得老年人医疗需求的解决有了更好的途径。

表 4 - 1　　我国养老服务发展中的代表性政策（1990—2017）

年份	文件名	部门
1994	中国老龄工作七年发展纲要（1994—2000 年）	中华人民共和国计划生育委员会、中华人民共和国民政部、中华人民共和国劳动部、中华人民共和国人事部、中华人民共和国卫生部、中华人民共和国财政部、中华人民共和国教育委员会、中华全国总工会、中华全国妇女联合会、全国老龄工作委员会办公室
1996	中华人民共和国老年人权益保障法	全国人民代表大会
1999	关于成立全国老龄工作委员会的通知	中华人民共和国国务院
2000	中共中央、国务院关于加强老龄工作的决定	中国共产党中央委员会、中华人民共和国国务院
2000	关于对老年服务机构有关税收政策问题的通知	中华人民共和国财政部、国家税务总局
2001	中国老龄事业发展"十五"计划纲要（2001—2005 年）	中华人民共和国国务院
2001	"社区老年福利服务星光计划"实施方案	中华人民共和国民政部

续表

年份	文件名	部门
2005	关于支持社会力量兴办社会福利机构的意见	中华人民共和国民政部
2005	关于开展养老服务社会化示范活动的通知	中华人民共和国民政部
2006	关于加快发展养老服务业的意见	中华人民共和国国务院
2006	中国老龄事业发展"十一五"规划（2006—2010）	全国老龄工作委员会办公室
2012	老年人权益保护法（修订）	全国人民代表大会
2013	国务院关于加快发展养老服务业的若干意见	中华人民共和国国务院
2015	关于推进医疗卫生与养老服务相结合的指导意见	中华人民共和国国务院
2016	民政事业发展第十三个五年规划	中华人民共和国民政部、国家发展和改革委员会
2016	关于确定2016年中央财政支持开展居家和社区养老服务改革试点地区的通知	中华人民共和国民政部、中华人民共和国财政部
2016	关于支持整合改造闲置社会资源发展养老服务的通知	中华人民共和国民政部
2016	关于全面开放养老服务市场提升养老服务质量的若干意见	中华人民共和国国务院
2016	关于印发"十三五"社会服务兜底工程实施方案的通知	中华人民共和国发展改革委、中华人民共和国民政部、中国残疾人联合会
2016	关于印发《养老服务体系建设中央补助激励支持实施办法》的通知	中华人民共和国发展改革委、中华人民共和国财政部、中华人民共和国民政部
2016	商务发展第十三个五年规划纲要	中华人民共和国商务部
2016	关于推进老年宜居环境建设的指导意见	全国老龄工作委员会办公室、国家发展和改革委员会

续表

年份	文件名	部门
2016	"健康中国2030"规划纲要	中华人民共和国国务院
2017	"十三五"国家老龄事业发展和养老体系建设规划	中华人民共和国国务院
2017	智慧健康养老产业发展行动计划（2017—2020年）	中华人民共和国工业和信息化部、中华人民共和国民政部、国家卫生和计划生育委员会
2017	服务业创新发展大纲（2017—2025年）	中华人民共和国发展改革委
2017	关于制定和实施老年人照顾服务项目的意见	中华人民共和国国务院
2017	关于运用政府和社会资本合作模式支持养老服务业发展的实施意见	中华人民共和国财政部
2017	关于深化"放管服"改革激发医疗领域投资活力的通知	国家卫生和计划生育委员会

二　养老服务政策框架

我国社会养老服务政策是与社会保险、社会救助、社会福利、慈善事业等政策相互交融的开放性资源整合系统。其内核是一套"以居家为基础、社区为依托、机构为支撑"的服务供给体系。居家、社区、机构这三种服务方式，各有其适用对象以及相应的服务内容与支持形式，由此形成一张覆盖所有老年人的服务网络（见表4-2）。

尽管社会养老服务体系是面向所有老年人的，但优先保障的是困难老年人。这种对脆弱群体的政策倾斜在我国养老服务事业发展进程中一以贯之，特别是在2011年之后，"保基本、兜底线"的制度功能定位被反复强调。2011年发布的《社会养老服务体系建设规划（2011—2015年）》在内涵与定位中非常明确地提出，要优先保障孤老优抚对象及低收入的高龄、独居、失能等困难老年人的服务需求，兼顾全体老年人改善和提高养老服务条件的要求。同一时间发布的《中国老龄事业发展"十二五"规划》在主要任务中要求加大老年社会救助力度，完善老年社会福利制度。2017 年发布的《"十三五"国家老龄事业发展和养老体系建设规划》则在社会保险、社会福利、社会救助，以及健全养老服务体系中多次提及对困难老年人的养老保障问题。

表 4-2　　　　　　　中国社会养老服务体系基本构成

基本构成	服务对象	服务内容	支持形式
居家社区养老（家庭支持）	身体状况较好、生活可自理的老年人	家庭服务、老年食堂、法律服务、文娱教育、适老改造	社区（乡镇）服务网点、志愿或互助服务
	失能、独居、空巢老年人；经济困难老年人	家务劳动、家庭保健、辅具配置、送饭上门、无障碍改造、紧急呼叫、安全援助等	
社区养老（短期照料）	家庭日间暂时无人或者无力照护的社区老年人提供服务	日间照料、短期托养、配餐	社区（乡镇）服务网点
机构养老（长期照料）	特困供养人员；经济困难的孤寡、失能、高龄老年人	生活照料、康复护理、紧急救援	老年养护机构及其他养老机构

资料来源：根据《"十三五"国家老龄事业发展和养老体系建设规划》《社会养老服务体系建设规划（2011—2015 年)》整理。

　　实质上，所谓针对困难老年人的养老服务政策是指由政府提供的基本养老服务，其目标人群包括"三无""五保"、高龄、独居、空巢、失能、失智和经济困难老年人。从政策功能上看，面向困难人群养老服务主要由经济供养与照料服务两部分组成。

　　（一）经济供养

　　特困人员救助供养制度是为困难老年人提供经济供养的主要形式。2006 年 1 月 11 日，国务院第 121 次常务会议通过的《农村五保供养工作条例》指出，农村五保供养是指："在吃、穿、住、医、葬方面给予村民的生活照顾和物质帮助。""老年、残疾或者未满 16 周岁的村民，无劳动能力、无生活来源又无法定赡养、抚养、扶养义务人，或者其法定赡养、抚养、扶养义务人无赡养、抚养、扶养能力的，享受农村五保供养待遇。"由此可见，除了"五保"老人外，农村"五保"对象还包括残疾人、未成年人。2014年2月，国务院颁布的《社会救助暂行办法》规定："国家对无劳动能力、无生活来源且无法定赡养、抚养、扶养义务人，或者其法定赡养、抚养、扶养义务人无赡养、抚养、扶养能力的老年人、残疾人以及未满16周岁的未成年人，给予特困人员供养。"这就将农村"五保"、城市"三无"、残疾人以及困境儿童统称为"特困供养人员"。2016年，《国务院关于进一步健全特困人员救助供养制度的意见》指出，"在全国建立起城乡统筹、政策衔接、运行规范、与经济社会发展水平相适应的特困人员救助供养制度，将符合条件的特困人员全部纳入救助供养范围，切实维护他们的基本生活权益"。同时，再次确认特困供养的对象和范围："城乡老年人、残疾人以及未满16周岁的未成年人，同时具备以下条件的，应当依法纳入特困人员救助供养范围：无劳动能力、无生活来源、无法定赡养抚养扶养义务人或者其法定义务人无履行义务能力。"因此，"特困供养"制度作为一种特殊的社会保障形式，其主要目的是保障"三无"人员的吃、穿、住、医、葬（孤儿保教），为处于绝对贫困状态中且无生存能力的居民提供稳定的基本生存照料。

（二）照料服务

目前，我国人口老龄化问题非常严峻，老年人对照料服务的需求十分巨大。为此，国务院下发的《国务院关于加快发展养老服务业的若干意见》（国发〔2013〕35号，以下简称"35号文件"）明确提出，"各地要加快建立养老服务评估机制，建立健全经济困难的高龄、失能等老年人补贴制度"。同时要求财政部会同民政部等有关部门提出具体的落实措施。近些年，民政部鼓励有条件的地方建立高龄老年人津贴制度，推动老年福利由救助型向普惠型发展。2018年，我国取消养老机构设立许可，推动出台加快养老服务发展的意见。我国各省均已建立高龄津贴制度，30 个省份建立服务补贴制度，29 个省份建立护理补贴制度，20 个省份建立留守老年人关爱服务制度。截至 2018 年 9 月，享受高龄津贴、服务补贴和护理补贴的老年人数量分别达到 2680 万、354 万和 61 万。深入开展养老院服务质量建设专项行动，截至 2018 年 9 月，全国养老服务机构有 2.93 万个左右，床位 732.54 万张。[①]

第二节　城乡困难家庭老年人养老服务供需分析

一　基于社会现实认知的养老服务状况分析

（一）经济支持、疾病护理、生活照料最受老年人关注

老年群体重点关注的问题是养老服务政策的目标指向。分析结果显示，无论在困难家庭，还是在普通家庭，经济支持、疾病护理、生活照料均是困扰老年人及其家庭的棘手问题。原因或许在于，我国老年人口经济条件较差，护理服务的可及性与可得性较低，家庭养老功能不断弱化。

第一，经济支持是老年人最关注的问题。通常而言，人到老年，其收入流进入整个生命周期的最低阶段，面临相当大的贫困风险。从世界范围来看，老年贫困率居高不下，韩国达到 45.7%，美国达到 22.9%，日本达到 19.16%，英国达到 14.2%（2016 年）。[②] 在中国城市最低生活保障对象中，老年人占比达到 17.43%（2016 年）。这意味着，经济脆弱性是危及"老有所依、老有所养"的首要因素，贫困老年人已经成为社会救助政策重点保障对象之一。本次调查从需求角度印证了上述判断，大部分受访老人都对"养老钱"有所担忧。具体地，78.43% 的困难家庭老年人表示担心经济支持问题，在普通家庭样本中，这一比例也达到了 64.16%（见表 4－3）。我们同时发现，

---

① 《民政部：已基本实现老年人高龄津贴、服务补贴和护理补贴制度全国覆盖》，https://baijiahao.baidu.com/s? id = 1621642869725939476&wfr = spider&for = pc。

② OECD（2019），Poverty Rate（indicator），doi：10.1787/0fe1315d－en.

农村老年人担心经济支持的比例高于城市，城乡差距在普通家庭样本中尤为明显，但在低保家庭样本中发生反转。在全样本中，农村（77.18%）比城市（73.45%）高 3.73%；在困难家庭样本中，农村（79.46%）比城市（77.85%）高 1.61%；在边缘家庭样本中，农村（79.79%）比城市（72.54%）高 7.25%；在普通家庭样本中，农村（70.75%）比城市（60.20%）高 10.55%，但是在低保家庭样本中，城市（81.30%）反比农村（79.17%）高 2.13%。

第二，逾六成困难家庭老年人担心疾病护理问题。老年人的患病风险与频率大幅高于其他年龄段人口，产生大量医疗护理需求。但我国医疗资源紧张，疾病护理明显供不及求。调查显示，55.17% 的普通家庭老年人和 62.19% 困难家庭老年人担忧疾病护理问题。7.02% 的比例差反映了困难家庭在医疗护理可得性上的劣势及其对预期需求的负面影响。此外，农村老年人担心疾病护理的比例稍高于城市。在边缘家庭中，农村（34.17%）比城市（29.86%）高 4.31%；在普通家庭中，农村（28.41%）比城市（23.24%）高 5.17%，但在低保家庭中，城市（33.55%）反比农村（32.39%）高 1.16%。

第三，逾五成困难家庭老年人发愁生活照料问题。随着家庭规模萎缩、代际赡（抚）养比例失衡，成年子女对父母的支持力度大大减弱。家庭越发难以独立承担起对老年成员的生活照料。这一趋势在老年群体的主观预期上已有显著体现。调查显示，在困难家庭（59.13%）和普通家庭（50.89%）样本中，均有较大比例的老年人担心生活照料问题（见表 4-3）。并且，担心生活照料的比例，农村明显高于城市。

此外，超过三成困难家庭老人担忧精神慰藉、老年监护问题，两成以上困难家庭老人担心送终送葬问题（见表 4-3）。

从上述分析结果中，我们有五项主要发现：

（1）经济支持是养老服务的基础。来自家庭、政府以及社会的经济支持不仅仅限于保障老年人的基本生存，还可以缓解老年群体因多病而承受的经济负担。① 这也许是经济支持成为老年人首要关注问题的根本原因。

（2）对多数老年人而言，经济供养、护理服务比精神关爱更为迫切，说明我国在基础性、兜底性养老服务方面仍有很大提升空间。数据显示，各类老年人担心经济支持、疾病护理、生活照料的比例均超过50%，远高于担忧精神慰藉问题的比例。

（3）对多数老年人来说，"眼前事"比"身后事"更为急迫。如表4－3所示，在诸多养老问题（除其他选项外）中，担心送终送葬的比例最低，普通家庭仅为13.38%，困难家庭也只有23.39%。

（4）与普通家庭相比，困难家庭老年人普遍面临更加严峻的养老问题。在所有选项上，困难家庭老年人选择"担心"的比例均高于普通家庭老年人。

（5）农村担心各类养老问题的老年人比例高于城市，并且越是在普通家庭样本中，城乡差距越是显著。

表4－3　　　　城乡困难家庭老年人关注的养老问题的分布情况　　　　（%）

养老问题	总体	困难家庭	低保家庭	边缘家庭	普通家庭
经济支持	74.80	78.43	80.61	75.46	64.16
生活照料	57.04	59.13	60.72	56.97	50.89
疾病护理	60.41	62.19	64.11	59.58	55.17
精神慰藉	30.64	32.50	33.17	31.60	25.18
老年监护问题	32.50	34.89	36.13	33.19	25.50
送终送葬	20.84	23.39	25.26	20.84	13.38
其他	10.28	9.26	8.46	10.34	13.27

（二）老年人更倾向于"就地老化"

表4－4描述了城乡困难家庭老年人养老方式倾向的分布情况，

---

① 王梅、夏传玲：《中国家庭养老负担现状分析》，《中国人口科学》1994年第4期。

呈现如下特点：

第一，老年群体偏爱"就近就便"的养老方式。超过80%的老年人偏向居家与社区养老。相比之下，机构养老意愿极低。在总体样本中，愿意入住社区内小型养老机构或社区外养老机构的累计比例仅为15.64%。在困难家庭与普通家庭样本中，这一比例分别为15.42%和16.19%。

第二，相比于社区外养老机构，社区内小型养老机构更受欢迎。在各类型家庭中，愿意入住社区内小型养老机构的受访者比例均超过11%，而愿意入住社区外养老机构的比例在4%以上。这说明，绝大多数老年人对离家较远的养老机构有所排斥。

表4-4　　　城乡困难家庭老年人养老方式倾向的分布情况　　　（%）

养老方式倾向	总体	困难家庭	低保家庭	边缘家庭	普通家庭
居家与社区养老	81.21	81.48	81.92	80.90	80.52
入住社区内小型养老机构	11.30	11.15	11.16	11.14	11.69
入住社区外养老机构	4.34	4.27	4.38	4.13	4.50
其他	3.15	3.10	2.54	3.83	3.29

第三，与城市老年群体相比，农村老人更加"安土重迁"，更排斥机构养老。农村老年人倾向居家与社区养老的比例明显高于城市老人。在困难家庭样本中，农村受访老人选择居家与社区养老的比例为84.86%，城市为79.45%，相差5.41%。在普通家庭样本中，城乡差距扩大到9.10%（城市为77.04%，农村为86.14%）。农村老年人愿意入住社区内小型养老机构或社区外养老机构的比例均低于城市老年群体。城乡困难家庭老年人愿意入住社区内小型养老机构的比例分别为79.45%和84.86%，相差5.41%；在普通家庭样本中，农村

（8.77%）比城市（13.49%）低4.72%，差距有所缩小。城乡困难家庭老年人愿意入住社区外养老机构的比例分别为3.71%和2.08%，相差1.63%；在普通家庭样本中，这一差距拉大到2.74%（城市为5.55%，农村为2.81%）。

（三）家庭供养能力显著影响老年人的养老方式选择

摸清老年人选择养老方式的考量因素，有助于提高相关福利补贴的精准性。我们采用逐步回归的方式，先考察家庭供养能力对老年人（社区内、社区外）机构养老意愿的影响，再依次将个人特征、经济特征和健康状况等因素纳入模型（见表4-5），呈现如下特点：

第一，家庭照料资源对老年人机构养老需求意愿具有显著的替代效应，即家庭养老功能越强，老年人选择机构养老的意愿越低。其中，健在子女数量与老年人机构养老需求意愿之间存在负相关关系。原因或许在于，多子女家庭可以通过赡养责任共担为老年人提供更充分的养老保障。家庭规模也对机构养老意愿呈现负相关影响。共同生活的家庭成员越多，在日常起居方面相互扶持的功能越凸显，因此"大家庭"中的老年人选择机构养老的可能性较低。四个回归模型的检验表明这一影响关系是具有稳健性的，即家庭照料能力越强的老年人，其机构养老需求意愿越低。许多文献支撑并补充了我们的调查发现。比如，有研究表明，相比于自己照顾自己的老年人，由其他人照顾的老年人更倾向于对机构养老产生需求。[1] 计生资本与机构养老意愿呈负相关。[2]

第二，户籍、教育程度等个人特征显著影响机构养老意愿。与农业户籍老年人相比，非农户籍老人更有意愿入住机构养老。分析结果显示，非农户籍老人相比于农业户籍老人，在选择社区内、社区外养

① 张鹏：《家庭照料能力与机构养老意愿实证分析——基于苏州市相城区52273位老人的调查》，《当代经济》2016年第16期。

② 赵锋：《不同子女数量农户的生计资本对养老意愿的影响——基于甘肃省5县区调查》，《西北民族大学学报》（哲学社会科学版）2015年第3期。

老机构方面，均有更高的可能性。此外，老年人受教育程度也与机构养老意愿呈正相关关系，亦即老年人学历越高，越有可能接受机构养老的方式。年龄、文化程度、婚姻状况、家庭结构和个人生活状况对农村老人的机构养老意愿有显著影响。[①]

第三，家庭经济状况与老年人机构养老意愿具有一定程度的正相关关系。分析显示，家庭收入越高（取对数），老年人选择社区内机构养老的意愿越强。这也许是因为，入住社区内养老机构，既能够享受到较好的生活照料，又能时常与家人团结，对老年人来说，只要经济条件允许，是一种可接受的养老方式。

表 4 - 5　　　　　　机构养老意愿影响因素 mlogit 分析

居家社区	模型1		模型2		模型3		模型4	
	社区内	社区外	社区内	社区外	社区内	社区外	社区内	社区外
配偶状态(参照:无配偶)								
健康	0.0151	-0.128	-0.0259	-0.105	-0.0922	-0.135	-0.0848	-0.138
	(0.112)	(0.174)	(0.121)	(0.186)	(0.125)	(0.192)	(0.125)	(0.192)
不健康	0.155	0.0547	0.219*	0.156	0.187	0.142	0.180	0.143
	(0.118)	(0.180)	(0.125)	(0.191)	(0.126)	(0.192)	(0.126)	(0.193)
健在子女数量	-0.250***	-0.236***	-0.151***	-0.159**	-0.140***	-0.154**	-0.140***	-0.154**
	(0.0401)	(0.0621)	(0.0438)	(0.0676)	(0.0442)	(0.0682)	(0.0442)	(0.0682)
家庭规模	-0.0901***	-0.0769*	-0.106***	-0.0878*	-0.121***	-0.0954**	-0.121***	-0.0958**
	(0.0294)	(0.0454)	(0.0301)	(0.0462)	(0.0312)	(0.0478)	(0.0312)	(0.0478)

[①]　姚兆余、王诗露：《农村老人对机构养老的意愿及影响因素分析——基于东部地区749位农村老人的调查》，《湖南农业大学学报》（社会科学版）2012年第6期。

居家社区	模型1 社区内	模型1 社区外	模型2 社区内	模型2 社区外	模型3 社区内	模型3 社区外	模型4 社区内	模型4 社区外
配偶状态(参照:无配偶)								
性别(女)			0.291***	0.283*	0.267***	0.271*	0.265***	0.270*
			(0.0992)	(0.153)	(0.0998)	(0.154)	(0.0999)	(0.154)
年龄			-0.0159*	-0.0100	-0.0168**	-0.0104	-0.0170**	-0.0105
			(0.00824)	(0.0125)	(0.00827)	(0.0126)	(0.00827)	(0.0126)
户籍(非农)			0.309***	0.390**	0.238**	0.357**	0.234**	0.358**
			(0.102)	(0.158)	(0.108)	(0.166)	(0.108)	(0.166)
教育程度			0.260***	0.143**	0.228***	0.128*	0.235***	0.127
			(0.0469)	(0.0729)	(0.0493)	(0.0766)	(0.0498)	(0.0773)
收入取对数					0.115**	0.0548	0.124**	0.0523
					(0.0544)	(0.0837)	(0.0551)	(0.0848)
自理能力 (参照:可自理)								
部分失能							0.125	-0.0527
							(0.0977)	(0.152)
完全失能							-0.157	0.204
							(0.327)	(0.407)

续表

居家社区	模型1		模型2		模型3		模型4	
	社区内	社区外	社区内	社区外	社区内	社区外	社区内	社区外
自理能力（参照：可自理）								
常数项	−1.289***	−2.226***	−1.339**	−2.413***	−2.257***	−2.851**	−2.395***	−2.803**
	(0.121)	(0.185)	(0.587)	(0.898)	(0.730)	(1.116)	(0.739)	(1.130)
Observ-ations	4,876	4,876	4,871	4,871	4,871	4,871	4,871	4,871
LR chi2 (22)	72.36		153.59		158.32		161.03	
Prob > chi2	0.0000		0.0000		0.0000		0.0000	

说明：*** $p < 0.01$，** $p < 0.05$，* $p < 0.1$。

（四）城乡困难家庭老年人对机构养老费用的负担意愿普遍较低

表4-6描述了城乡困难家庭老年人对养老机构负担费用的分布情况，呈现如下特点：

第一，我国老年人购买养老服务的意愿和能力尚处于较低水平，愿意承担的机构养老费用集中在1000—2000元/月。相当高比例的受访老人愿意负担的养老机构费用低于1000元/月。在全样本中，每月愿意支付费用在1000元以下的比例为70.03%，在困难家庭样本中，该比例更是达到74.98%。意愿支付费用超过3000元的老人寥寥无几，在全样本中占比3.69%，在困难家庭样本中占比仅为3.21%，在普通家庭样本中的占比也不足5%。

第二，普通家庭支付意愿明显强于困难家庭。分析显示，在超过1000元/月的各支付档位上，普通家庭老年人选择可接受的比例均高于困难家庭。具体而言，愿意支付费用为1000—2000元/月的比例，普通家庭比困难家庭高10.38%；愿意支付费用为2000—3000元/月的比例，普通家庭比困难家庭高 5.41%；愿意支付费用在 3000 元/月以上的比例，普通家庭比困难家庭高 1.68%。这或许能够说明，老年人的养老机构费用支付意愿与其家庭经济收入水平存在一定正相关关系。

表 4-6　　城乡困难家庭老年人养老机构负担费用的分布情况　　（%）

养老机构负担费用	总体	困难家庭	低保家庭	边缘家庭	普通家庭
费用 < 1000 元/月	70.03	74.98	79.32	69.39	57.51
1000/月 ≤ 费用 < 2000 元/月	18.28	15.34	12.52	18.98	25.72
2000/月 ≤ 费用 < 3000 元/月	8.00	6.47	5.55	7.65	11.88
3000/月 ≤ 费用 < 4000 元/月	2.38	1.99	1.42	2.72	3.35
费用 ≥ 4000 元/月	1.31	1.22	1.18	1.27	1.54

第三，养老机构支付意愿的城乡差距较为明显，且在普通老年群体中更加突出。在困难家庭样本中，城市老人愿意支付费用为 1000—2000 元/月的比例（17.97%）比农村（10.91%）高 7.06%；费用为 2000—3000 元/月的比例，城市（7.8%）比农村（4.23%）高 3.57%；费用为 3000—4000 元/月的比例，城市（2.6%）比农村（0.97%）高 1.63%。在普通家庭样本中，城市老人愿意支付费用为 1000—2000 元/月的比例（30.38%）比农村（18%）高 12.38%；费用为 2000—3000 元/月的比例，城市（15.7%）比农村（5.57%）高 10.13%；费用为 3000—4000 元/月的比例，城市（4.48%）比农村（1.48%）高 3%；费用在 4000 元/月以上的比例，城市（1.68%）比农村（1.3%）高 0.38%。不难发现，普通老年群体中

养老机构支付意愿的城乡差距反比困难家庭老年群体中的更大，这反映了城乡老年人口整体性的收入差距。

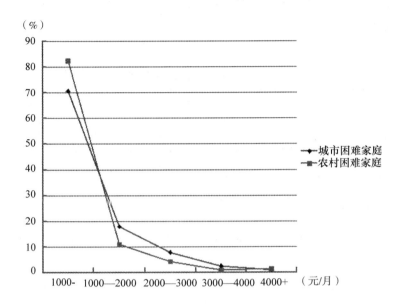

图 4－1　城乡困难家庭老年人支付意愿对比

（五）老年人养老机构支付意愿弹性较低

家庭经济收入是影响养老机构支付意愿变动的重要因素，它为现金类救助、补贴政策提供了最基础的调节依据。我们分样本地考察了影响老年人养老机构支付意愿的关键变量，同时以一种非规范的方式估计了不同类型家庭的养老机构意愿弹性。具体发现如下：

第一，家庭经济收入显著稳健地影响老年人养老机构支付意愿。基于全样本的回归分析显示，在控制其他变量的情况下，家庭收入变动 1%，养老机构支付意愿变动 0.0021 档（每档 1000 元/月）。表中的五个模型表明这一关系具有稳健性，即随着家庭经济收入的提高，机构养老支付意愿有所增加（见表 4－7）。

第二，家庭收入对普通家庭机构养老支付意愿的影响程度略高于困难家庭。在普通家庭样本中，家庭收入每增加 1% 会引起机构养老支付意愿 0.00217 个档位的变动，而在困难家庭样本中，家庭收入 1% 的变动只会带来支付意愿 0.0019 个档位的增幅（一定程度上来说，这意味着家庭收入每增加 1%，只能拉动 1.9 元/月的支付意愿）（见表 4 - 7）。

表 4 - 7　　　　　养老机构支付意愿影响因素 OLS 回归分析

	全样本	困难家庭	普通家庭	低保家庭	边缘家庭
	Coef. (Robust Std. Err.)	Coef. (Robust Std. Err.)	Coef. (Robust Std. Err.)	Coef. (Robust Std. Err.)	Coef. (Robust Std. Err.)
家庭年收入取对数	0.210 ***	0.190 ***	0.217 ***	0.180 ***	0.167 ***
	(0.0129)	(0.0151)	(0.0268)	(0.0232)	(0.0223)
年龄	0.0108 ***	0.00873 ***	0.0181 ***	0.00360	0.0149 ***
	(0.00198)	(0.00213)	(0.00509)	(0.00266)	(0.00361)
非农户籍（参照：农）	0.0976 ***	0.0561 **	0.236 ***	0.0138	0.113 **
	(0.0246)	(0.0278)	(0.0536)	(0.0352)	(0.0492)
受教育水平	0.0861 ***	0.0967 ***	0.0354	0.0649 ***	0.113 ***
	(0.0130)	(0.0152)	(0.0266)	(0.0209)	(0.0236)
健在子女数量	-0.0427 ***	-0.0313 ***	-0.0848 ***	-0.00515	-0.0673 ***
	(0.00999)	(0.0112)	(0.0229)	(0.0145)	(0.0185)

续表

	全样本	困难家庭	普通家庭	低保家庭	边缘家庭
	Coef. (Robust Std. Err.)	Coef. (Robust Std. Err.)	Coef. (Robust Std. Err.)	Coef. (Robust Std. Err.)	Coef. (Robust Std. Err.)
自理能力（参照：可自理）					
部分失能	- 0.0854 ***	- 0.0654 **	- 0.109 **	- 0.0176	- 0.107 ***
	(0.0232)	(0.0260)	(0.0505)	(0.0348)	(0.0411)
完全失能	- 0.121 **	- 0.116 **	0.159	- 0.0958	- 0.128
	(0.0551)	(0.0530)	(0.337)	(0.0604)	(0.0976)
截距	- 1.455 ***	- 1.189 ***	- 1.791 ***	- 0.769 **	- 1.297 ***
	(0.192)	(0.217)	(0.442)	(0.299)	(0.342)
Observations	4,705	3,476	1,229	1,814	1,496
R - squared	0.144	0.116	0.174	0.065	0.152

说明：*** $p < 0.01$，** $p < 0.05$，* $p < 0.1$。Mean VIF = 1.21，可基本排除多重共线性。

第三，机构养老支付意愿极其缺乏弹性。在本书中，机构养老支付意愿，是指老年人愿意承担的机构养老费用对家庭收入变动的反应程度，其公式为意愿支付费用档位变化的百分比除以价格变化的百分比。这当然是一种粗略和不规范的处理方式，但足以说明很多问题。分析结果显示，在各类样本中，家庭收入对支付意愿的弹性系数均远小于 1（见表 4 - 8），说明养老机构支付意愿相当缺乏弹性。

表4-8 养老机构支付意愿收入弹性分析

样本选择	回归方式	支付意愿对数	系数（弹性）	稳健标准误差	t	P > t	95%置信区间下限	95%置信区间上限
全样本	一元回归	家庭收入对数	0.1532052	0.0060413	25.36	0	0.1413615	0.1650489
	多元回归	家庭收入对数	0.1168591	0.0065452	17.85	0	0.1040273	0.1296908
困难家庭	一元回归	家庭收入对数	0.1359997	0.0073627	18.47	0	0.121564	0.1504354
	多元回归	家庭收入对数	0.1072102	0.0076103	14.09	0	0.092289	0.1221314
普通家庭	一元回归	家庭收入对数	0.1752178	0.01191	14.71	0	0.1518516	0.198584
	多元回归	家庭收入对数	0.1176432	0.0140764	8.36	0	0.0900265	0.1452599

说明：在一元回归中，家庭收入对数是唯一的自变量；被纳入多元回归模型中的自变量与前一组模型完全相同。

（六）老年人对"谁该养老"的主观认知

表4-9描述了城乡困难家庭老人对养老负担责任的分布情况，呈现如下特点：

第一，"政府来养老"的观念在困难群体中更为普遍。困难家庭老年群体中认为政府应承担养老责任的比例达到65.72%（低保家庭样本中更高达70.55%），明显高于普通家庭老年人（54.47%）。

第二，"养老靠自己"的观念在普通家庭老年人中更为流行。在普通家庭样本中，认为自己和配偶应当承担养老责任的比例超过50%，显著高于困难家庭老年人（44.84%）。认为家庭成员有义务承担养老责任的比例，普通家庭（71.59%）也高于困难家庭（66.79%）。

表4-9　　　　城乡困难家庭老年人养老负担责任的分布情况　　　　（%）

养老负担责任	总体	困难家庭	低保家庭	边缘家庭	普通家庭
自己和配偶	46.81	44.84	43.63	46.41	51.91
家庭成员	68.13	66.79	62.36	72.55	71.59
亲戚、朋友	5.92	6.40	7.18	5.38	4.70
政府	62.58	65.72	70.55	59.45	54.47
社会	34.93	36.44	37.87	34.57	31.03
其他	0.97	0.94	1.10	0.72	1.07

第三，与城市老年群体相比，农村老年人对家庭成员在养老中所承担的责任抱有更多期待。在全样本中，77.89%的农村老年人表示家庭成员应当承担一定的养老责任，62.21%的城市老年人也这样认为。在困难家庭样本中，农村老年人持此观点的比例为75.10%，城市为61.8%。在普通家庭样本中，农村老年人、城市老年人同意这一看法的比例分别为84.94%、63.29%。

二　基于自我评价认知的养老服务状况分析

（一）养老焦虑普遍存在，但在不同家庭类型中的分布比例有所差异

随着我国人口老龄化加速、养老方式剧变，民众的养老焦虑与日俱增，并被逐渐放大为一种社会性紧张情绪。调查数据分析显示，大比例的老年人不同程度地担心养老问题。在总体样本中，养老担心程度为"非常担心"和"较为担心"的占比达到45.38%；在困难家庭样本中，非常和较为担心养老问题的比例达到49%；在低保和边缘家庭样本中，这一比例分别达到51.68%与45.52%；在普通家庭样本中，表示"非常担心"和"较为担心"的比例为36.01%（见表4-10）。

表4-10 总体—城乡困难家庭老年人对养老问题担心程度的分布情况（%）

养老担心程度	总体	困难家庭	低保家庭	边缘家庭	普通家庭
非常担心	30.46	34.56	37.30	31.00	19.85
较为担心	14.92	14.44	14.38	14.52	16.16
一般	10.69	10.65	10.01	11.47	10.80
不太担心	14.75	13.66	13.00	14.52	17.57
完全不担心	29.18	26.69	25.31	28.49	35.62

同时，与普通家庭相比，困难家庭养老焦虑的分布范围更广、程度更深。交叉分析显示，低保家庭、边缘家庭、普通家庭的养老担心程度有显著差异（$\chi^2 = 137.95$，$p = 0.000$），表示非常担心养老问题的占比依次为37.30%、31.00%、19.85%，表现出阶梯递减；而不太担心或完全不担心养老问题的比例呈递增趋势，在三类家庭样本中的占比依次为38.31%、43.01%、53.19%。这种分布规律在一定程度上可以由家庭类型间养老资源的差异性来解释，即随着家庭困难程度加剧，用于赡养老人的开支被大幅压缩，导致老年人对当前状态给予较差评价，对未来处境表示极度担忧。当然，这是相当粗线条的解释，家庭类型背后隐含着大量影响养老焦虑的变量，有待详细推敲。

从困难家庭的情况来看，城市较之农村有更高比例的老年人为养老发愁，但就普通家庭而言，农村养老焦虑的普遍程度稍高于城市。在全部样本中，表示"非常担心"和"较为担心"养老问题的累计占比，城市（45.51%）比农村（45.17%）高0.34%；而"不太担心"和"完全不担心"的累计比例，城市（43.49%）比农村（44.66%）低1.17%。在困难家庭样本中也有一致的城乡差异，"非常担心"和"较为担心"的累计比例，城市（49.40%）比农村（48.34%）高1.06%；"不太担心"和"完全不担心"的累计比例，城市（39.72%）则比农村（41.41%）低1.69%。[①] 养老焦虑的城乡

---

① 城镇比例—农村比例。

差距在按照家庭类型细分样本后进一步拉大，但高低关系变得极不稳定。在低保家庭样本中，城市受访老人表示"非常担心"和"较为担心"的累计比例（53.49%）比农村（48.28%）高了5.21%；城市受访老人表示"不太担心"和"完全不担心"的累计比例（36.86%）则比农村（41.03%）低了4.17%。但是，在边缘家庭和普通家庭样本中，这种城乡之间的焦虑差别发生了逆转。城市边缘家庭老人回答"非常担心"和"较为担心"的累计比例（43.52%）低于农村48.40%（4.88%）；而城市边缘家庭老人回答"不太担心"或"完全不担心"的累计占比（43.83%）高于农村（41.83%），相差2.00%。在普通家庭样本中也是如此，"非常担心"和"较为担心"的累计比例，城市（35.32%）低于农村（37.13%）1.81个百分点，"不太担心"和"完全不担心"的累计占比，城市（53.38%）比农村（52.89%）高0.49个百分点。（见表4-11）

表4-11 分城乡—城乡困难家庭老年人对养老问题担心程度
的分布情况 （%）

	养老担心程度	总体	困难家庭	低保家庭	边缘家庭	普通家庭
城市	非常担心	30.12	34.69	38.55	29.15	18.15
	较为担心	15.39	14.71	14.94	14.37	17.17
	一般	11.00	10.88	9.65	12.65	11.30
	不太担心	15.81	14.79	13.88	16.09	18.48
	完全不担心	27.68	24.93	22.98	27.74	34.90
农村	非常担心	31.03	34.35	34.96	33.68	22.59
	较为担心	14.14	13.99	13.32	14.72	14.54
	一般	10.17	10.25	10.69	9.77	9.98
	不太担心	13.00	11.77	11.35	12.24	16.11
	完全不担心	31.66	29.64	29.68	29.59	36.78

区域间养老焦虑程度存在一定差异。在普通家庭样本中，养老焦虑的区域分布符合一般预期，即在社会经济发展较好的地区，为养老发愁的老年人比例相对较低。具体而言，"非常担心"和"较为担心"养老问题的累计比例，西部地区最高，占比达到39.86%（20.63%、19.23%）；中部地区次之，所占比例为35.34%（21.88%、13.46%）；东部地区最低，占比34.98%（18.5%、16.48%）。但在困难家庭样本中，上述分布形态有所改变。西部地区仍居首位，达到51.69%（38.36%、13.33%）；东部地区次之，比例为48.88%（34.69%、14.19%）；中部地区最低，占比47.23%（31.52%、15.71%）。进一步细分样本，我们可望找到这一变化产生根源。在低保家庭样本中，"非常担心"和"较为担心"的累计比例，东部（50.43%）比中部（51.26%）低0.83%；但在边缘家庭中，东部（47.1%）比中部（40.58%）高6.52%。这在数据层面解释了为何东部困难家庭有更高比例的老年人因养老而焦虑。

中部地区各类家庭不担心养老的比例显著高于东西部地区（见图4-2）。在普通家庭样本中，表示"不太担心"和"完全不担心"养老问题的累计比例，中部地区最高，达到53.1%；东部地区次之，达到53.1%，西部地区最低，达到50.7%。在低保家庭中，中部为37.96%，东部为40.11%，西部为36.42%。在边缘家庭中，中部为48.41%，西部为44.57%，东部为40.00%。上述结果说明，东部地区的边缘家庭老人普遍抱持较低的养老预期，需要政策重点关注。

（二）个体、家庭、阶层等多重因素影响养老焦虑程度

养老焦虑程度受多方面因素影响，本书通过交叉分析方法，尝试探究老年人在个体特征、经济条件、家庭支持等方面的差异，是否会使他们对养老担忧的程度有所不同。

1. 个体特征差异与养老焦虑程度

第一，女性老年群体中担心养老问题的比例显著高于男性（$\chi^2 = 61.29$，$p = 0.000$）。全球范围内女性预期寿命超过男性，中国也是如

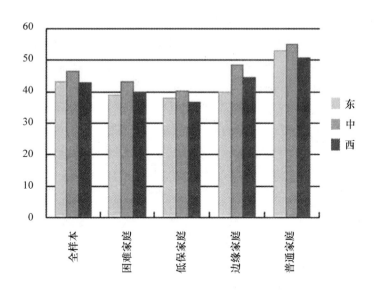

图4-2 东、中、西各类家庭老年人不担心养老问题的比例分布（%）

此。2015年，中国女性预期寿命为79.43岁，男性为73.64岁。[1] 这意味着，女性在平均意义上要度过更长的高龄期，并会面临较大的丧偶风险。该预期使女性比男性更有理由担心其养老问题。数据分析显示，在女性老年人样本中，对养老问题表示"非常担心""较为担心"的比例分别为34.71%、15.29%；在男性老年人样本中，上述比例分别为27.22%、14.63%，均低于女性。另外，男性群体中表示"不太担心"或"完全不担心"养老问题的累计比例（47.43%）高出女性样本（39.34%）8.09个百分点。男性老年人对"老有所养"似乎抱持更乐观的态度。

第二，老年个体健康状况与养老焦虑程度呈现负相关，健康状况较差的老年人中焦虑养老问题的比例明显高于健康老年人。分析结果显示，不同健康状况的老年人对养老问题的担忧程度显著不同（$\chi^2 =$

---

[1] 中华人民共和国国家统计局：《中国统计年鉴2018》，http：//www. stats. gov. cn/tjsj/ndsj/2018/indexch. htm。

351.40，$p = 0.000$）。随着健康状况变差，各类受访老年人表示"非常担心"养老问题的比例趋于扩大（图4-3），"完全不担心"养老问题的占比趋于缩小（见图4-4）。并且，在低保家庭、边缘家庭、普通家庭样本中，这种变异均不失稳定性。

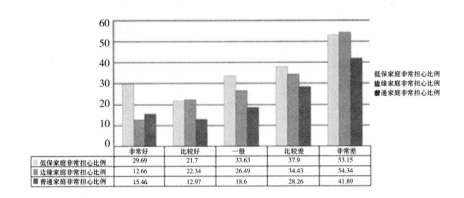

	非常好	比较好	一般	比较差	非常差
低保家庭非常担心比例	29.69	21.7	33.63	37.9	53.15
边缘家庭非常担心比例	12.66	22.34	26.49	34.43	54.34
普通家庭非常担心比例	15.46	12.97	18.6	28.26	41.89

图4-3　在各类家庭中不同健康状况老年人
非常担心养老的比例（%）

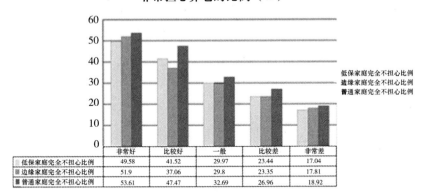

	非常好	比较好	一般	比较差	非常差
低保家庭完全不担心比例	49.58	41.52	29.97	23.44	17.04
边缘家庭完全不担心比例	51.9	37.06	29.8	23.35	17.81
普通家庭完全不担心比例	53.61	47.47	32.69	26.96	18.92

图4-4　在各类家庭中不同健康状况老年人完全不担心养老的比例（%）

第三，在全样本中，不同婚姻状况老年人对养老问题的担心程度有所差异（$\chi^2 = 49.70$，$p = 0.002$），其中离异（43.17%）、未婚（39.31%）、丧偶（32.70%）老年人非常担心养老问题的比例相对较高。在低保家庭样本中，表示非常担心养老问题的占比：离异老人为 52.42%，从未结婚老人为 41.27%，再婚老人为 38.16%，已婚老人为 35.39%，同居未婚老人为 33.33%。在边缘家庭样本中，38.46% 的未婚老人、32.54% 的丧偶老人、32% 的再婚老人、30.21% 已婚老人、28.57% 的离异老人，以及 25% 的同居未婚老人非常担心养老问题。在普通家庭样本中，表示非常担心养老的比例，丧偶老年人最高（21.88%），之后依次为已婚老人（19.52%）、再婚老人（19.15%）、离异老人（16.67%）以及未婚老人（12.50%）。由此可见，婚姻状况与养老焦虑之间并没有一种固定的关系模式，它在各类家庭中是有所差别的。原因或许在于婚姻背后牵涉复杂的家庭人际关系，只有层层深入、抽丝剥茧才能澄清它与养老心理预期之间的关系。

第四，老年人受教育程度越高，焦虑养老问题的比例越低。在全样本中，不同受教育水平的老年人对养老问题的焦虑程度有显著差异（$\chi^2 = 92.1741$，$p = 0.000$），这种差异在各类家庭子样本中基本稳定，但只能在 0.1 的显著性水平上拒绝零假设。[①] 养老焦虑占比随受教育程度提高而下降的分布趋势在各子样本中均较明显。在低保家庭样本中，教育水平为没上过学、私塾或小学、初中、高中或中专、大专或大本的老年人，表示非常担心养老问题的比例依次为 40.31%、38.02%、35.9%、29.8%、14.81%；在边缘家庭中，该比例依次为 36.64%、33.23%、26.7%、25.37%、16.67%；在普通家庭中，该比例依次为 21.18%、23.54%、18.81%、18.01%、8.75%。

2. 经济收入与职业阶层对养老焦虑的影响

在中国城乡分割的社会经济保障背景下，家庭养老经济负担分布不均。对有工作的、城市、低龄、男性老年人的家庭来说，并不存在难以承受的经济压力，[②] 但对于低收入、失能失智、高龄老年人及其

---

① 低保家庭样本：$\chi^2 = 28.1382$，$p = 0.030$；边缘家庭样本：$\chi^2 = 28.1981$，$p = 0.030$；普通家庭样本：$\chi^2 = 30.9558$，$p = 0.014$。

② 王梅、夏传玲：《中国家庭养老负担现状分析》，《中国人口科学》1994 年第 4 期。

家庭而言，养老确实是一件令人焦虑的事情。我们的数据分析结果从两个方面支持了上述观点：

第一，自评家庭经济状况较好的老年人对养老问题的担心程度较低。对全样本的交叉分析显示，随着自评经济困难程度的提高，表示"非常担心""较为担心"养老问题的占比均趋于扩大。"不太担心""完全不担心"的比例不断缩小（见表4-12）。

表4-12　　　　　**自评经济状况与养老焦虑程度的列联分析**　　　　（%）

	非常担心	较为担心	一般	不太担心	完全不担心
非常困难	49.85	13.59	7.45	9.22	19.89
比较困难	34.35	16.69	12.30	13.40	23.26
大致够用，不感觉欠缺	18.36	15.02	11.41	18.59	36.62
比较宽裕	8.37	9.21	10.46	21.76	50.21
相当宽裕	10.34	13.79	13.79	0.00	62.07

第二，退休前职业阶层较高的老年人担心养老问题的比例相对较低，失业、从事农业生产、个体经营的老年人产生养老焦虑的比例相对较高。分析显示（见表4-13），不同（退休前）职业的老年人对养老问题的担心程度显著不同（$\chi^2 = 173.1673$，$p = 0.000$）。在全样本中，"非常担心"或"较为担心"养老问题的比例，城乡失业、半失业者最高（59.29%），农业劳动者次之（48.35%），之后依次是个体工商户（48.18%）、其他职业（48.09%）、商业服务人员（41.06%）、产业工人（41.01%），私营企业主最低（30%）、办事人员等（30.67%）、国家与社会管理者（33.85%）、经理人员（35%）以及专业技术人员（35.37%）担忧养老的占比也都比较低。养老焦虑发生比例高的职业具有收入低、不稳定、社

会养老保障不足等特点，这足以让老年人对晚年生活产生不确定性很高的悲观预期。

表 4 - 13　　　　退休前职业与养老焦虑程度的列联分析　　　　（％）

		非常担心	较为担心	一般	不太担心	完全不担心
全样本	国家与社会管理者	15.56	18.29	9.73	16.73	39.69
	经理人员	20.00	15.00	0.00	20.00	35.00
	私营企业主	10.00	20.00	7.72	18.29	50.00
	专业技术人员	19.11	16.26	14.72	20.25	38.62
	办事人员等	16.56	14.11	9.49	13.14	34.36
	个体工商户	31.39	16.79	17.88	19.87	29.20
	商业服务人员	23.84	17.22	11.67	17.56	21.19
	产业工人	25.97	15.04	10.11	12.84	29.76
	农业劳动者	33.56	14.79	5.96	13.33	28.70
	城乡的失业、半失业者	45.96	13.33	5.96	13.33	21.40
	其他职业	35.38	12.71	12.71	14.83	24.36

3. 代际支持对养老焦虑的影响

居家养老是现阶段我国老年人养老的主要形式，子女在其中扮演了关键角色，因而家庭内部的代际支持程度会对老年人的心理预期产生重要影响。

第一，子女定期给予经济支持会减缓老年人对养老问题的焦虑。

基于全样本的交叉分析显示，与子女未定期给予经济支持的老人相比，接受子女定期资助的老年人发生养老焦虑的比例相对较低。在子女定期资助的老年人中，表示"非常担心"和"较为担心"的累计比例为41.85%，而在子女未给予经济支持的老年人中，该比例达到50.76%。获得子女经济支持的老年人"不太担心"和"完全不担心"养老问题的比例为47.5%，显著高于未得到子女定期资助的老人（38.71%）（见表4-14）。

表4-14　　　　　　　　**子女定期资助与养老焦虑程度列联分析**　　　　　　（%）

		非常担心	较为担心	一般	不太担心	完全不担心
总体	是	26.61	15.24	10.65	15.71	31.79
	否	35.97	14.79	10.53	13.84	24.87
		非常担心	较为担心	一般	不太担心	完全不担心
低保家庭	是	32.67	14.76	9.63	13.95	28.98
	否	42.62	14.29	9.88	12.74	20.48

说明：边缘家庭、普通家庭样本未通过显著性检验。

第二，亲子关系融洽有利于缓解深度养老焦虑。分析显示，在全样本中，老年人"非常担心"养老问题的比例随着亲子关系融洽度的提高呈现下降趋势。具体而言，在亲子关系为"很差""比较差""一般""比较融洽""很融洽"的老年人中，非常担心养老的比例依次为58.21%、41.89%、37.49%、25.88%、26.65%。该分布特征在各类家庭子样本中也存在，但不见于"较为担心"选项。

第三，经常给予子女帮助的老年人存在养老焦虑的比例相对较低。数据分析显示，在全样本中，向后辈提供帮助的老年人"非常担心"和"较为担心"养老问题的累计比例为43.83%，低于什么都没做过的老年人（47%）；在低保家庭样本中，做过比没做过的高4.16%；两者在普通家庭样本中的差距较小，仅为1.51%。对此可以有多种解释。例如，也许在家庭养老问题上存在着一种隐性的报偿心理，经常为子女付出的父母期待子女的赡养回报，从而对自己的老年生活形成某种较好的心理暗示。或者，肯为子女操劳的老年父母身体更加健康，心态上也更为积极，因此较少担忧养老问题。这些猜测都需要更加细致的分析才能解答。

此外，我们将样本分为无子女、儿女双全、有儿无女、有女无儿四种类型，通过交叉分析发现，这四类老年人在养老焦虑上并无显著差异。

三　基于政策后果认知的养老服务状况分析

（一）老年群体养老服务需求的分布特征

第一，日常生活服务需求比例较高。如图4-5所示，35.07%的受访老人表示需要健康教育服务，30.21%的老人需要上门看病服务，27.02%的老人需要社会工作服务，25%的老人需要就医陪同陪护，23.67%的老人需要心理咨询/聊天解闷。在这些需要比例很高的服务中，除了上门看病服务，大部分都属于弹性较大（或者说刚性较小）的日常生活服务，背后反映的是老年群体对关爱与陪伴的渴望。

第二，普通家庭老年人对养老服务的需要程度低于困难家庭老人。图4-5直观地呈现了各类家庭养老服务需要的分布情况，几乎在所有服务项目上，普通家庭老人的需求比例都低于困难家庭，唯一例外的是"健康教育服务"，这或许说明，相比于困难家庭老人，一般老年群体可以获得更多的家庭支持，因而对基础性养老服务需要的迫切程度较低，但同时产生了更多的高层次养老服务需要。

第三，不同年龄段老年人对常规养老服务的需要有所差异，但其随年龄递增趋势不太明显。养老服务需要与年龄之间的关系可大

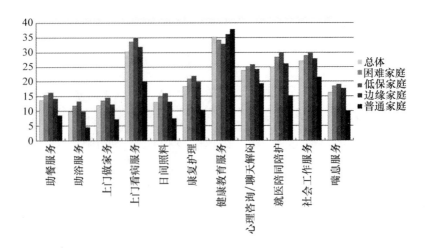

图4-5 各类家庭的养老服务需要分布情况（%）

致分为四类：（1）上升型。需要心理咨询/聊天解闷的老年人比例随年龄增长而缓慢攀升，60—64岁年龄段为22.75%；65—69岁年龄段为24.56%；70—74岁年龄段为23.16%；75—79岁年龄段为23.19%；80—84岁年龄段为25.72%；85—89岁年龄段为26.09%；90岁及以上为26.92%。（2）回落型。有健康教育服务需求的老年人比例随年龄增长而持续降低，60—64岁年龄段为35.03%；65—69岁年龄段为37.47%；70—74岁年龄段为35.82%；75—79岁年龄段为31.29%；80—84岁年龄段为31.83%；85—89岁年龄段为25.22%；90岁及以上为19.23%。（3）波峰型。上门看病、就医陪同陪护、助餐服务、上门做家务、日间照料等均属于这一类型，其变化的一般规律是，有服务需要的受访者比例随年龄递增，在80—84岁年龄段达到峰顶，但在85岁以上年龄段急剧回落。（4）双峰型。以助浴服务最为典型，其比例在60—84岁区间随年龄递增至16.08%，随后回落到10.43%，但进入85岁以上年龄段后旋即提高，达到15.38%。变化轨迹的差异也许来自各类养老服务性质的不同（见图4-6、表4-15）。

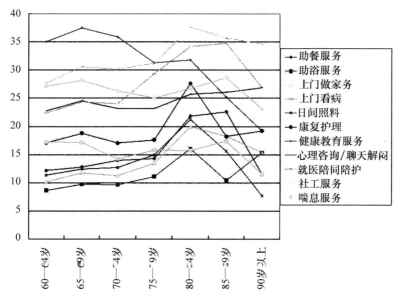

图4-6 各类服务需求比例随年龄变化情况（%）

表4-15　　　　**城乡困难家庭老年人养老负担责任的分布情况**　　　　（%）

	60—64 岁	65—69 岁	70—74 岁	75—79 岁	80—84 岁	85—89 岁	90 岁及以上
助餐服务	12. 17	12. 8	13. 97	14. 33	21. 86	22. 61	11. 54
助浴服务	8. 66	9. 74	9. 65	11. 11	16. 08	10. 43	15. 38
上门做家务	10. 13	11. 76	11. 23	13. 49	19. 94	18. 26	15. 38
上门看病	27. 67	30. 58	30. 22	31. 25	37. 62	35. 65	34. 62
日间照料	11. 38	12. 42	12. 73	15	21. 22	15. 65	7. 69
康复护理	17. 09	18. 82	17. 05	17. 64	27. 65	18. 26	19. 23
健康教育服务	35. 03	37. 47	35. 82	31. 29	31. 83	25. 22	19. 23
心理咨询/聊天解闷	22. 75	24. 56	23. 16	23. 19	25. 72	26. 09	26. 92

续表

	60—64 岁	65—69 岁	70—74 岁	75—79 岁	80—84 岁	85—89 岁	90 岁及以上
就医陪同陪护	22.35	24.34	24.04	29.31	34.19	34.78	26.92
社会工作服务	27.14	28.2	26.32	25	26.69	28.7	23.08
喘息服务	17.26	17.18	14.21	15.83	15.76	17.39	11.54

第四，需要长期护理的老年人比例相对较低，但不容忽视。在全样本中，60—64 岁的老年人需要长期护理的比例为 13.29%，60—69 岁的老年人中需要长期护理的比例为 12.70%，由此可见，70 岁以下低年龄老年人的生活照料问题不算特别突出。但随着年龄增高，老年人身体机能退化，70 岁以上高年龄老年人不能自理的比例大幅上升，80—84 岁组不能自理的比例达到 22.19%，90 岁及以上的老年人中不能自理的比例更是高达 34.62%（见图 4-7）。因此，高年龄老年人的生活照料问题最为突出。

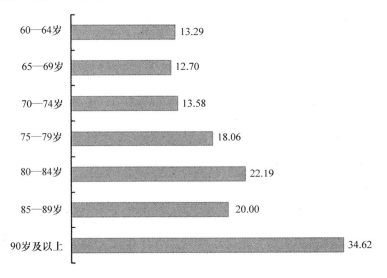

图 4-7 总体样本老年人分年龄需要长期护理的比例（%）

第五，女性老年人长期护理需求比例更高。在全样本中，女性老年人需要长期护理的比例高于同年龄段的男性老人，只有在60—64岁、75—79岁两个年龄段，男性老年人需要长期护理的比例高于女性（见表4—16）。

表4—16　　　　需要长期护理老年人在各年龄组的分布情况　　　（%）

年龄组	需要长期护理在各年龄组的分布			各年龄组老年人样本比重		
	合计	男性	女性	合计	男性	女性
90岁及以上	34.62	28.57	36.84	0.43	26.92	73.08
85—89岁	20.00	12.50	29.41	1.90	55.85	44.33
80—84岁	22.19	20.47	24.29	5.15	54.98	45.02
75—79岁	18.06	18.14	17.96	11.92	55.14	44.86
70—74岁	13.58	13.33	13.91	21.09	57.69	42.31
65—69岁	12.70	11.98	13.68	30.25	57.60	42.40
60—64岁	13.29	14.86	11.00	29.26	59.39	40.61

女性老年人长期护理需求比例随年龄扩大的趋势很明显，但男性老年人长期护理需求与年龄之间关系不易归纳，出现了数次起伏。在60—64岁的初始区间，男性老年人需要长期护理的比例为14.86%，高于女性老年人3.86个百分点，但在65—69岁区间下降到11.98%，此后持续升高，在80—84岁年龄段达到第一个峰顶（20.47%）后随即下落到12.50%，但在90岁及以上年龄段又很快升高到28.57%（见图4—8）。

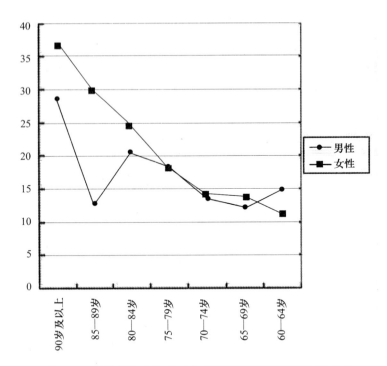

图 4-8　总体样本老年人分年龄需要长期护理的比例（%）

（二）家庭成员间的养老责任分配

现代社会，家庭关系由"亲子轴"转向"夫妻轴"，[1] 夫妻已经成为双方经济供养、生活照料、情感慰藉的主要支持者，而子女在家庭养老安排中退居次席。

第一，配偶是家庭养老的"第一责任人"。调查显示，配偶参与长期照料的比例最高，之后依次是女儿和儿媳。[2] 在需要长期照料的样本中，配偶介入照料比例达到 42.37%，女儿或儿媳介入的比例分别为 12.17%、8.61%。配偶也"当仁不让"地担当了第一照顾者。配偶作为第一照顾者的比例高达 53.96%，其后从高到低依次为儿子

---

　　① 唐美玲：《城市家庭子女对父辈的养老支持分析——苏南四城市老年人生活状况调查》，《南方人口》2015 年第 3 期。

　　② 由于调查中未要求详细记录"其他"照料者的具体所指，故暂不纳入统计排序。

（12.06%）、女儿（10.6%）、儿媳（5.48%）。① 此外，配偶在精神慰藉方面也扮演着关键角色。一项早先的研究表明，在家庭中，对老年人情感支持最多的依次是配偶（84.6%）、父母（42.8%）和子女（38.0%）。但这项研究同时发现，随着老年人年龄的增长，子女作为情感支持者的作用越来越重要。对 60 岁以上的老年人来说，在情感方面最关心他们的是子女（74.5%）和配偶（71.6%）。

第二，家庭成员之间的养老责任分担存在一定城乡差异。（1）城市老年人需要长期照料却无人照料的比重高于农村老年人，这种差异在边缘家庭样本中体现得最为明显，需要长期照料的边缘老人处于无人照料状态的比例高出城市老人 3.94%。（2）在农村，依靠配偶养老的现象更为普遍。农村由配偶提供长期照料的比重高于城市，在低保家庭样本中，高出城市 5.25%；在边缘家庭样本中高出 3.89%；在普通家庭样本中高出 5.95%。农村老年人以配偶为第一照顾者的比例高于城市，这在各种类型家庭中均如此。城市低保家庭老年人以儿子为第一照顾者的比例高于农村，但在边缘家庭和普通家庭样本中，农村比例高于城市。城市各类家庭老年人将女儿作为第一照顾者的比例高于农村。城市各类家庭老年人将儿媳妇作为第一照顾者的比例高于农村。（3）在城市中，女儿参与长期照料的比重明显高于农村。在全样本中，城市老年人的长期照料由女儿提供的比例高出农村 6.5%；在低保家庭和边缘家庭样本中，比例差距分别为 6.05%、6.32%，但在普通家庭中，农村老年人的长期照料有女儿参与的比重高于城市 2.08%。儿子参与长期照料的比例也呈现类似的"城市高、农村低"的特征。这说明"养儿防老"的传统模式在农村有所式微。

（三）养老服务供需匹配度有待提高

第一，养老服务的需要、设施分布、使用情况存在一定失配错位现象，具体表现在四个方面（见表 4-17）：（1）助餐、助浴、上门做家务等生活服务的配置比例高于需要分布比例，但老年人使用率较低。在

---

① 由于调查中未要求详细记录"其他"照料者的具体所指，故暂不纳入统计排序。

老年人总体样本中，需要助餐服务、助浴服务、上门做家务的比例分别为13.69%、9.93%、11.94%，附近配有相应服务的比例分别达到23.73%、12.01%、22.31%，然而这些服务的利用率很低。（2）上门看病、日间照料、康复护理等专业化服务的配比均高于需要分布比例，但实际利用率不高，除上门看病的比例达到22.37%以外，其余服务被使用的占比均不足5%。（3）健康教育服务、心理咨询/聊天解闷等精神关爱服务需要比例均高于附近配有相应服务的比例，使用比例较低，分别仅为13.58%、5.63%。（4）就医陪同陪护、社会工作服务、喘息服务等家庭支持型服务的需要比例高于附近配有相应服务的比例，且利用率很低，分别仅为7.15%、8.25%、3.28%。综上，养老服务供需（要）匹配面临两类问题：一是配有比例高于需要比例，但辐射面、供给量不足，导致服务可得性偏低；二是需要比例高于附近配有比例，亟待加强相应服务网络建设。这两个问题均可以解释养老服务利用比例偏低的现象。

表4-17　　　　　　　　需求、配置与利用分布情况　　　　　　　　（%）

养老服务需要	需要分布（有）			附近配置情况（有）			利用情况（有）		
	全部样本	困难家庭	普通家庭	全部样本	困难家庭	普通家庭	全部样本	困难家庭	普通家庭
助餐服务	13.69	15.41	8.54	23.73	22.07	28.70	4.65	4.59	4.83
助浴服务	9.93	11.77	4.43	12.01	11.40	13.83	3.29	3.62	2.32
上门做家务	11.94	13.54	7.15	22.31	21.61	24.42	5.20	5.47	4.37
上门看病	30.21	33.64	19.92	44.32	43.95	45.43	22.37	23.87	17.87
日间照料	12.98	14.82	7.48	19.53	18.63	22.24	2.70	2.76	2.51
康复护理	18.25	20.91	10.26	19.84	18.84	22.83	4.47	4.64	3.97

续表

养老服务需要	需要分布（有）			附近配置情况（有）			利用情况（有）		
	全部样本	困难家庭	普通家庭	全部样本	困难家庭	普通家庭	全部样本	困难家庭	普通家庭
健康教育服务	35.07	34.14	37.86	25.69	23.36	32.64	13.58	11.99	18.34
心理咨询/聊天解闷	23.67	25.12	19.32	16.24	15.85	17.43	5.63	5.81	5.10
就医陪同陪护	25.00	28.29	15.16	17.40	17.08	18.37	7.15	7.99	4.63
社会工作服务	27.02	28.88	21.44	23.65	22.86	25.99	8.25	8.68	6.95
喘息服务	16.32	18.43	9.99	11.20	11.07	11.59	3.28	3.80	1.72

第二，养老服务供需城乡倒置。农村受访老年人对各类养老服务的需要比例均高于城市老年人样本，特别是上门看病、就医陪同陪护等服务需要差异明显。这种差异也出现在城乡困难家庭老年人之间：需要"上门看病"的比例，农村为48.91%，城市为23.60%；需要"康复护理"的比例，农村为27.39%，城市为16.65%；需要"心理咨询/聊天解闷"的比例，农村为31.50%，城市为20.93%。但城乡之间的养老服务配置并未与需要分布保持一致，城市样本（总体/困难）中附近配有养老服务设施的比例显著高于农村样本（总体/困难），出现了城乡养老服务供给与需要的错配。但附近有上门看病服务的比例，农村总体/困难家庭样本（48.08%、48.19%）均高于城市（41.87%、41.14%）。并且，上门看病服务的利用率，农村也远高于城市，这从一个侧面说明了乡村医生的渗透能力更强，可以将医疗服务输送到乡村社会细部（见表4-18）。

第三，较之普通家庭，困难家庭对各类养老服务的需要更加紧迫，但相应服务的就近配有比例和实际利用率都很低。如表4-17所示，在困难家庭样本中，需要上门看病、康复护理等专业化服务的比例分别达到 33.64%、20.91%，均大幅高于普通家庭样本（19.92%、10.26%）。但是，普通老人对健康教育服务的需要比例（37.86%）略高于困难家庭（34.14%）。附近配有各类养老服务的比例，普通家庭样本明显高于困难家庭，并且，从利用情况来看，除了助餐服务、健康教育服务之外，普通家庭对各类服务的利用比例均高于困难家庭。这也许意味着，养老服务资源实际上是向经济条件较好的老年群体及其所居住的社区倾斜的。

表 4-18　　　　　城乡养老服务需要、配置与利用分布情况　　　　　（%）

	养老服务需求	需要分布（有）		附近配置情况（有）		利用情况（有）	
		总体	困难家庭	总体	困难家庭	总体	困难家庭
城市	助餐服务	11.34	12.66	32.46	30.49	5.15	5.09
	助浴服务	7.53	9.18	15.49	14.58	3.46	3.77
	上门做家务	10.53	11.56	30.65	29.51	6.08	6.33
	上门看病	20.62	23.60	41.87	41.14	13.91	14.90
	日间照料	10.23	11.75	25.28	23.73	2.43	2.41
	康复护理	14.37	16.65	26.38	24.94	4.66	4.90
	健康教育服务	31.64	30.20	31.84	28.85	15.08	12.59
	心理咨询/聊天解闷	19.53	20.93	20.04	19.31	4.99	5.09
	就医陪同陪护	19.88	22.98	20.99	20.40	5.92	6.66
	社会工作服务	23.77	25.23	30.75	29.51	8.81	9.08
	喘息服务	13.06	15.29	14.17	14.05	2.78	3.40

续表

养老服务需求		需要分布（有）		附近配置情况（有）		利用情况（有）	
		总体	困难家庭	总体	困难家庭	总体	困难家庭
农村	助餐服务	17.32	19.59	10.34	9.36	3.88	3.84
	助浴服务	13.65	15.69	6.71	6.63	3.03	3.39
	上门做家务	14.12	16.55	9.55	9.71	3.83	4.17
	上门看病	45.03	48.91	48.08	48.19	35.43	37.51
	日间照料	17.24	19.49	10.78	10.96	3.12	3.29
	康复护理	24.23	27.39	9.92	9.72	4.17	4.23
	健康教育服务	40.37	40.14	16.31	15.13	11.26	11.09
	心理咨询/聊天解闷	30.08	31.50	10.47	10.66	6.61	6.90
	就医陪同陪护	32.93	36.38	11.99	12.14	9.06	10.02
	社会工作服务	32.05	34.45	12.87	12.93	7.38	8.08
	喘息服务	21.36	23.21	6.72	6.64	4.04	4.40

第四，从各类养老服务项目的利用情况来看，城乡困难家庭老年人各有特点。助餐、助浴、上门做家务等生活服务的利用比例，城市总体、困难家庭样本高于农村。这类服务比较适合通过市场提供，城市社区比农村社区更具发展土壤。接受过上门看病服务的比例，农村高于城市。如前所述，这也许是因为乡村医生制度的触角更具渗透性，行医成本更低，有利于弱专业化医疗服务的扩散普及。农村受访（总体、困难家庭）老人接受日间照料、心理咨询/聊天解闷、就医陪

同陪护、喘息服务等非专业化服务的比例均高于城市受访老人，原因或许在于，乡村社会的熟人网络为亲属间的互助行为提供了习俗土壤，并且，如今留守村庄的多为妇女、健康低龄老人，其从事非正式照料的机会成本较低，使乡村社区有更多的非专业化养老服务的潜在提供者。但是，城市受访老年人接受专业化养老服务的比例明显高于农村社区。数据分析显示，在总体样本中，城市受访老人接受过"康复护理""健康教育服务""社会工作服务"的比例分别为 4.66%、15.08%、8.81%，明显高于农村老人；困难家庭样本也是如此，接受过"康复护理""健康教育服务""社会工作服务"等服务的受访者比例分别为 4.90%、12.59%、9.08%，而农村困难家庭老人接受这些服务的比例分别为 4.23%、11.09%、8.08%（见表 4-18）。

第五，养老服务的供给与需要在地理空间上的匹配度并不高，也就是说，养老服务递送网络没有根据老年人口分布的疏密格局来安排配置。因此，老年人很难就近就便地找到他们所需要的养老服务。分析显示，日间照料、康复护理、就医陪同陪护、喘息服务等是供需地理失配最严重的服务。在城市样本中，77.10% 的低保家庭老人、73.79% 的边缘家庭老人、64.81% 的普通家庭老人需要日间照料，但其居住地附近没有相应服务；72.54% 的低保家庭老人、77.71% 的边缘家庭老人、63.24% 的普通家庭老人在其居住地附近找不到其所需要的康复护理服务；69.82% 的低保家庭老人、79.71% 的边缘家庭老人、79.66% 的普通家庭老人在其居住地附近找不到喘息服务。

第六，城市养老服务供需的空间匹配程度好于农村。在居家养老方面，"上门服务"是其主要形式。然而，大部分的农村地区由于尚未形成能够提供生活照料、家政服务、康复护理、医疗保健、精神慰藉等的服务行业，加上地理位置偏僻、交通不便利等，因此"上门服务"基本上难以实现。此外，尽管强调以乡镇敬老院为基础加强日间照料和短期托养养老床位的建设等，但是由于财政投入滞后、民间资本投资动力不足等原因，实际建设效果并不理想。如表 4-19 所示，城市样本中能够在住所附近找到所需服务的受访老人比例显著高于农村样本。这在偏市场化、专业化的养老服务中体现得尤为明显，在城市老年人样本中，有服务需要但居住地附近没有相应服务的受访老人占比，助餐服务为 68.75%、助浴服务为 74.73%、上门做家务为 50.65%、康复护理为 72.88%、社会工作服务为 54.01%；而在农村样本中居住地附近没有所需服务的受访老人比例，助餐服务为 87.35%、助浴服务为 87.96%、上门做家务为 74.55%、康复护理为 83.28%、社会工作服务为 76.28%。

表 4 - 19　　有养老服务需要但居住地附近没有相应服务的情况　　　　（%）

		总体	低保家庭	边缘家庭	普通家庭
城市	助餐服务	68.75	69.96	71.68	60.00
	助浴服务	74.73	75.29	79.49	56.00
	上门做家务	50.65	56.10	48.18	38.24
	上门看病	42.36	43.33	41.89	39.64
	日间照料	74.39	77.10	73.79	64.81
	康复护理	72.88	72.54	77.71	63.24
	健康教育服务	50.22	57.33	51.83	38.55
	心理咨询/聊天解闷	67.23	67.31	69.95	63.12
	就医陪同陪护	72.56	72.06	70.14	79.80
	社会工作服务	54.01	56.74	51.79	50.56
	喘息服务	73.94	69.82	79.71	79.66

		总体	低保家庭	边缘家庭	普通家庭
农村	助餐服务	87.35	89.53	86.34	83.05
	助浴服务	87.96	88.37	84.55	95.24
	上门做家务	74.55	74.71	76.19	68.42
	上门看病	33.15	33.61	35.13	27.89
	日间照料	80.15	84.08	77.03	74.58
	康复护理	83.28	86.62	79.28	83.13
	健康教育服务	72.73	75.65	73.67	66.67
	心理咨询/聊天解闷	77.14	73.60	81.30	77.03
	就医陪同陪护	78.75	76.02	81.12	81.25
	社会工作服务	76.28	74.48	77.22	78.72
	喘息服务	82.02	81.48	82.50	82.22

第七，城市普通家庭能够就近找到所需养老服务的比例明显高于困难家庭，但这一差异在农村样本中消失。在城市样本中，普通家庭老年人可以就近找到所需要的助餐服务、助浴服务、上门做家务、上门看病、日间照料、康复护理、健康教育服务、心理咨询/聊天解闷、社会工作服务等的比例显著高于低保家庭与边缘家庭。但是，低保家庭、边缘家庭的老年人能够在居所附近找到就医陪同陪护、喘息服务的比例却显著高于普通家庭。在农村样本中，普通家庭与困难家庭在养老服务供需空间分布匹配上的差异变得模糊，普通家庭老人在助餐服务、上门做家务、上门看病、日间照料、健康教育5项服务的地理可得性上占优势，而困难家庭老年人则在助浴服务、康复护理、心理

咨询/聊天解闷、就医陪同陪护、社会工作服务、喘息服务 6 项服务
上有更高的就近可得比例。表 4-20 进一步展示了城乡各类家庭老年
人养老服务需要得到回应的具体状况。

表 4-20　　　城乡各类家庭老年人养老服务需要被回应的比例　　　（%）

		总体	低保家庭	边缘家庭	普通家庭
城市	助餐服务	78.13	78.54	81.42	71.43
	助浴服务	78.62	78.49	81.01	72.00
	上门做家务	62.69	64.56	60.91	60.00
	上门看病	56.29	55.48	57.59	56.76
	日间照料	86.40	88.37	86.79	77.78
	康复护理	81.59	80.47	86.08	76.39
	健康教育服务	62.76	72.44	63.59	48.36
	心理咨询/聊天解闷	78.77	77.99	82.84	75.00
	就医陪同陪护	77.23	77.97	76.74	75.25
	社会工作服务	71.99	70.80	73.23	73.08
	喘息服务	83.09	81.29	84.29	88.52
农村	助餐服务	88.56	90.58	87.58	84.75
	助浴服务	87.35	88.95	81.82	95.24
	上门做家务	79.70	80.00	81.10	73.68
	上门看病	35.64	37.01	35.13	33.16
	日间照料	85.33	88.61	82.43	81.36
	康复护理	87.30	91.08	84.75	81.93
	健康教育服务	77.45	79.90	75.74	75.95
	心理咨询/聊天解闷	80.25	78.88	82.89	78.38
	就医陪同陪护	77.72	75.20	80.42	78.91
	社会工作服务	81.58	80.42	81.85	83.80
	喘息服务	83.04	82.87	83.08	83.33

　　说明：养老服务需要被回应是指，受访老人表示需要此项服务，同时接受过此类服
务。表中百分比是养老服务需要被回应的受访者数量除以表示需要此类服务的数量。

第八，康复护理、日间照料等核心养老服务需要被满足的比例较低。调查数据分析表明，在老年人总体样本中，15.43%的受访老人需要但未接受过康复护理服务，仅有2.82%的老人需要且接受过此类服务。同时，80.1%的受访老人表示并不需要也未接受过康复护理服务，而且有1.66%的老人不需要但接受了此类服务。这说明，需要康复养老服务的老年人占比达到18.25%，其中，仅有15.43%的需要被满足，需要未被满足的比例高达84.57%。12.98%的受访老人需要日间照料，其中，需要被回应的比例仅为14.16%，需要未被满足的比例高达85.84%。

第三节　若干思考

近年来，我国养老服务政策密集出台，从框架体系到政策工具日臻健全。但服务供给的充分性、覆盖面、公平性等方面仍有明显短板。这些问题在数据分析结果中或多或少都有所体现。

第一，充分性不够。养老金替代率偏低，相当比例的老年人口面临较高的经济匮乏甚至贫困风险。受此影响，养老服务的有效需求极为有限，特别是低收入老年群体的支付能力严重不足。基于这种现实条件，社会养老服务政策必须达到较高的充分性，才能够确保中低收入群体享有基本养老服务。但数据分析显示，经济上的捉襟见肘仍是老年群体，尤其是经济困难老年人担心的首要问题；机构养老支付意愿及能力不强；养老服务实际支出整体偏低。这说明包括救助、补贴、集中供养在内的"兜底性"养老服务政策在充分性方面有待进一步提高。

第二，覆盖面有限。经过各级政府持续投入建设，我国养老服务设施覆盖范围近些年已有长足发展，但仍有提升空间。调查发现，社区养老设施没能与需求分布实现空间上的精准对接，各类服务需求在社区内得到满足的比例都不太高。这反映了我国养老服务递送网络覆盖面的相对有限，降低了相关服务的回应性与可得性。

第三，公平性不足。养老服务领域最大的不公平是城乡、区域之间的不平衡。农村老年人在经济条件、可享资源、服务质量等方面均落后于城市老年群体。调查发现，农村养老服务需求比例显著高于城市，但附近配置相关服务以及实际服务使用比例均低于城市。西部地区老年人在养老焦虑程度、就近配置设施比例、需求得到回应等方面都较明显地低于东中部地区。由此可见，我国养老服务资源事实上仍集中在发达城市，城乡、区域间的差距还很明显。

针对上述发现与问题，提出以下政策建议：

第一，聚焦老年贫困问题，在保基本、兜底线上下功夫。探索建立与社会救助相衔接的长期照护服务体系，通过政府购买服务等方式，统一开展老年人能力综合评估，将评估结果作为领取老年人补贴、接受基本养老服务的依据。充分发挥公办养老机构（含公建民营）兜底保障作用，在满足特困人员集中供养需求的前提下，重点为经济困难失能老年人、计划生育特殊家庭老年人提供无偿或低收费托养服务。同时，切实提升老年群体的支付能力。健全经济困难的高龄、失能老年人补贴制度。

第二，多渠道发力，扩展服务覆盖范围。在家庭照料能力弱化和人口老龄化加剧的背景下，应将机构养老作为家庭养老的一种补充方式，尤其是要关注孤寡老人和贫困老人的养老服务需求。在加快发展居家养老和社区养老以巩固和支持家庭养老的同时，也要加快发展能够满足老年人医护需求的养老机构，既要符合老年人自身意愿，也要考虑到子女的实际情况，更需要政府强有力的支持与配合。在家庭照料能力弱化和延续尊老文化传统的同时，也要大力发展包括养老机构在内的社会化养老方式，促进养老资源供给主体和养老方式的多元化，提高当前养老模式的总体适应性，保障老年人晚年的幸福生活。

第三，着力改变目前城乡和不同地区在养老服务方面的不平衡局面，逐步消除城乡居民在养老服务方面的差别待遇，从而缩小城乡差距，通过政策和财政倾斜补足农村和边远地区的养老服务短板。应加快发展农村养老服务。重点完善乡镇养老服务设施，推进乡镇养老院标准化建设。彻底改革农村敬老院，逐步将农村敬老院改造为区域福利院或福利中心，在满足特困人员集中供养需求的前提下，为农村高龄、失能、半失能、独居和留守老年人提供基本养老服务。充分利用农村闲置的设施和场地，建设或改造为各类互助型养老服务设施。加强经济欠发达地区公办养老机构建设。国家和省级财政可以考虑通过建立奖励补助措施，引导供给主体更多地流向欠发达地区，均衡供给分布。

第五章 城乡困难家庭老年人社会参与与支持状况

第一节 城乡困难家庭老年人社会参与与支持政策概览

随着人口老龄化问题不断加剧，老年人口数量增长迅速，老年人的社会参与状况得到了广泛的关注。世界卫生组织提出了积极老龄化理念，为应对人口老龄化问题提供了一种全新的思路和方法。社会参与作为积极老龄化理念的重要内容，肯定了老年人的价值，倡导政府与社会为老年人提供积极有效的保障，为老年人实现社会参与创造积极的条件。随着社会参与不断得到重视，老年人自身的社会参与需求和意愿也不断提升，为更好地促进老年人在更大范围内、以更高水平参与社会发展，我国政府出台了一系列政策文件保障并促进老年人社会参与的发展。

我们基于政策的不同功能定位，对我国老年人社会参与与支持的主要相关政策内容进行梳理，这些政策主要包括老年人社会参与、老年人精神文化和老年人社会支持三方面的政策。首先，介绍老年人社会参与政策，主要满足老年人参与社会发展的需求，代表性政策包括《中华人民共和国老年人权益保障法》《"十三五"国家老龄事业发展和养老体系建设规划》《关于进一步加强老年人优待工作的意见》《老年社会工作服务指南》等；其次，介绍老年人精神文化建设政策，主要满足老年人精神生活需求，代表性政策包括《中华人民共和国老年人权益保障法》《"十三五"国家老龄事业发展和养老体系建设规划》《老年教育发展规划（2016—2020年）》《关于进一步加强老年文化建设的意见》《关于进一步加强老年人优待工作的意见》等；最后，介绍老年人社会支持政策，致力于构建老年人的支持网络，主要代表性政策包括《老年社会工作服务指南》等。表5-1对我国老年人社会参与与支持代表性政策做了简单的划分与梳理。

表5-1 　　　　　　　老年人社会参与与支持代表性政策

维度	年份	文件名	部门
综合性政策	2016	中华人民共和国老年人权益保障法	中华人民共和国国务院
	2017	"十三五"国家老龄事业发展和养老体系建设规划	中华人民共和国国务院
	2016	老年社会工作服务指南	中华人民共和国民政部
	2012	关于进一步加强老年文化建设的意见	全国老龄工作委员会办公室
	2014	关于进一步加强老年人优待工作的意见	中华人民共和国国家发展和改革委员会、中华人民共和国民政部、中华人民共和国财政部、中华人民共和国人力资源和社会保障部和全国老龄工作委员会办公室等24个部门
	2016	关于推进老年宜居环境建设的指导意见	全国老龄工作委员会办公室
老年社会参与政策	1994	中国老龄工作七年发展纲要（1994—2000年）	中华人民共和国国家计划委员会、中华人民共和国民政部、中华人民共和国劳动部等10个部门
	2013	关于进一步加强老年人优待工作的意见	全国老龄工作委员会办公室
	2018	关于开展人口老龄化国情教育的通知	全国老龄工作委员会办公室
老年精神文化政策	2016	老年教育发展规划（2016—2020年）	中华人民共和国国务院办公厅
	2017	关于制定和实施老年人照顾服务项目的意见	中华人民共和国国务院办公厅

一　老年人社会参与政策

（一）老年参与社会相关政策

随着我国社会的发展，老年群体在参与社会发展方面的意愿和需求不断提高。促进老年人合理、适度参与社会发展活动，不仅仅对当今社会发展具有重要的意义，同时也是增强老年人社会责任感、实现自身价值、构建老年资本的重要手段。

1996 年，全国人民代表大会通过了《中华人民共和国老年人权益保障法》，明确规定老年社会参与的对象扩大到全体老年人。此后，该法不断进行修正，对老年人社会参与具有重要意义。针对老年人参与社会发展，《中华人民共和国老年人权益保障法》专门设置了一章进行规定与说明，"国家和社会应当重视、珍惜老年人的知识、技能、经验和优良品德，发挥老年人的专长和作用，保障老年人参与经济、政治、文化和社会生活"。同时，该法强调国家和社会应当改善老年人参与社会活动的条件，支持老年人从事各种社会活动。

为促进老龄事业发展，国务院先后印发了《中国老龄事业发展"十五"计划纲要（2001—2005 年)》《中国老龄事业发展"十一五"规划》及《中国老龄事业发展"十二五"规划》，均涉及了促进老年人参与社会发展的内容。2017 年，国务院再次发布了《"十三五"国家老龄事业发展和养老体系建设规划》。围绕着老年参与社会发展的状况和需求，老龄事业发展规划不断探索"老有所为"的新形式，引导、支持老年人从事经济、政治、文化、公益等活动，以充分发挥老年人在社会生活中的作用。《"十三五"国家老龄事业发展和养老体系建设规划》明确规定，"支持老年人积极参与基层民主监督、社会治安、公益慈善、移风易俗、民事调解、文教卫生、全民健身等工作"。在强调引导老年人积极主动参与社会发展的同时，老龄事业发展"十三五"规划更是明确指出，"引导全社会正确认识、积极接纳、大力支持老年人参与社会发展"。

2013 年，全国老龄办印发了《关于进一步加强老年人优待工作的意见》，明确规定"政府有关部门要完善老年人社会参与方面的支持政策，充分发挥老年人参与社会发展的积极性和创造性"。根据《中华人民共和国老年人权益保障法》和《关于进一步加强老年人优待工作的意见》等精神，不同地区结合自身实际，制定、印发了文件。以江西省为例，2014 年，江西省印发了《关于进一步加强老年人优待工作的意见》，提出政府要完善老年人社会参与方面的支持政策，充分发挥老年人参与社会发展的积极性和创造性。[1]

2016 年，民政部发布的《老年社会工作服务指南》提出了老年社会工作服务的主要内容，其中一项重要内容就是社区参与。在老年人社区参与方面，老年社会工作服务应当拓宽老年人社区参与的渠道，促进老年人积极参与社区志愿活动与社区发展。

2016 年，全国老龄办颁布的《关于推进老年宜居环境建设的指导意见》提出，营造支持老年社会参与的环境，不仅要引导老年人自身树立积极的老龄观念，还要不断消除老年人参与社会发展的政策制度障碍和思想观念障碍，积极创造老年人参与社会发展的有利条件，从而促进老年人更大程度、更广泛地参与社会发展。

随着国家对老年人社会参与重视程度的不断提高以及相关政策文件的推动，我国政府积极组织老年群体开展社会参与活动，老年人的社会参与状况不断改善。例如从 2003 年起，政府积极倡导、组织城市离退休老年知识分子开展援助西部或经济欠发达地区的老年志愿活动，称之为"银龄行动"。"银龄行动"是老年人参与的一种创新形式，为老年人参与社会发展，实现老有所为提供了重要平台。根据全国老龄办的工作总结，据不完全统计，2003 年至 2013 年，累计参加"银龄行动"的老年志愿者达到 500 万人次。[2] "十二五"期间，老年

---

① 《江西省关于进一步加强老年人优待工作的意见》，http：//www. cncaprc. gov. cn/contents/2/4094. html。

② 《老有所为和"银龄行动"十年工作总结》，http：//www. cncaprc. gov. cn/contents/799/172935. html。

志愿者占比达到10%。此外，老年人社会参与的条件也得到了不断优化，老年协会城乡社区创建率达到了81.9%，[1] 在为老年人进行社会参与提供平台、组织老年人参与基层社区建设和公益活动等方面发挥了重要作用。

（二）老年就业相关政策

老年参与经济活动或者继续参加工作是实现"老有所为"的重要内容，不仅对于增加老年人收入，保障老年生活有着决定性作用，还有益于老年人的社会参与发展，对于缓解劳动力短缺，促进经济社会发展更是有着十分重要的意义。随着世界老龄化的发展程度不断加深，国际社会越来越重视老年就业研究。积极老龄化指出，应根据老年人的实际需要、个人喜好以及自身能力，支持其参与经济发展，参与有意义的工作。在较好的工作环境中从事工作，老年人的生活质量可以得到显著提高。[2]

在积极老龄化理念的影响下，在构建"不分年龄，人人共享"这一社会目标的指导下，我国政府正确认识了老年群体的作用和价值，颁布了一系列政策，以期更好地引导、支持老年人就业和再就业，发挥老年人力资源，促进老年人继续参与社会发展。这其中最主要的当属《中华人民共和国老年人权益保障法》和《"十三五"国家老龄事业发展和养老体系建设规划》。

《中华人民共和国老年人权益保障法》明确规定，国家应根据社区情况，鼓励老年人从事各种活动。根据《中华人民共和国老年人权益保障法》等法律法规，不同地区结合实际制定了《老年人权益保障条例》。例如，四川省制定了《四川省老年人权益保障条例》，规定政府和社会应当重视老年人资源，珍惜老年人在自愿与具备能力的情

---

① 中华人民共和国国务院：《国务院关于印发"十三五"国家老龄事业发展和养老体系建设规划的通知》，http：//www. gov. cn/zhengce/content/2017－03/06/content_ 5173930. htm。

② Hartlapp M.，Schmid G.，Labor Market Policy for "Active Aging" in Europe：Expanding the Optionsfor Retirement Transitions，*Journal of Social Policy*，Vol. 37，No. 37，2008.

况下鼓励老年人从事社会活动。① 河北省制定了《河北省老年人权益保障条例》，规定有关部门应当加强老年人才资源开发，在老年人自愿和量力的情况下，促进其参加经济社会活动，发挥自身的专长和作用。②

《"十三五"国家老龄事业发展和养老体系建设规划》指出，要加强老年人力资源开发和利用，延长专业人才工作年限，支持老年人自主创业，保障老年人劳动权益。对于有意愿且身体状况允许的贫困老年人，对其进行岗位技能培训或农业实用技术培训，帮助其通过劳动脱贫或致富。

在国家政策的指导下，我国老年参与经济活动状况得到了改善。《老龄蓝皮书：中国城乡老年人生活状况调查报告（2018）》指出，自1990年以来，中国老年在业人口的数量快速增长，2015年60岁及以上的老年在业人口总数达到了5957万，与1990年相比，增加了3188.5万人；65岁及以上的老年在业人口总数为2609万人，与1990年相比，增加了1395.4万人。此外，老年就业人口的性别差异不断缩小，1990年，男性老年在业人口占比为21.1%，女性老年人口的在业率为7.5%；2015年，男性老年人口的在业率为16.5%，女性老年人口的在业率则上升到了10.4%。③

（三）老年社会融入相关政策

社会融入作为社会参与的重要内容，能够保证老年人获得必要的资源和机会，充分参与到社会、经济、文化活动中。我国政府为加强老年人的社会融入，倡导社会积极接纳老年人，努力营造敬老爱老助老的良好社会氛围，主要体现在以下政策文件中。

2012年，全国老龄办在《关于进一步加强老年文化建设的意见》

① 《四川省老年人权益保障条例》，http：//www.cncaprc.gov.cn/contents/12/187481.html。
② 《河北省老年人权益保障条例》，http：//www.cncaprc.gov.cn/contents/12/1876 64.html。
③ 党俊武：《老龄蓝皮书：中国城乡老年人生活状况调查报告（2018）》，社会科学文献出版社2018年版。

中提出"全社会要正确对待和积极接纳老年人，尊重老年人的社会价值，扩大老年人社会参与，弘扬中华民族传统美德，营造敬老爱老助老的良好氛围"。积极的老龄化观念和老龄政策，对老年人融入社会具有重要意义。

《关于推进老年宜居环境建设的指导意见》强调，全社会应当反对和打击针对老年人的歧视、侮辱，倡导接纳老年人、尊重老年人以及关爱老年人的社会氛围，增强老年人的社会融合和社会认同。各地在推进老年宜居建设的工作时，也十分重视敬老爱老社会建设。以四川省巴中市为例，巴中市积极开展各种尊老文化活动，弘扬敬老养老助老的社会风尚，创造老年人参与社会的良好环境，让老年人更好地融入社会。①

《老年社会工作服务指南》从开展社会宣传和教育，防止老年人歧视、老年人侮辱和老年人不公平、不合理对待；提供老年心理疏导以及拓宽老年人沟通渠道等方面，促进老年人的社会融入。

2018 年，全国老龄办印发的《关于开展人口老龄化国情教育的通知》提出，推广具有民族特色和时代特征的孝亲敬老文化教育，并大力倡导全社会树立积极老龄观，倡导全社会接纳、尊重、帮助老年人。此外，该通知指出，通过举办文化活动，组织文艺创作和展演，加强敬老爱老教育的宣传。

为深入贯彻落实关于老龄工作的重要精神，进一步营造敬老、养老、助老的良好社会氛围，加强老年人融入社会，各地政府开展了丰富的活动，积极营造关爱老年人的社会氛围。例如，广西连续九年开展包括敬老慰问等内容的"敬老月"活动，弘扬尊老爱老的传统美德。② 山西省通过开展丰富的"敬老月"活动，并进行媒体专题宣传

---

① 《巴中市着力五项举措推进老年宜居环境建设》，http：//www. cncaprc. gov. cn/contents/10/179639. html。

② 《改革开放四十周年　广西老龄事业发展成绩辉煌》，http：//www. cncaprc. gov. cn/contents/10/188039. html。

报道，营造尊老敬老爱老助老的良好社会氛围。[①] 三明市各级组织广泛开展文化、体育、娱乐等不同类型的庆祝活动，让老年人老有所乐。据不完全统计，截至 2018 年 10 月，三明市共开展各类庆祝活动50 多次。[②]

二 老年人精神文化支持政策

（一）老年教育支持政策

老年教育作为终身教育的最后阶段，能够丰富老年人的精神文化生活。发展老年教育，不仅仅是满足老年人学习、精神文化需要的重要举措，更是积极应对人口老龄化的重要内容，符合社会和谐发展的时代要求。随着政府对老年教育重视程度的不断提升，政府集中出台了一系列法律、政策以及文件，以此推动老年教育的可持续发展。

1996 年，《中华人民共和国老年人权益保障法》颁布，此后，该法不断进行修正，丰富发展老年教育的相关内容。该法明确规定了老年人继续接受教育的权利，强调国家将老年教育纳入终身教育体系。同时，强调社会应当办好各类老年学校，为发展老年教育创造条件。在《中华人民共和国老年人权益保障法》等法律法规的指导下，各地针对实际制定政策文件。例如，四川省制定了《四川省老年人权益保障条例》，提出政府应对老年教育进行规划，加强老年教育供给，支持养、医、体、文等场所与老年人学习场所相结合，优先发展城乡社区老年教育，鼓励社会力量参与老年教育。[③]

《中国老龄事业发展"十五"计划纲要（2001—2005 年）》提出了建立省、市、乡教育网络的任务；《中国老龄事业发展"十一五"规划》明确指出发展老年电视大学、老年网上学校，以及倡导社区办

---

① 《党政重视发动深入 敬老月活动丰富多彩》，http：//www. cncaprc. gov. cn/contents/10/188160. html。

② 《三明市广泛开展形式多样的"敬老月"活动》，http：//www. cncaprc. gov. cn/contents/10/187966. html。

③ 《四川省老年人权益保障条例》，http：//www. cncaprc. gov. cn/contents/12/187481. html。

学；《中国老龄事业发展"十二五"规划》提出要创新老年教育体制机制，发展老年教育新模式，丰富老年教育内容，此外还提出了加大老年教育的财政投入等要求。2017 年，国务院印发了《"十三五"国家老龄事业发展和养老体系建设规划》，专门设置了一节规定发展老年教育的内容，再次强调了加大老年教育资源供给、完善老年教育发展路径、强化老年教育支持服务、创新老年教育发展机制以及促进老年教育可持续发展。此外，该规划提出，到 2020 年，基本构建老年教育新格局的发展目标。

2012 年，全国老龄办发布了《关于进一步加强老年文化建设的意见》，再度提出"大力发展老年教育"，明确规定文化教育部门应当开展丰富的老年文化教育活动，创新老年教育课程和教育内容，完善老年教育设施；各级部门、基层单位和教育机构为老年接受教育提供学习场所，创造良好的学习条件；文化主管部门为老年教育发展，创造积极的制度条件。

2016 年，民政部发布了《老年社会工作服务指南》，界定了老年社会工作服务的内容，其中一项内容就是老年教育。该指南明确规定了老年教育的主要内容，包括评估老年人教育需求、推动老年人学习平台建设、开展老年培训、促进老年人开展各种学习活动以及鼓励老年人传承教育成果。

2016 年，针对老年教育，国务院办公厅专门制定了《老年教育发展规划（2016—2020 年）》，强调老年教育的重要性，并且规划了老年教育资源供给、老年教育发展路径、老年教育支持服务、老年教育发展机制以及老年教育可持续发展五方面的主要工作任务；提出了核心价值观培育、老年教育机构基础能力提升、学习资源建设整合、远程老年教育推进以及老有所为行动五项计划，以及相应的保障措施。《老年教育发展规划（2016—2020 年）》为中国老年教育发展提供了规划蓝图和行动指南。

2017 年，国务院办公厅印发的《关于制定和实施老年人照顾服务项目的意见》强调，应当推动老年教育课程、教育服务、学习平台等教育资源发展，并且面向老年人公平有序开发。其中，针对贫困老年人，该意见明确规定"减免贫困老年人进入老年大学（学校）学习的学费"。

在政府政策的推动、支持下，我国的老年教育工作日益规范化、制度化，老年大学数量不断增加，老年教育覆盖面不断扩大。国务院发表的《改革开放40年中国人权事业的发展进步》白皮书显示，截至2017年年底，全国的老年学校数量达到了4.9万个，在校学习的老年人达到704万人。[①] 以黑龙江省为例，截至2017年年底，高等院校开办的老年大学有8所；省、市、县电大系统及职教中心、社区大学、社区教育学院设立老年（开放）大学16所；地方政府批准设立社区大学9所、社区教育学院77所，其中64所开展老年教育。[②] 2019年，举办了中国老年教育论坛，成立了老年教育分会，并且发布了全国老年教育规划师培养千人计划。[③]

（二）老年文体娱乐活动发展相关政策

老年人的精神面貌直接影响到老年人生活质量的提高以及我国精神文明的创建。文体娱乐活动作为老年精神生活的重要内容，对于老年人精神状况具有重要意义。与此同时，在当前我国老龄化程度不断加深的时代背景下，开展老年文体娱乐活动是符合历史发展要求的。政府进一步制定了一系列政策丰富老年人精神生活，为老年人创造健康的文化环境。

《中华人民共和国老年人权益保障法》（2018年修正）明确规定国家和社会应当采取措施，开展老年文体、娱乐活动，满足老年人的精神文化生活；政府部门采取措施，支持老年文体活动设施的兴办与发展。

---

① 中华人民共和国国务院：《改革开放40年中国人权事业的发展进步》，http：//www.gov.cn/zhengce/2018–12/12/content_5347961.htm。
② 《黑龙江加快推进老年教育 促进学习型社会建设》，http：//www.gov.cn/xinwen/2018–10/15/content_5330826.htm。
③ 《2019中国老年教育论坛举办 发布全国老年教育规划师培养千人计划》，http：//www.cncaprc.gov.cn/contents/793/188482.html。

全国老龄办发布的《关于进一步加强老年文化建设的意见》指出，要大力推进品牌、特色老年文化活动，创新适合老年人的文体娱乐活动，为老年人提供更多的精神文化产品和文化服务供给。支持老年人开展文体娱乐活动，为老年人开展文化活动提供便利，加强老年文化资源合理配置。此外，该意见强调，要广泛开展群众性老年活动，注重基层社区老年活动的建设，加强群众性老年文化活动的内容广泛性及形式多样性。

2013 年，全国老龄办颁布的《关于进一步加强老年人优待工作的意见》，明确规定了老年文体休闲优待的相关内容，面向老年人提供免费的公益性流动文化体育服务，提供公共性文化体育活动场所优惠使用条件，增加特色的文化体育项目，提供经营性文化体育服务优待，关注农村老年人的文体需求。

国务院办公厅发布的《关于制定和实施老年人照顾服务项目的意见》明确规定，创造支持老年人开展文体娱乐等活动的良好条件，为老年人开展文体娱乐等活动配置相应器材，提供文体活动场所等。

《"十三五"国家老龄事业发展和养老体系建设规划》强调要推动老年人享受公共文化服务，提供老年人开展文化活动的便利；增加老年人的文化资源，促进文化资源共享；广泛开展群众性老年文化活动，发展品牌老年文化活动；鼓励传播适合老年人的图书、报刊与影视剧、戏剧、广播剧等文艺作品以及老年文化作品。

在政策的倡导与支持下，各地广泛组织、开展老年文化、体育、娱乐等不同类型活动，并积极引导、组织老年人进行参与，实现老年人老有所乐。以山东省和四川省为例，截至 2017 年 11 月，山东省烟台市城乡社区老年协会的数量有 6337 个，各类老年文体队伍超过1800 个，参与活动的老年人数达到了 58.65 万人。[①] 山东省东营市在了解贫困村老年文化发展建设情况的基础上，扶持建设贫困村老年文

---

① 《烟台市加强老年人精神文化建设：58 万老年人参与文体活动》，http://www. cncaprc. gov. cn/contents/10/184912. html。

化活动室，组织老年文艺团体进行文化展演，丰富了农村老年人的精神文化生活。① 四川省积极组织开展丰富的老年活动，并提供便利条件。据不完全统计，截至 2017 年 2 月，四川省 90% 的街道和 70% 的乡镇、50% 以上的行政村建立了老年体育组织，经常参加健身活动的老年人数达到了 800 多万人，155 个体育场馆为老年人体育健身提供活动场所，无偿或低价面向老年人开放。②

三 老年人社会支持政策

老年人获得社会支持与自身幸福感和生活质量密切相关，老年人获取的社会支持越多，幸福感越高，生活质量越高。③ 完善的社会支持体系不仅有助于改善老人现状，更有利于社会的和谐建设。基于此，政府通过政策为老年人提供更强有力的社会支持。

2012 年，财政部、民政部印发了《中央财政支持社会组织参与社会服务项目资金使用管理办法》的通知，规定了对于社区老年人的综合性社会支持网络构建等社会服务，应当提供项目资金支持。

民政部发布的《老年社会工作服务指南》，专门规定了老年社会支持网络建设的内容，包括评估个人和社区层面的老年人社会支持网络、通过策略强化老年人社会支持网络以及建设长效机制巩固成效三大方面。

此外，各地积极构建老年支持机制。例如，2015 年，江苏省太仓市下发了《关于开展互助养老工作试点的通知》，积极探索互助式社会养老模式。④ 山东枣庄实施了互助养老模式，推行老年公寓爱心互

---

① 《山东东营：市老龄办多措并举推进精准文化扶贫》，http：//www.cncaprc.gov.cn/contents/10/184915.html。

② 《四川省加快老年宜居环境建设步伐　促进"养老"变"享老"》，http：//www.cncaprc.gov.cn/contents/10/178872.html。

③ 江竹、陈媛婷、高峰剑、陈有国、刘培朵、黄希：《老年人社会支持、抑郁与幸福感的关系》，《心理学进展》2016 年第 11 期。

④ 《太仓市试点开展互助式社会养老新模式》，http：//www.cncaprc.gov.cn/contents/10/76895.html。

助养老、邻里结对守望互助和老年公寓医疗公益互助养老三方面的互助养老措施。① 四川省成都市金堂县积极探索农村老年人居家养老支持，对未在机构养老的空巢、失能及残疾老人采用"一中心、多站点、重巡访"的农村互助养老服务模式。② 湖南省浏阳市通过加强义工协会与村（社区）老年协会的合作，开展帮残助弱扶贫、关怀空巢孤寡老人、城乡养老互动等系列志愿活动，完善老年人的社会支持网络构建。③ 为提高空巢老年人的幸福感，浙江省衢州市开展专项关爱活动，积极探索了"社会组织＋社区＋社工＋义工"的助老服务机制，构建"空巢老人社会支持网络"。④

在政策的指导下，各地构建老年人社会支持网络的工作都取得了一定成绩。以江苏省为例，在江苏省太仓市沙溪镇，组建社区老年人互助小组 81 个，其中，参加互助小组的 80 岁以上老年人有 678 人，占老年人总数的 87.5%。⑤

第二节 城乡困难家庭老年人社会参与 与支持状况分析

一 基于社会现实认知的社会参与与支持状况分析

（一）城乡困难家庭老年人活动参与状况

1. 参加社会活动

表 5 - 2 展示了从总体分布上看，城乡困难家庭老年人参加社会

---

① 《枣庄推行互助养老公益扶贫岗位和互助养老基金补贴模式》，http://www.cncaprc.gov.cn/contents/10/182407.html。

② 《成都：金堂县推广"一中心、多站点、重巡访"模式 助推农村互助养老服务全覆盖》，http://www.cncaprc.gov.cn/contents/10/177338.html。

③ 《湖南：浏阳致恒互助养老义工协会开启城乡养老互动模式》，http://www.cncaprc.gov.cn/contents/10/174555.html。

④ 《浙江衢州市深化开展"2＋5 关爱困境空巢老人"专项行动》，http://www.cncaprc.gov.cn/contents/795/171427.html。

⑤ 《太仓市沙溪镇开展社区互助养老模式探析》，http://www.cncaprc.gov.cn/contents/771/156774.html。

活动的情况。表中数据表明，从总体上看，经常参加社会活动的老年人比例为 11.59%，从不参加社会活动的老年人比例为 70.89%。具体而言，经常参加社会活动的城乡困难家庭老年人比例为 9.09%，从不参加社会活动的城乡困难家庭老年人比例为 75.97%，这两个比例在普通家庭老年人中分别为 19.06%、55.66%。城乡困难家庭老年人参加社会活动的情况，与普通家庭老年人相比较差。

相关研究表明，健康状况、性别、受教育程度、职业声望、社会地位、经济收入、居住方式、社区组织发育状况等因素都会对老年人社会参与产生影响，其中受教育程度、经济状况是影响老年人社会参与不可忽视的因素。受教育程度与参与意愿呈正向变化，参与意愿随受教育程度的提高而逐渐增强；相对于没有退休金或养老保险的老年人，拥有退休金或养老保险的老年人参加社会活动情况更好，月收入低的老年人，社会参与积极性低，社会参与情况较差。[①] 对于困难家庭老年人而言，其受教育程度较低，社会经济地位较低，经济收入较少，在一定程度上导致了困难家庭老年人参加社会活动情况相对较差。

表5-2　　总体—城乡困难家庭老年人参加社会活动的分布情况　　（%）

参加社会活动	总体	困难家庭	低保家庭	边缘家庭	普通家庭
经常参加	11.59	9.09	6.50	12.58	19.06
偶尔参加	17.53	14.94	13.35	17.09	25.28
从不参加	70.89	75.97	80.15	70.33	55.66

① 李宗华、高功敬：《积极老龄化背景下城市老年人社会参与的实证研究》，《学习与实践》2009 年第 12 期。

表5-3展示了从城乡分布上看,城乡困难家庭老年人参加社会活动的情况。表中数据表明,经常参加社会活动的城市老年人比例为13.63%,从不参加社会活动的城市老年人比例为67.45%;经常参加社会活动的农村老年人比例为8.42%,从不参加社会活动的农村老年人比例为76.20%。具体而言,经常参加社会活动的城市困难家庭老年人比例为10.24%;经常参加社会活动的农村困难家庭老年人比例为7.35%。

图5-1清晰反映了困难家庭老年人与普通家庭老年人参加社会活动的差距,在城市和农村内部同时存在,也反映了城乡老年人参加社会活动情况的对比,城市老年人参加社会活动的情况明显好于农村老年人。相关研究也表明,农村老年人社会参与的表现相对差于城市,城乡老年人在社会参与领域存在一定的差距,落后的经济基础和基础设施以及科教文卫发展缓慢,是阻碍农村老年人积极老龄化的重要原因。[①]

表5-3 分城乡—城乡困难家庭老年人参加社会活动的分布情况 （%）

参加社会活动		总体	困难家庭	低保户	边缘户	普通户
城市	经常参加	13.63	10.24	7.00	15.02	23.55
	偶尔参加	18.92	16.39	14.49	19.19	26.34
	从不参加	67.45	73.37	78.51	65.79	50.11
农村	经常参加	8.42	7.35	5.66	9.32	11.79
	偶尔参加	15.37	12.74	11.43	14.29	23.57
	从不参加	76.20	79.91	82.90	76.39	64.64

---

① 刘文、杨馥萍:《中国积极老龄化发展水平测度——基于东中西部地区和28个省市的数据研究》,《人口学刊》2019年第2期。

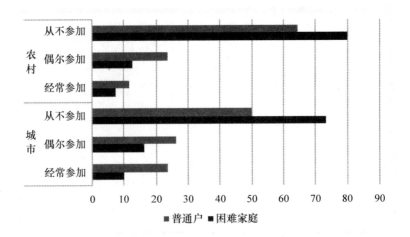

图 5 - 1   分城乡困难家庭老年人参加社会活动的分布情况（%）

表 5 - 4 展示了从区域分布上看，城乡困难家庭老年人参加社会活动的情况。数据表明，接受调查的东部、中部、西部老年人中经常参加社会活动的占比分别为 13.31%、9.60%、10.02%，从不参加社会活动的占比分别为 68.69%、74.55%、71.32%。具体而言，东部困难家庭老年人经常参加社会活动的人数比例为 10.65%，占比相对最高；中部困难家庭老年人从不参加社会活动的人数比例为 79.33%，占比相对最高。

随着我国社会经济发展，老年群体的社会参与情况有了很大程度的改善和提高，但是，区域之间老年人的社会参与情况差异明显，表5 - 4 展示了我国东部、中部、西部老年人参加社会活动的不同情况。作为一个幅员辽阔、人口众多的发展中国家，我国不同地区间的经济、文化等发展状况不同，必然会带来不同背景下社会参与水平的不同，应当根据不同区域的发展情况，采取针对性的对策促进老年人参与社会活动。

表5-4 分区域—城乡困难家庭老年人参加社会活动的分布情况 （％）

参加社会活动		总体	困难家庭	低保家庭	边缘家庭	普通家庭
东部	经常参加	13.31	10.65	6.79	15.18	20.90
	偶尔参加	18.00	15.15	12.45	18.31	26.12
	从不参加	68.69	74.20	80.76	66.51	52.99
中部	经常参加	9.60	7.12	5.70	9.62	17.27
	偶尔参加	15.86	13.54	12.99	14.53	23.02
	从不参加	74.55	79.33	81.31	75.85	59.71
西部	经常参加	10.02	8.02	7.05	9.29	16.55
	偶尔参加	18.66	16.35	15.96	16.87	26.21
	从不参加	71.32	75.63	76.99	73.84	57.24

2. 参与社区公共事务

表5-5展示了从总体分布上看，城乡困难家庭老年人参与社区公共事务的情况。数据表明，在全样本中，参加过社区公共事务的老年人比例为58.31％。具体而言，参加过社区公共事务的城乡困难家庭老年人比例为54.43％，与普通家庭老年人69.95％的比例相比，仍存在一定的差距。

目前国内学者对于老年人社区参与类型的分析主要包括文体娱乐活动、志愿服务和社区公共事务参与三方面。① 相关研究表明，受教育程度、婚姻状况、户口、自评经济状况、健康状况、社区设施数量

---

① 姜振华：《城市老年人社区参与的现状及原因探析》，《人口学刊》2009年第5期。

等因素对于老年人的社区参与有显著影响。[①] 对于困难家庭老年人而言，其受教育程度较低，经济收入较少，在一定程度上影响了其对于社区公共事务的参与。

表 5 - 5　　　　总体—城乡困难家庭老年人参与社区公共事务的
分布情况　　　　　　　　　　　　　（％）

参与社区公共事务	总体	困难家庭	低保家庭	边缘家庭	普通家庭
参加过	58.31	54.43	51.88	57.85	69.95
没有参加过	38.61	42.31	44.85	38.89	27.53
不关心	3.08	3.27	3.27	3.26	2.51

表 5 - 6 展示了从城乡分布上看，城乡困难家庭老年人参与社区公共事务的情况。数据表明，参加过社区公共事务的城市老年人比例为 57.91%，参加过社区公共事务的农村老年人比例为 58.93%，参加过社区公共事务的农村老年人占比相对较高。具体而言，参加过社区公共事务的城市困难家庭老年人比例为 53.00%，参加过社区公共事务的农村困难家庭老年人比例为 56.59%，同样呈现农村老年人占比高于城市的分布。此外，城市低保家庭、边缘家庭以及普通家庭老年人在参与社区公共事务方面的差异也值得进一步关注。

城市老年人和农村老年人参与社区公共事务的情况较为相近，参加过社会公共事务的老年人比例较高。同样地，城市困难家庭老年人和农村困难家庭老年人参与社区公共事务的情况差距较小，参加过社会公共事务的老年人比例均超过了 50%。这说明，我国老年人参与社区公共事务的热情较高，对于社区治理的参与情况较为良好。相关研究也得到了同样的结论。[②]

---

① 林文忆：《老年人社区参与影响因素研究——基于 2011 年中国健康与养老追踪调查（CHARLS）数据的分析》，《老龄科学研究》2016 年第 9 期。
② 同上。

表5-6　　　分城乡—城乡困难家庭老年人参与社区公共事务的
分布情况 （％）

参与社区公共事务		总体	困难家庭	低保家庭	边缘家庭	普通家庭
城市	参加过	57.91	53.00	50.15	57.19	72.27
	没有参加过	39.12	43.82	46.53	39.82	25.37
	不关心	2.97	3.18	3.31	2.99	2.36
农村	参加过	58.93	56.59	54.79	58.72	66.20
	没有参加过	37.83	40.01	42.02	37.65	31.02
	不关心	3.24	3.39	3.19	3.63	2.77

表5-7展示了从区域分布上看，城乡困难家庭老年人参与社区公共事务的情况。数据表明，参加过社区公共事务的东部老年人比例为57.38％，这一比例在中、西部老年人中分别为59.74％、58.64％。具体而言，东部困难家庭老年人没有参加过社区公共事务的老年人比例为45.18％，占比相对较高；中部困难家庭老年人目前参加过社区公共事务的老年人比例为57.51％，占比相对较高。

当前，社区居民参与各种公共事务得到了政府的大力倡导和支持。通过对各区域老年人参与社区公共事务情况的分析，可以发现我国东中西部地区的老年人参与社区公共事务情况十分接近，参加过社区公共事务的老年人比例都较高，尤其在东部普通家庭老年人中，参与过社区公共事务的占比超过了七成。同样地，东、中、西部地区困难家庭老年人参与社区公共事务的情况差距较小，参加过社会公共事务的老年人比例均超过了50％，表明困难家庭老年人参与社区公共事务同样较为积极，老年人拥有较强的公共责任感。

表5-7 　分区域—城乡困难家庭老年人参与社区公共事务
的分布情况 　　　　　　　　　　　　　　（％）

参与社区公共事务		总体	困难家庭	低保家庭	边缘家庭	普通家庭
东部	参加过	57.38	51.72	47.29	56.93	73.51
	没有参加过	39.77	45.18	49.96	39.56	24.38
	不关心	2.84	3.10	2.75	3.51	2.11
中部	参加过	59.74	57.51	55.34	61.32	66.67
	没有参加过	36.57	38.62	40.66	35.04	30.22
	不关心	3.69	3.87	4.00	3.63	3.12
西部	参加过	58.64	56.75	57.14	56.23	64.83
	没有参加过	38.53	40.40	39.52	41.56	32.41
	不关心	2.83	2.85	3.34	2.20	2.76

3. 参加劳动/工作

表5-8展示了从总体分布上看，城乡困难家庭老年人目前参加劳动/工作的情况。数据表明，在总体老年人中，参加劳动/工作的老年人比例为26.99％，未参加劳动/工作的老年人比例为73.01％。具体而言，参加劳动/工作的城乡困难家庭老年人比例为24.70％，低于普通家庭老年人的33.88％。与普通家庭相比，城乡困难家庭老年人参加劳动/工作的占比较小。

相关研究表明，老年群体劳动参与影响因素有性别、健康状况、主要生活来源等个体特征以及是否享受养老保险和养老优待等国家养老政策。[1][2] 对于困难家庭老年人而言，其较差的身体健康状况等因素会影响其参加劳动/工作情况。老年人力资源的闲置不利于老年人

---

[1] 殷俊、杨政怡：《老年群体劳动参与及影响因素分析——基于湖北省的抽样调查数据》，《武汉大学学报》（哲学社会科学版）2015年第6期。

[2] 刘生龙、李军：《健康、劳动参与及中国农村老年贫困》，《中国农村经济》2012年第1期。

生活质量的提高以及经济社会的协调与可持续发展。在人口老龄化背景下，开发老年人人力资源具有十分重要的意义。

表5-8　　　总体—城乡困难家庭老年人目前参加劳动/工作
的分布情况　　　　　　　　　　　　　　　　（%）

参加劳动/工作	总体	困难家庭	低保家庭	边缘家庭	普通家庭
是	26.99	24.70	21.88	28.48	33.88
否	73.01	75.30	78.12	71.52	66.12

表5-9展示了从城乡分布上看，城乡困难家庭老年人参加劳动/工作的情况。数据表明，参加劳动/工作的城市老年人比例为17.37%，参加劳动/工作的农村老年人比例为41.87%。具体而言，参加劳动/工作的城市困难家庭老年人比例为16.20%，参加劳动/工作的农村困难家庭老年人比例为37.62%。农村老年人参加劳动/工作的比例明显高于城市老年人，同样地，农村困难家庭老年人参加劳动/工作的比例明显高于城市困难家庭老年人参加劳动/工作的比例。

图5-2清晰展现了城市和农村老年人在目前是否参加劳动/工作方面的显著差异。由于我国城乡二元经济结构的存在，城镇生产力水平高于农村，农村青年一代外出打工，农村老年人为了获得更多经济收入，在身体状况允许的条件下会一直从事农业劳动。根据2015年中国城乡老年人生活状况抽样调查数据，86.16%的60岁及以上老年人从事第一产业。[1] 此外，老年人口在参加劳动/工作方面存在较大的城乡差异，可能与农村地区的养老保障制度等相对滞后有关。

---

[1]　彭青云：《中国城乡老年人在业状况及其趋势分析》，《老龄科学研究》2018年第5期。

表 5 - 9　　　　　分城乡—城乡困难家庭老年人目前参加
劳动/工作的分布情况　　　　　　　（%）

参加劳动/工作		总体	困难家庭	低保家庭	边缘家庭	普通家庭
城市	是	17.37	16.20	14.49	18.73	20.77
	否	82.63	83.80	85.51	81.27	79.23
农村	是	41.87	37.62	34.29	41.53	55.11
	否	58.13	62.38	65.71	58.47	44.89

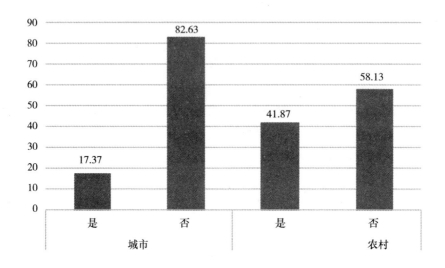

图 5 - 2　城乡老年人参加劳动/工作的情况（%）

　　表 5 - 10 展示了从区域分布上看，城乡困难家庭老年人参加劳动/工作的情况。数据表明，参加劳动/工作的东部老年人比例为 23.10%；参加劳动/工作的中部老年人比例为 28.85%；参加劳动/工作的西部老年人比例为 34.17%，占比相对较高。具体而言，东部困难家庭老年人参加劳动/工作的人数比例为 19.90%；中部困难家庭老年人参加劳动/工作的人数比例为 27.24%；西部困难家庭老年人参加劳动/工作的人数比例为 32.81%，占比相对较高。

对比各个区域，相较于东部，中、西部地区各类家庭老年人参加劳动/工作的比例更高。这可能与我国社会保障水平发展不均衡有一定关系。相关研究发现，东部地区的社会保障水平明显高于中西部地区。[①] 为了更好地保障老年生活，中西部老年人在身体状况允许的条件下会从事劳动/工作，增加收入，从而更好地保障自身老年生活。

表5-10　　　　　分区域—城乡困难家庭老年人目前参加
劳动/工作的分布情况　　　　　　（％）

参加劳动/工作		总体	困难家庭	低保户	边缘户	普通户
东部	是	23.10	19.90	16.41	24.00	32.21
	否	76.90	80.10	83.59	76.00	67.79
中部	是	28.85	27.24	24.64	31.84	33.81
	否	71.15	72.76	75.36	68.16	66.19
西部	是	34.17	32.81	30.24	36.19	38.62
	否	65.83	67.19	69.76	63.81	61.38

（二）城乡困难家庭老年人社会交往状况

1. 经常来往家人数

表5-11展示了从总体分布上看，城乡困难家庭老年人经常来往家人数的情况。数据表明，接受调查的老年人经常来往家人数量的总体均值为4.43人。具体而言，城乡困难家庭老年人经常来往家人数量的均值为4.13人，普通家庭老年人经常来往家人数量均值为5.34人。

对于老年人，来自家人的支持十分重要。相关研究发现，亲属是

---

① 李琼、陈婷：《我国社会保障水平区域差异及协调发展的路径选择——基于主成分分析的实证研究》，《河南师范大学学报》（哲学社会科学版）2017年第3期。

老年人获得情感支持和实际支持的主要来源。其中，儿子主要提供实际支持，女儿提供情感支持，配偶在三种支持中均起到一定作用，兄弟姐妹则在老年人个别情感和社交支持上有帮助。[①]

表 5 – 11　　总体—城乡困难家庭老年人经常来往家人数的情况　　　（人）

来往家人数	均值	中位数	标准差	最小值	最大值
总体	4.43	4.00	3.60	0.00	20.00
困难家庭	4.13	3.00	3.55	0.00	20.00
低保家庭	3.72	3.00	3.33	0.00	20.00
边缘家庭	4.68	4.00	3.76	0.00	20.00
普通家庭	5.34	5.00	3.61	0.00	20.00

　　表 5 – 12 展示了从城乡分布上看，城乡困难家庭老年人经常来往家人数的情况。数据表明，接受调查的城市老年人经常来往家人数的总体均值为 4.30 人；接受调查的农村老年人经常来往家人数的总体均值为 4.65 人。具体而言，城市困难家庭老年人经常来往家人数的均值为 4.02 人，相对低于农村困难家庭老年人经常来往家人数。

　　表 5 – 12 中，既反映了困难家庭老年人与普通家庭老年人经常来往家人数的差距在城市和农村内部同时存在，也反映了城乡老年人经常来往家人数的差距。相较于农村老年人，城市老年人经常来往的家人数量相对较少。相关研究指出，在农村，很多子女仍以务农为主，与老年人距离较近；而在城市，子女往往由于工作关系等原因远离父母，与老年人距离较远。[②] 这在一定程度上影响了城市老年人与其家

　　① 贺寨平：《农村老年人社会支持网：何种人提供何种支持》，《河海大学学报》（哲学社会科学版）2006 年第 3 期。
　　② 潘超平、郝晓宁、刘增法、薄涛、黎燕宁、潘梦华：《北京市老年人社会支持网络的时空分布》，《中国老年学杂志》2019 年第 5 期。

人，尤其是子女的来往。对于城乡困难家庭老年人来说，与家人的来往情况也受到以上原因的影响。

表 5 - 12　分城乡—城乡困难家庭老年人经常来往家人数的情况　（人）

来往家人数		均值	中位数	标准差	最小值	最大值
城市	总体	4.30	4.00	3.44	0.00	20.00
	困难家庭	4.02	3.00	3.40	0.00	20.00
	低保家庭	3.63	3.00	3.20	0.00	20.00
	边缘家庭	4.59	4.00	3.61	0.00	20.00
	普通家庭	5.11	4.00	3.43	0.00	20.00
农村	总体	4.65	4.00	3.83	0.00	20.00
	困难家庭	4.31	4.00	3.76	0.00	20.00
	低保家庭	3.88	3.00	3.53	0.00	20.00
	边缘家庭	4.81	4.00	3.95	0.00	20.00
	普通家庭	5.72	5.00	3.87	0.00	20.00

表 5 - 13 展示了从区域分布上看，城乡困难家庭老年人经常来往家人数的情况。表中数据表明，接受调查的东部老年人经常来往家人数量的总体均值为 4.10 人；接受调查的中部老年人经常来往家人数量的总体均值为 4.87 人；接受调查的西部老年人经常来往家人数量的总体均值为 4.66 人。具体而言，东部困难家庭老年人经常来往家人数量的均值为 3.77 人，中部困难家庭老年人经常来往家人数量的均值为 4.58 人，西部困难家庭老年人经常来往家人数量的均值为 4.41 人。中部各类老年人经常来往家人数相对较多。

受中国传统孝文化的影响，老年人期望家庭成员成为其主要的支持提供者，许多老年人在很大程度上依靠子女或配偶获得各种支持。[1]

———————

[1]　赵丹、余林：《社会交往对老年人认知功能的影响》，《心理科学进展》2016 年第 1 期。

相关研究表明，老年人经济状况较差，得到的子女经济帮助更大，而经济收入高，得到子女提供支持的可能性较低。[①] 这种现象可能与中国传统的家庭观念与养儿防老观念有关，在一定程度上解释了东部地区老年人经常来往家人数相对较少的情况。

表 5-13　　分区域—城乡困难家庭老年人经常来往家人数的情况　　（人）

来往家人数		均值	中位数	标准差	最小值	最大值
东部	总体	4.10	3.00	3.32	0.00	20.00
	困难家庭	3.77	3.00	3.22	0.00	20.00
	低保家庭	3.34	3.00	3.07	0.00	20.00
	边缘家庭	4.26	4.00	3.31	0.00	20.00
	普通家庭	5.06	4.00	3.42	0.00	20.00
中部	总体	4.87	4.00	3.84	0.00	20.00
	困难家庭	4.58	4.00	3.78	0.00	20.00
	低保家庭	4.18	3.00	3.54	0.00	20.00
	边缘家庭	5.28	4.00	4.08	0.00	20.00
	普通家庭	5.80	5.00	3.88	0.00	20.00
西部	总体	4.66	4.00	3.86	0.00	20.00
	困难家庭	4.41	4.00	3.88	0.00	20.00
	低保家庭	3.91	3.00	3.45	0.00	20.00
	边缘家庭	5.08	4.00	4.31	0.00	20.00
	普通家庭	5.45	5.00	3.66	0.00	20.00

① 江克忠、裴育、夏策敏：《中国家庭代际转移的模式和动机研究——基于 CHARLS 数据的证据》，《经济评论》2013 年第 4 期。

2. 经常来往朋友数

表5-14展示了从总体分布上看，城乡困难家庭老年人经常来往朋友数的情况。数据表明，接受调查的老年人经常来往朋友数量的总体均值为3.99人。具体而言，城乡困难家庭老年人经常来往朋友数量的均值为3.36人，低于普通家庭老年人的经常来往朋友数量均值。

在老年人的日常交往中，朋友是其社交支持的重要提供者。[1] 相关研究表明，行动者之间的社会网络可能会同时受性别、年龄、文化、收入等多种因素的影响，从而导致社会网络发生变化。[2] 其中，有研究指出，社交面广，文化程度低的老年人多忽略朋友之间的交往。[3] 相较于普通家庭老年人，城乡困难家庭老年人的文化程度较低，一定程度上影响了其与朋友的交往情况。

表5-14　　总体—城乡困难家庭老年人经常来往朋友数的情况　　（人）

来往朋友数	均值	中位数	标准差	最小值	最大值
总体	3.99	0.00	7.33	0.00	50.00
困难家庭	3.36	0.00	6.69	0.00	50.00
低保家庭	2.57	0.00	5.49	0.00	50.00
边缘家庭	4.42	1.00	7.91	0.00	50.00
普通家庭	5.88	3.00	8.71	0.00	50.00

表5-15展示了从城乡分布上看，城乡困难家庭老年人经常来往朋友数的情况。数据表明，接受调查的城市老年人经常来往朋友数的

---

① 贺寨平：《农村老年人社会支持网：何种人提供何种支持》，《河海大学学报》（哲学社会科学版）2006年第3期。

② 卢钰琼、路云、李毅仁、常峰：《基于社会网络理论的城市老年健康教育优化设计》，《卫生经济研究》2018年第10期。

③ 丛梅：《天津市老年交往现状及对策》，《长寿》1994年第10期。

总体均值为 4.35 人；接受调查的农村老年人经常来往朋友数的总体均值为 3.44 人。具体而言，城市困难家庭老年人经常来往朋友数的均值为 3.56 人，农村困难家庭老年人经常来往朋友数的均值为 3.06 人。

图 5-3 中，既反映了困难家庭老年人与普通家庭老年人经常来往朋友数的差距在城市和农村内部同时存在，也反映了城乡老年人经常来往朋友数的差距，相较于农村老年人，城市老年人经常来往的朋友数量情况更好。在城乡困难家庭内部，也得到了一样的结论。相关研究表明，农村老年人比城市老年人缺少家庭以外的支持。[1] 扩大农村老年人的支持网络，应当成为今后老年社会政策的重点关注内容。

表 5-15　分城乡—城乡困难家庭老年人经常来往朋友数的情况　　（人）

来往朋友数		均值	中位数	标准差	最小值	最大值
城市	总体	4.35	2.00	7.66	0.00	50.00
	困难家庭	3.56	0.00	6.75	0.00	50.00
	低保家庭	2.66	0.00	5.49	0.00	50.00
	边缘家庭	4.90	2.00	8.08	0.00	50.00
	普通家庭	6.67	4.00	9.50	0.00	50.00
农村	总体	3.44	0.00	6.75	0.00	50.00
	困难家庭	3.06	0.00	6.59	0.00	50.00
	低保家庭	2.44	0.00	5.49	0.00	50.00
	边缘家庭	3.79	0.00	7.62	0.00	50.00
	普通家庭	4.61	3.00	7.09	0.00	50.00

---

[1]　张友琴：《老年人社会支持网的城乡比较研究——厦门市个案研究》，《社会学研究》2001 年第 4 期。

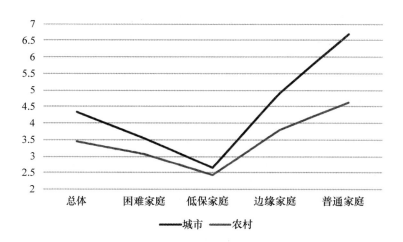

**图 5 - 3　分城乡—城乡困难家庭老年人经常来往
朋友数的情况（人）**

表 5 - 16 展示了从区域分布上看，城乡困难家庭老年人经常来往朋友数的情况。数据表明，接受调查的东部、中部、西部老年人经常来往朋友数量的总体均值分别为 3.66 人、4.07 人、4.71 人。具体而言，东部困难家庭老年人经常来往朋友数量的均值为 2.95 人，中部困难家庭老年人经常来往朋友数量的均值为 3.39 人，西部困难家庭老年人经常来往朋友数量的均值为 4.32 人。

老年人经常来往朋友的数量在一定程度上能够反映其人际交往的情况。积极的人际交往对老年人具有十分重要的作用。老年人的人际关系越多，越能够在交往中收获友情、帮助和宽慰，同时这对于老年人积极应对生活事件以及促进心理健康都具有重要意义。①

――――――――――

① 李德明、陈天勇、吴振云、李贵芸：《健康老龄化的基本要素及其影响因素分析》，《中国老年学杂志》2005 年第 9 期。

表 5-16　分区域—城乡困难家庭老年人经常来往朋友数的情况　　（人）

来往朋友数		均值	中位数	标准差	最小值	最大值
东部	总体	3.66	0.00	6.64	0.00	50.00
	困难家庭	2.95	0.00	5.89	0.00	50.00
	低保家庭	2.20	0.00	4.75	0.00	50.00
	边缘家庭	3.83	0.00	6.90	0.00	50.00
	普通家庭	5.68	3.00	8.08	0.00	50.00
中部	总体	4.07	0.00	7.68	0.00	50.00
	困难家庭	3.39	0.00	6.78	0.00	50.00
	低保家庭	2.59	0.00	5.81	0.00	50.00
	边缘家庭	4.79	1.00	8.02	0.00	50.00
	普通家庭	6.19	3.00	9.69	0.00	50.00
西部	总体	4.71	2.00	8.36	0.00	50.00
	困难家庭	4.32	1.00	8.13	0.00	50.00
	低保家庭	3.41	0.00	6.42	0.00	50.00
	边缘家庭	5.51	2.00	9.83	0.00	50.00
	普通家庭	6.00	3.00	8.95	0.00	50.00

（三）城乡困难家庭老年人网络使用状况

1. 参加网络互动

表 5-17 展示了从总体分布上看，城乡困难家庭老年人参加网络互动的情况。数据表明，经常参加网络互动的老年人比例为 5.16%。具体而言，经常参加网络互动的城乡困难家庭老年人比例为 3.25%，远远低于经常参加网络互动的普通家庭老年人比例（10.92%）。

根据《中国互联网络发展统计报告》的数据，截至 2017 年 12 月，中国网民规模达到了 7.72 亿人，其中 60 岁以上网民占全部网民的5.2%。[①] 同时，有数据显示，2016年以来，老年网民比例的增幅超过了其他各年龄段。这说明，越来越多的老年人参与到网络社会互动中。对于城乡困难家庭老年人来说，其较低的参加网络互动比例可能受到其自身健康状况、文化水平以及经济状况等因素影响。相关研究结果表明，老年人自身的健康状况、性别、年龄、婚姻状况、文化程度、经济状况等都会在一定程度上影响其上网行为。[②]

表5-17 总体—城乡困难家庭老年人参加网络互动的分布情况 （%）

网络互动	总体	困难家庭	低保家庭	边缘家庭	普通家庭
经常参加	5.16	3.25	1.73	5.28	10.92
偶尔参加	6.34	4.55	3.23	6.32	11.71
从不参加	88.50	92.21	95.04	88.40	77.37

表5-18展示了从城乡分布上看，城乡困难家庭老年人参加网络互动的情况。数据表明，经常参加网络互动的城市老年人比例为7.34%；经常参加网络互动的农村老年人比例为1.81%。具体而言，经常参加网络互动的城市困难家庭老年人比例为4.65%，经常参加网络互动的农村困难家庭老年人比例为1.11%。

有研究发现，社会经济地位状况与老年人的互联网使用行为存在较强的正向关系，老年人收入水平越高、文化程度越高，更倾向于使用互联网。[③] 通过表5-18可以看出，老年人参加网络互动的情况在城乡之间存在着一定差距，这一结论同样可以在城乡困难家庭之间发

---

① 《第41次中国互联网发展状况统计报告》，http://www.cac.gov.cn/2018-01/31/c_1122347026.htm。

② 兰青、鲁兴虎：《都市老年群体互联网使用差异及其影响因素探究——基于CF-PS2016数据的实证研究》，《软科学》2019年第1期。

③ 同上。

现。在老年人这个受众群体中，城市老年人参加网络互动情况更好。这可能与城市老年人社会经济地位状况较好，收入水平和文化程度较高有关系。

表5-18　　　　分城乡—城乡困难家庭老年人参加网络互动
的分布情况 （％）

网络互动		总体	困难家庭	低保户	边缘户	普通户
城市	经常参加	7.34	4.65	2.39	7.97	15.20
	偶尔参加	7.85	5.74	4.30	7.88	14.03
	从不参加	84.81	89.61	93.31	84.15	70.77
农村	经常参加	1.81	1.11	0.62	1.69	3.99
	偶尔参加	4.00	2.73	1.44	4.24	7.97
	从不参加	94.19	96.16	97.94	94.07	88.04

表5-19展示了从区域分布上看，城乡困难家庭老年人参加网络互动的情况。表中数据表明，经常参加网络互动的东部老年人比例为6.24%；经常参加网络互动的中部老年人比例为4.62%；经常参加网络互动的西部老年人比例为3.23%。具体而言，经常参加网络互动的东部困难家庭老年人比例为4.41%，经常参加网络互动的中部困难家庭老年人比例为2.40%，经常参加网络互动的西部困难家庭老年人比例为1.58%。

由表5-19可知，经常参加网络互动的东部老年人比例最高，中部老年人次之，西部老年人最差。研究指出，老年人的经济特征是影响老年人使用互联网的重要因素。由于东部经济较为发达，老年人收入水平较高，老年人更倾向于使用互联网。而中、西部经济发展水平相对落后，一定程度上影响了老年人的互联网使用行为。[①]

---

① 兰青、鲁兴虎：《都市老年群体互联网使用差异及其影响因素探究——基于CF-PS2016数据的实证研究》，《软科学》2019年第1期。

表5-19   分区域—城乡困难家庭老年人参加网络互动的分布情况   （％）

网络互动		总体	困难家庭	低保户	边缘户	普通户
东部	经常参加	6.24	4.41	2.18	7.03	11.44
	偶尔参加	6.95	4.76	2.51	7.41	13.18
	从不参加	86.81	90.83	95.31	85.57	75.38
中部	经常参加	4.62	2.40	1.09	4.70	11.51
	偶尔参加	5.62	4.26	3.64	5.34	9.83
	从不参加	89.76	93.34	95.27	89.96	78.66
西部	经常参加	3.23	1.58	1.67	1.47	8.63
	偶尔参加	5.82	4.43	4.27	4.65	10.34
	从不参加	90.95	93.99	94.06	93.89	81.03

2. 使用智能电子产品用途

表5-20展示了从总体分布上看，城乡困难家庭老年人使用智能电子产品用途的情况。数据表明，接受调查的老年人使用智能电子产品接打电话的占比最多，为97.27％，其次为使用社交软件和娱乐，占比分别为46.13％和34.87％。具体而言，城乡困难家庭老年人使用智能电子产品接打电话的占比同样最多，达到97.38％，其次为使用社交软件和娱乐，占比分别为39.07％和29.38％。

通过分析老年人使用智能电子产品用途，可以发现接受调查的老年人使用智能电子产品的主要用途是接打电话、使用社交软件、娱乐和上网浏览信息，其中最主要的用途是接打电话。这说明智能电子产品主要在老年人的生活中发挥信息沟通交流的作用，同时老年人使用智能电子产品上网浏览信息、使用社交软件和娱乐，说明了老年人注意使用手机服务自我。

表 5 - 20　　　总体—城乡困难家庭老年人使用智能电子产品
用途的分布情况　　　　　　　　　（%）

电子产品用途	总体	困难家庭	低保家庭	边缘家庭	普通家庭
接打电话	97.27	97.38	96.15	98.48	97.12
上网浏览信息	34.68	27.56	19.95	34.42	44.16
使用社交软件	46.13	39.07	29.57	47.62	55.54
娱乐	34.87	29.38	21.63	36.36	42.19
其他	3.38	3.08	3.13	3.03	3.79

　　表 5 - 21 展示了从城乡分布上看，城乡困难家庭老年人使用智能电子产品用途的情况。数据表明，接受调查的城市老年人使用智能电子产品接打电话的占比最高，超过 97%，其次为使用社交软件和上网浏览信息；接受调查的农村老年人使用智能电子产品接打电话的占比最高，为 96.78%，其次为使用社交软件和娱乐。具体而言，城乡困难家庭老年人使用智能电子产品接打电话的占比最高，均超过了 96%。

　　总的来看，城市老年人使用智能电子产品的各项用途占比均高于农村老年人，在城乡困难家庭内部，也存在着这种差异。相关研究表明，在互联网的接入过程中，老年群体中存在互联网使用行为的差异，对于文化程度低、收入水平差以及居住在农村的老年人，其互联网的使用状况较差。[①] 对于农村老年人来说，其收入状况相对较差，文化水平相对较低，这在一定程度上解释了农村老年人使用智能电子产品用途的情况相对于城市老年人较差。

---

　　① 吴新慧：《老年人互联网应用及其影响研究——基于 CSS（2013）数据的分析》，《云南民族大学学报》（哲学社会科学版）2017 年第 4 期。

表 5-21　　　　分城乡—城乡困难家庭老年人使用智能电子产品

用途的分布情况　　　　　　　　（％）

电子产品用途		总体	困难家庭	低保家庭	边缘家庭	普通家庭
城市	接打电话	97.42	97.76	96.88	98.57	96.96
	上网浏览信息	38.32	31.15	22.74	38.86	48.07
	使用社交软件	50.26	43.22	33.33	52.29	59.84
	娱乐	37.46	31.89	22.74	40.29	45.03
	其他	3.61	3.13	2.80	3.43	4.26
农村	接打电话	96.78	96.14	93.68	98.21	97.59
	上网浏览信息	23.32	15.94	10.53	20.54	32.53
	使用社交软件	33.24	25.60	16.84	33.04	42.77
	娱乐	26.81	21.26	17.89	24.11	33.73
	其他	2.68	2.90	4.21	1.79	2.41

表 5-22 展示了从区域分布上看，城乡困难家庭老年人使用智能电子产品用途的情况。数据表明，接受调查的东、中、西部老年人使用智能电子产品接打电话的占比均最高，分别为 96.92％、97.18％、98.36％，其次为使用社交软件和上网浏览信息。这一分布在接受调查的东部、中部、西部困难家庭老年人中保持一致，使用智能电子产品接打电话的占比均最高，分别为 97.51％、96.38％、98.29％，使用社交软件、娱乐、上网浏览信息的占比也较高。

对比各个区域，东部老年人使用智能电子产品上网浏览信息、使用社交软件和娱乐的占比最高，其次为中部老年人，占比最低的为西部老年人。同样地，使用智能电子产品的以上三种用途在困难家庭老年人中，也存在着东部地区占比最高，中部地区次之，西部地区占比最低的情况。此外，东中西部地区的老年人使用智能产品接打电话的占比差距较小，表明电子产品在老年人中主要承担着通讯工具的功能；而在上网浏览信息，使用社交软件和娱乐方面存在较大的差异，西部地区老年人使用智能电子产品进行娱乐等其他用途的占比相对较低。

表 5 - 22　　　　　分区域—城乡困难家庭老年人使用智能
电子产品用途的分布情况　　　　　　　（％）

电子产品用途		总体	困难家庭	低保家庭	边缘家庭	普通家庭
东部	接打电话	96.92	97.51	95.17	99.27	96.12
	上网浏览信息	39.74	32.57	20.77	41.45	49.31
	使用社交软件	50.18	44.19	30.43	54.55	58.17
	娱乐	38.67	34.85	21.74	44.73	43.77
	其他	3.56	2.90	3.38	2.55	4.43
中部	接打电话	97.18	96.38	95.93	96.94	98.22
	上网浏览信息	36.15	29.86	24.39	36.73	44.38
	使用社交软件	44.87	36.65	27.64	47.96	55.62
	娱乐	36.92	28.05	26.02	30.61	48.52
	其他	3.85	4.07	3.25	5.10	3.55
西部	接打电话	98.36	98.29	98.84	97.75	98.45
	上网浏览信息	18.75	10.86	11.63	10.11	29.46
	使用社交软件	36.51	28.00	30.23	25.84	48.06
	娱乐	21.71	16.00	15.12	16.85	29.46
	其他	2.30	2.29	2.33	2.25	2.33

二　基于自我评价认知的社会参与与支持状况分析

（一）城乡困难家庭老年人社会认同状况

1. 重要事情与其商量

表 5 - 23 展示了从总体分布上看，城乡困难家庭老年人重要事

情与其商量的情况。数据表明，接受调查的老年人中，重要事情从不与其商量的比例为29.15%。具体而言，城乡困难家庭老年人重要事情从不与其商量的比例为33.18%，这一比例高于普通家庭老年人。

总体来看，重要事情从不和很少与其商量的老年人占比超过了50%，这一情况同样存在于城乡困难家庭老年人中。从不与老年人商量重要事情，一定程度上体现了对于老年人的刻板印象。相关研究指出，从刻板印象内容模型的能力维度来看，老年人通常被认为是低能力的群体，是应当被同情和忽视的人群。[①] 正确认识老年群体，消除对老年人的刻板印象，对于提高老年群体的社会地位和尊严，促进老年人积极参与社会至关重要。

表5-23　　总体—城乡困难家庭老年人重要事情与其商量的分布情况（%）

重要事情与 其商量	总体	困难家庭	低保家庭	边缘家庭	普通家庭
从不	29.15	33.18	37.48	27.40	17.07
很少	24.80	25.38	25.63	25.06	23.03
居中	11.47	10.44	9.73	11.39	14.56
好多次	8.48	7.62	6.35	9.32	11.05
几乎每次	6.30	5.50	4.61	6.68	8.74
每次	19.80	17.88	16.20	20.15	25.55

---

① 佐斌、张阳阳、赵菊、王娟：《刻板印象内容模型：理论假设与研究》，《心理科学进展》2006年第1期。

表 5-24 展示了从城乡分布上看，城乡困难家庭老年人重要事情与其商量的情况。数据表明，接受调查的城市老年人重要事情从不与其商量的比例为 27.92%；接受调查的农村老年人重要事情从不与其商量的比例为 31.04%。具体而言，城市困难家庭老年人重要事情从不与其商量的比例为 31.76%；农村困难家庭老年人重要事情从不与其商量的比例为 35.34%。

对比城乡老年人在重要事情与其商量方面的情况，可以发现重要事情从不、很少与其商量的农村老年人占比相对高于城市老年人。相关研究也发现，在以城市为参照系时，农村人群更加倾向于对老年人形成负性、消极的评价，这在很大程度上解释了城市老年人在重要事情与其商量方面表现得更为积极，社会认同情况相对较好。[①]

表 5-24　　　**分城乡—城乡困难家庭老年人重要事情**
与其商量的分布情况　　　　　　　　　　（%）

	重要事情与 其商量	总体	困难家庭	低保家庭	边缘家庭	普通家庭
城市	从不	27.92	31.76	36.24	25.16	16.70
	很少	25.69	26.16	26.84	25.16	24.30
	居中	11.89	10.90	9.76	12.58	14.78
	好多次	8.92	7.98	6.76	9.77	11.67
	几乎每次	6.74	5.85	4.61	7.69	9.32
	每次	18.84	17.35	15.79	19.64	23.23

———————

① 吴帆：《代际冲突与融合：老年歧视群体差异性分析与政策思考》，《广东社会科学》2015 年第 5 期。

重要事情与 其商量		总体	困难家庭	低保家庭	边缘家庭	普通家庭
农村	从不	31.04	35.34	39.55	30.39	17.68
	很少	23.43	24.21	23.58	24.94	20.97
	居中	10.83	9.73	9.68	9.81	14.21
	好多次	7.79	7.07	5.66	8.72	10.05
	几乎每次	5.64	4.95	4.64	5.32	7.80
	每次	21.27	18.70	16.89	20.82	29.29

表 5-25 展示了从区域分布上看，城乡困难家庭老年人重要事情与其商量的情况。数据表明，接受调查的东部、中部、西部老年人重要事情与其商量的情况中，从不与其商量的比例分别为 29.08%、27.44%、31.69%。具体而言，中部困难家庭老年人重要事情从不与其商量的比例为 30.96%，占比相对较低；西部困难家庭老年人重要事情从不与其商量的比例为 34.74%，占比相对较高。

总体而言，相对于东部和中部地区老年人，西部地区老年人在重要事情从不或很少与其商量的情况中占比最高，表现相对较差。同样的，与东部困难家庭和中部困难家庭老年人相比，西部困难家庭老年人在重要事情从不以及很少与其商量的情况中占比更多。究其原因，一方面来源于区域间文化传统、思想观念等情况不同；另一方面也可以从不同区域老年人经济水平、教育程度上的差异来理解。

表 5 - 25 分区域—城乡困难家庭老年人重要事情与其商量的分布情况 （%）

重要事情与其商量		总体	困难家庭	低保家庭	边缘家庭	普通家庭
东部	从不	29.08	33.78	39.53	27.04	15.67
	很少	24.20	24.84	25.14	24.48	22.39
	居中	11.53	10.65	9.54	11.95	14.05
	好多次	9.15	8.03	6.22	10.15	12.31
	几乎每次	6.69	5.59	4.61	6.74	9.83
	每次	19.35	17.11	14.96	19.64	25.75
中部	从不	27.44	30.96	33.37	26.71	16.55
	很少	25.98	25.77	27.06	23.50	26.62
	居中	11.53	10.76	10.44	11.32	13.91
	好多次	8.89	8.13	7.28	9.62	11.27
	几乎每次	6.09	5.73	4.37	8.12	7.19
	每次	20.07	18.65	17.48	20.73	24.46
西部	从不	31.69	34.74	39.03	29.10	21.72
	很少	24.66	26.19	24.54	28.36	19.66
	居中	11.24	9.50	9.11	10.02	16.90
	好多次	6.22	5.92	5.20	6.85	7.24
	几乎每次	5.66	4.96	5.02	4.89	7.93
	每次	20.53	18.69	17.10	20.78	26.55

2. 有人依赖其办事

表 5 - 26 展示了从总体分布上看，城乡困难家庭老年人有人依赖其办事的情况。数据表明，接受调查的老年人有人依赖其办事的比例为 32.11%，没有人依赖其办事的比例为 67.89%。具体而言，城乡

困难家庭老年人有人依赖其办事的比例为 30.70%，普通家庭老年人有人依赖其办事的比例为 36.33%。与普通家庭老年人相比，城乡困难家庭老年人有人依赖其办事的情况相对更差。

总的来看，接受调查的老年人中没有人依赖其办事的比例超过了 60%，占比相对较高，这在一定程度上说明社会对于老年人能力的认同较弱。这对于老年人自身认同以及参与社会发展存在着一定消极影响。为更好地促进老年人实现积极老龄化，社会应当承认、保护老年人的尊严和地位，更加重要的是不把老年人看作弱者，而是有权利、有能力参与社会发展的社会成员。

表 5-26　　总体—城乡困难家庭老年人有人依赖其办事的分布情况　　（%）

有人依赖办事	总体	困难家庭	低保家庭	边缘家庭	普通家庭
没有	67.89	69.30	69.85	68.57	63.67
有	32.11	30.70	30.15	31.43	36.33

表 5-27 展示了从城乡分布上看，城乡困难家庭老年人有人依赖其办事的情况。数据表明，接受调查的城市老年人有人依赖其办事的比例为 33.78%，接受调查的农村老年人有人依赖其办事的比例为 29.53%。具体而言，城市困难家庭老年人有人依赖其办事的比例为 32.30%，农村困难家庭老年人有人依赖其办事的比例为 28.27%。

城市老年人与农村老年人在有人依赖其办事方面存在差异，相对于城市老年人，农村老年人在没有人依赖其办事方面占比较高。有研究指出，受教育程度高的群体、收入更高的人群以及城市居民在认知上对老年人的歧视相对更小，因此相比于农村各类老年人，城市各类老年人受到的老年歧视相对较少，有人依赖其办事的情况也相对较积极。① 构建

---

① 吴帆：《代际冲突与融合：老年歧视群体差异性分析与政策思考》，《广东社会科学》2015 年第 5 期。

一个公平对待老年人的社会环境，降低和消除老年歧视，对于实现积极老龄化和社会和谐具有重要意义。

表 5 - 27　　分城乡—城乡困难家庭老年人有人依赖其办事的分布情况（%）

有人依赖办事		总体	困难家庭	低保家庭	边缘家庭	普通家庭
城市	没有	66.22	67.70	69.12	65.61	61.88
	有	33.78	32.30	30.88	34.39	38.12
农村	没有	70.47	71.73	71.06	72.52	66.55
	有	29.53	28.27	28.94	27.48	33.45

表 5 - 28 展示了从区域分布上看，城乡困难家庭老年人有人依赖其办事的情况。数据表明，接受调查的东部、中部、西部老年人有人依赖其办事的比例分别为 31.99%、34.99%、28.43%。具体而言，东部、中部、西部困难家庭老年人有人依赖其办事的比例分别为 30.25%、33.59%、27.85%。

相对于西部和东部，中部总体老年人和困难家庭老年人在有人依赖其办事方面的占比更高。在依赖老人办事方面，主要包括买东西、煮饭、修理物件、打扫房子、照顾小孩等。中部家庭老年人在他人依赖其办事方面占比较高，与我国中部地区人口外出务工有一定的关系。相关研究发现，全国劳动力流出比例最多的区域集中在中部地区[①]，劳动力外出，可能在照顾小孩、打扫房子等方面对于老年人的依赖和需求更多。

---

① 付振奇、陈淑云、洪建国：《农村劳动力流动的区位选择：影响因素及区域差异——基于全国 28 个省份农民个体行为决策的分析》，《华中师范大学学报（人文社会科学版）》2017 年第 5 期。

表5-28　　　分区域—城乡困难家庭老年人有人依赖其办事的分布情况（%）

有人依赖办事		总体	困难家庭	低保家庭	边缘家庭	普通家庭
东部	没有	68.01	69.75	70.82	68.50	63.06
	有	31.99	30.25	29.18	31.50	36.94
中部	没有	65.01	66.41	67.11	65.17	60.67
	有	34.99	33.59	32.89	34.83	39.33
西部	没有	71.57	72.15	71.80	72.62	69.66
	有	28.43	27.85	28.20	27.38	30.34

（二）城乡困难家庭老年人社会排斥状况

1. 觉得身边的人不友善

表5-29展示了从总体分布上看，城乡困难家庭老年人觉得身边的人不友善的情况。数据表明，接受调查的老年人没有觉得身边的人不友善的比例为72.00%，总是觉得身边的人不友善的比例为3.71%。具体而言，城乡困难家庭老年人没有觉得身边的人不友善的比例低于普通家庭老年人，总是觉得身边的人不友善的比例高于普通家庭老年人。与普通家庭老年人相比，城乡困难家庭老年人认为身边的人不友善的情况更多。

老年人对于身边人是否友善的认知在一定程度上体现了社会对老年人的排斥状况。总体来看，大部分老年人并未觉得身边的人对其不友善，表明老年人自评社会排斥相对乐观。社会排斥对老年群体具有消极的影响，相关研究表明，长期遭受社会排斥的老年人，其社会范围变狭窄，孤独感增加，兴趣呈现单一化状态，从而影响其原有的生活环境，加速其老化进程，导致认知能力衰退。[1][2]

---

① Atchley, R. C., "Dimensions of Widowhood in Later Life", *Gerontologist*, Vol. 2, No. 15, 1995.

② Hawkley, L. C. & Cacioppo, J. T., "Loneliness Matters: a Theoretical and Empirical Review of Consequences and Mechanisms", *Annals of Behavioral Medicine*, Vol. 2, No. 40, 2006.

表 5 - 29　总体—城乡困难家庭老年人觉得身边的人不友善的分布情况 （%）

身边的人 不友善	总体	困难家庭	低保家庭	边缘家庭	普通家庭
没有	72.00	69.90	68.68	71.51	77.90
很少	17.18	17.27	17.54	16.92	16.91
常有	7.11	8.34	8.60	7.99	3.66
总是	3.71	4.49	5.18	3.58	1.53

　　表 5 - 30 展示了从城乡分布上看，城乡困难家庭老年人觉得身边的人不友善的情况。数据表明，接受调查的城市老年人没有觉得身边的人不友善的比例为 73.12%，总是觉得身边的人不友善的比例为3.37%；接受调查的农村老年人没有觉得身边的人不友善的比例为70.23%，总是觉得身边的人不友善的比例为 4.25%。具体而言，城市困难家庭老年人没有觉得身边的人不友善的比例为 70.76%，农村困难家庭老年人没有觉得身边的人不友善的比例为 68.54%。

　　图 5 - 4 中，既反映了困难家庭老年人与普通家庭老年人觉得身边的人不友善情况的差距，在城市和农村内部同时存在，也反映了城乡之间老年人觉得身边的人不友善情况的差距。相对于城市，农村老年人在认为身边的人不友善这一问题上的情况更加严峻。有研究发现，收入更高的人群在情感和行为上对老年人的排斥程度相对更小一些。① 农村经济发展水平相对较低，人群收入较低，这可能影响着农村人群对于老年人的排斥情况。

---

　　① 吴帆：《代际冲突与融合：老年歧视群体差异性分析与政策思考》，《广东社会科学》2015 年第 5 期。

表 5 – 30　　　　分城乡—城乡困难家庭老年人觉得身边的人
不友善的分布情况　　　　　　　　　　（%）

身边人的不友善		总体	困难家庭	低保家庭	边缘家庭	普通家庭
城市	没有	73.12	70.76	69.21	73.02	79.65
	很少	16.94	17.22	17.40	16.97	16.15
	常有	6.57	7.82	8.27	7.15	3.12
	总是	3.37	4.20	5.12	2.86	1.08
农村	没有	70.23	68.54	67.78	69.41	75.04
	很少	17.56	17.35	17.78	16.86	18.15
	常有	7.96	9.16	9.18	9.13	4.54
	总是	4.25	4.95	5.28	4.58	2.27

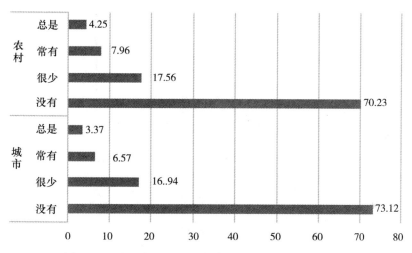

图 5 – 4　分城乡—城乡困难家庭老年人觉得身边的人
不友善的分布情况（%）

表 5 – 31 展示了从区域分布上看，城乡困难家庭老年人觉得身边
的人不友善的情况。数据表明，接受调查的东部老年人没有觉得身边

的人不友善的比例为 74.56%，占比相对较高；接受调查的西部老年人总是觉得身边的人不友善的比例为 4.20%，占比相对较低。具体而言，东部、中部、西部困难家庭老年人没有觉得身边的人不友善的比例分别为 72.11%、68.47%、66.48%。

对比各区域，相对于东部地区老年人，中、西部地区老年人在觉得身边的人不友善方面自评状况相对消极。一个主要解释原因来源于区域间经济水平发展不均衡，收入更高的人群在情感和行为上对老年人的排斥程度相对更小一些。东部地区经济水平较高，人群收入水平相对于中、西部地区人群较高，这在一定程度上影响其对于老年人的排斥情况。

表 5 – 31　　　　　分区域—城乡困难家庭老年人觉得身边的人

不友善的分布情况　　　　　　　　　　（％）

身边人不友善		总体	困难家庭	低保家庭	边缘家庭	普通家庭
东部	没有	74.56	72.11	70.93	73.48	81.08
	很少	15.16	15.55	15.41	15.69	14.16
	常有	6.45	7.65	7.79	7.49	3.26
	总是	3.83	4.69	5.87	3.34	1.50
中部	没有	69.93	68.47	67.90	69.44	74.10
	很少	19.25	19.27	20.43	17.30	19.18
	常有	7.67	8.84	8.22	9.89	4.32
	总是	3.15	3.42	3.45	3.37	2.40
西部	没有	68.47	66.48	64.73	68.76	74.56
	很少	19.37	18.75	18.04	19.69	21.25
	常有	7.96	9.32	11.02	7.09	3.84
	总是	4.20	5.45	6.21	4.46	0.35

2. 拥有亲密、安全的关系

表5－32 展示了从总体分布上看，城乡困难家庭老年人拥有亲密、安全的关系的情况。数据表明，接受调查的老年人完全未拥有亲密、安全的关系比例为 10.33%，完全拥有亲密、安全的关系比例为 60.96%。具体而言，城乡困难家庭老年人完全未拥有亲密、安全的关系比例为 12.39%，完全拥有亲密、安全的关系比例为 56.98%。

表5－32　　　　总体—城乡困难家庭老年人拥有亲密、安全的
关系的分布情况　　　　　　　　　（%）

拥有亲密的关系	总体	困难家庭	低保家庭	边缘家庭	普通家庭
完全不是	10.33	12.39	14.48	9.64	4.53
有时是	11.38	12.63	13.18	11.90	7.92
经常是	17.33	18.00	17.31	18.90	15.45
完全是	60.96	56.98	55.03	59.56	72.10

各类家庭老年人完全拥有亲密、安全关系的比例均超过了50%，情况较好。个体社会关系网络中的情绪亲密感主要来源于情感亲密的社会同伴，老年人的亲密关系通常包括配偶、儿女等。相关研究表明，个体间的亲密感会引导其相互支持、帮助，[1] 对个体的心理健康有促进作用。但关注亲密关系对主观幸福感起作用的同时，也应当注意到互动中负面的情绪体验对主观幸福感的影响，例如家庭互动中由于财产分配、赡养义务、养育后代、生活习惯等产生的不愉快或负面情绪。[2]

表5－33 展示了从城乡分布上看，城乡困难家庭老年人拥有亲密、安全的关系情况。数据表明，接受调查的城市老年人完全拥有亲

---

① Korchmaros, J. D. & Kenny, D. A., "Emotional Closeness as a Mediator of the Effect of Genetic Relatedness on Altruism", *Psychological Science*, Vol. 3, No. 2, 2001.

② 刘素素、欧阳铮、王海涛：《老年人的社会关系研究概述：基于护航模型的视角》，《人口与发展》2016 年第 5 期。

密、安全的关系比例为 61.60%；接受调查的农村老年人完全拥有亲
密、安全的关系比例为 59.93%，总体而言城市老年人在拥有亲密、
安全关系方面自评相对积极。在困难家庭老年人中，城市、农村困难
家庭老年人完全拥有亲密、安全的关系比例分别为 57.26%、
56.53%，同样呈现城市老年人自评相对积极的情况。具体各家庭类
型而言，低保家庭老年人在拥有亲密、安全关系的自评中表现得相对
消极，尤其是来自城市低保家庭的老年人。

表 5-33　　　　分城乡—城乡困难家庭老年人拥有亲密、安全的
关系的分布情况　　　　　　　　（%）

拥有亲密的关系		总体	困难家庭	低保家庭	边缘家庭	普通家庭
城市	完全不是	9.56	11.74	14.50	7.71	3.55
	有时是	10.68	12.16	12.53	11.62	6.57
	经常是	18.16	18.84	18.57	19.24	16.25
	完全是	61.60	57.26	54.40	61.43	73.63
农村	完全不是	11.53	13.43	14.43	12.29	6.11
	有时是	12.53	13.37	14.32	12.29	10.12
	经常是	16.01	16.67	15.12	18.43	14.14
	完全是	59.93	56.53	56.13	56.99	69.63

　　研究发现，性别、年龄、收入水平以及群体接触会影响人们与老
年人之间的关系，其中，收入水平高的人群在情感上更愿意与老年人
建立更为亲密的关系。[①] 对于城市人群，其经济收入相对较高，在一
定程度上影响着与老年人之间的亲密关系，所以城市老年人完全拥有
亲密、安全关系的占比高于农村老年人。这一情况同样存在于城乡困

---

　　① 吴帆：《代际冲突与融合：老年歧视群体差异性分析与政策思考》，《广东社会科
学》2015 年第 5 期。

难家庭中。

表5-34展示了从区域分布上看，城乡困难家庭老年人拥有亲密、安全的关系情况。数据表明，接受调查的东部老年人完全未拥有亲密、安全的关系比例为11.82%，这一比例在中、西部老年人中分别为8.10%、9.67%。具体而言，东部困难家庭老年人完全未拥有亲密、安全的关系比例为14.27%，中、西部困难家庭老年人完全未拥有亲密、安全的关系比例分别为9.92%、11.22%。

表5-34　　　　分区域—城乡困难家庭老年人拥有亲密、
　　　　　　　　安全的关系的分布情况　　　　　　　　　　（%）

拥有亲密的关系		总体	困难家庭	低保户	边缘户	普通户
东部	完全不是	11.82	14.27	18.75	9.10	5.26
	有时是	12.80	14.37	14.55	14.15	8.65
	经常是	17.18	17.84	17.62	18.10	15.41
	完全是	58.20	53.52	49.08	58.65	70.68
中部	完全不是	8.10	9.92	10.33	9.22	2.88
	有时是	7.92	8.83	8.87	8.76	5.28
	经常是	16.45	17.17	16.69	17.98	14.38
	完全是	67.53	64.08	64.11	64.04	77.46
西部	完全不是	9.67	11.22	10.98	11.55	4.88
	有时是	12.66	13.61	16.57	9.71	9.76
	经常是	18.90	19.50	17.56	22.05	17.07
	完全是	58.77	55.67	54.89	56.69	68.29

总体而言，中部各类老年人完全拥有亲密、安全关系的占比相对高于东部、西部各类老年人。与此同时，东、中、西部各组内老年人完全拥有亲密、安全关系情况的分化值得关注。在东部的四类家庭

中，普通户老年人完全拥有亲密、安全关系的比例最高，为70.68%，低保户老年人完全拥有亲密、安全关系的比例最低，为49.08%，两者相差21.6%；在中部，普通户老年人完全拥有亲密、安全关系的比例最高，为77.46%，边缘户老年人完全拥有亲密、安全关系的比例最低，为64.04%，两者相差13.42%；在西部，普通户老年人完全拥有亲密、安全关系的比例最高，为68.29%，低保户老年人完全拥有亲密、安全关系的比例最低，为54.89%，两者相差13.40%。

三 基于政策后果认知的社会参与与支持状况分析

（一）充足性

从充足性上看，老年人社会参与政策确实在一定程度上保障、促进了老年人社会参与，但仍存在总体参与水平不高等问题，政策的充足性有待提高。目前，老年文体娱乐活动开展和活动场所建设等取得了一定进步，但仍存在活动单一、场所建设不足等问题，老年人精神文化政策的充足性稍显不足。根据2018年中国城乡老年人生活状况调查数据，近九成的老年人经常看电视/听广播，超过20%的老年人经常读书/看报，超过40%的老年人经常散步/慢跑，老年人参加文体娱乐活动进一步丰富。但是，相关研究表明老年精神文化服务项目内容较为单一，欠缺人性化内容，范围面窄，且缺乏对老年人精神慰藉方面的关注。[①] 在老年人活动场所建设方面，2018年中国城乡老年人生活状况调查数据显示，我国老年人明确知道的广场覆盖率为45.0%，公园为27.3%，健身场所为44.4%，老年活动中心为42.4%，图书馆活文化站为42.4%。但是，相关研究在贵阳市实际开展调查时发现，"居民区建设年久，新旧住宅混杂使社区已建成的文化设施往往分布不均、规模较小、功能单一，位置偏远或与附近单位、公园重复建设等情况，导致社区提供的精神文化服务无法满足老

---

① 高圆圆、尤瑜、林莎：《贵阳市社区老年人精神文化服务现状、问题与改革路径》，《中国老年学杂志》2018年第8期。

年人多样性需求"①。

目前，老年人社会支持政策仍处于不断发展阶段，充足性稍显不足。为加强老年人的社会支持，我国政府虽然出台了相关政策，各地在政策的指导下也进行了积极的探索与努力，但从现有政策数量上来看，涉及老年社会支持方面的政策较少，政策支持力度不足。为更好地构建老年人社会支持网络，政策仍需得到更为充足的发展。

以下，将以老年精神文化政策中的老年教育政策为例，对老年人社会参与相关政策的充足性，作进一步分析与评价。

目前，我国老年教育总体规模迅速发展。截至 2017 年年底，我国有 4.9 万所老年学校，在校学习的老年人达到 704 万人。② 截至 2018 年，我国共有各级各类老年大学和老年学校 6.2 万多所，810 多万老年人参与其中，此外相当一部分老年人通过远程教育等各种形式参与老年教育，我国已基本建成了省、市、县、乡办学网络。③ 此外，老年群体构成复杂，其文化背景、家庭环境、受教育程度等存在差异，政府政策结合老年群体实际特征，引导老年教育向着多样化发展，从而满足老年人多样性的文化需要。例如，《老年教育发展规划（2016—2020 年）》提出要"丰富老年教育内容与形式"。目前，在老年教育课程内容方面，不仅涉及了文化修养类课程，还涉及了养生保健和休闲生活类等课程。

虽然我国老年教育得到了一定的发展，但是其充足性仍有待进一步发展。第一，截至 2019 年年底，我国 60 岁以上的老年人已达到了 2.54 亿人，占人口总量的 18.1%。与老年人口总量相比，我国参与教育的老年人口数量仍为少数，多数老年群体尚未意识到教育的重要意义。第二，老年学校虽然不断发展建设，但是与我国迅速增长的老

---

① 高圆圆、尤瑜、林莎：《贵阳市社区老年人精神文化服务现状、问题与改革路径》，《中国老年学杂志》2018 年第 8 期。

② 中华人民共和国国务院：《改革开放 40 年中国人权事业的发展进步》，http://www.gov.cn/zhengce/2018-12/12/content_5347961.htm。

③ 《我国老年大学和老年学校达 6 万多所》，http://www.gov.cn/xinwen/2018-12/26/content_5352362.htm。

年人口相比，老年学校建设稍显滞后，二者之间存在着一定差距，从而产生老年教育需求大与供给不足的矛盾。第三，虽然相关政策中强调了老年教育的教育内容、教学形式等应当多样化发展，但是相关研究指出，"政策多提倡的教育内容多样本质上是集中在休闲、文化、娱乐、思想政治教育等领域，对于多元的教育形式，内源性、生命性的内容，并没有进行明确引导"①。一方面，以休闲生活、养生保健等为主体的课程，只能满足老年人对闲暇娱乐的需要，但缺少满足老年人更高层次学习需求的课程。另一方面，老年教育课程缺少针对老年人不同特征差别的分类教育内容。

（二）公平性

处理好老年社会参与问题是我国老年实现积极老龄化发展的重要前提之一，"参与公平是指不同群体的老年人能够根据自己的需要、能力和爱好参与到经济、公益、教育、文化和政治等活动中"②。从公平性上分析，目前，我国老年人社会参与政策公平性仍显不足，存在着城乡之间老年社会参与发展不均衡等公平缺失问题。根据 2018 年中国城乡老年人生活状况调查数据，从全国范围来看，2015 年参加公益活动组织的城市老年人比例为 13.39%，高于农村 8.56% 的老年人比例。此外，城市老年人在维护社区社会治安、维护社区卫生环境和参加文化科技推广活动方面的占比高于农村老年人。以老年人维护社区卫生环境的情况为例，维护社区卫生环境的城市老年人占比为22.12%，高于农村老年人 3.01 个百分点。

加强和丰富老年人精神文化具有特殊重要意义，公平保障老年人精神文化生活更是构建不分年龄、人人共享老龄社会和谐文化的重要内容。老年精神文化政策在保障老年人公平参与文化、体育、娱乐活动上，仍然存在城乡发展不均问题。通过 2018 年中国城乡老年人生活状

---

① 傅蕾、吴思孝、程仙平：《老年教育政策价值研究：基于政策文本的审视》，《现代教育管理》2018 年第 4 期。

② 杜鹏、谢立黎：《中国老年公平问题：现状、成因与对策》，《中国人民大学学报》2017 年第 2 期。

况调查数据可以发现，城市老年人参加各种文化、体育、娱乐活动的比例均大于农村老年人，在读书/看报，散步/慢跑等活动方面，差异更是达到 10 个百分点以上。在老年人活动场所建设方面，城乡之间也存在差异。其中，农村广场、健身场所、老年活动中心的覆盖率远远低于城市。此外，相关研究指出，我国图书馆老年服务，包括开展活动的图书馆数和开展的活动数，呈现出由东向西的区域梯次特征，东部地区高于其他地区。从图书馆级别来看，服务活动更多地集中于省市级图书馆，区县和街道社区图书馆分布较少，对于活动范围小的老年人十分不便，同时也与提供普遍均等的图书馆的服务宗旨不相符。①

下面将以老年精神文化政策中的老年教育政策为例，对老年人社会参与相关政策的公平性，作进一步分析与评价。

"坚持公平、普惠的发展追求乃是老年教育公益性、公平性的集中体现"②。在老年教育的公平发展问题上，我国政府在政策中强调要促进教育文化资源的均衡发展，实现教育公平。例如，2012 年老龄办在《关于进一步加强老年文化建设的意见》中指出，"加快城乡老年文化建设一体化发展。合理配置城乡文化资源，公共文化资源要更多向农村和中西部、贫困地区倾斜，增加农村文化服务供给，缩小城乡文化发展差距"。2017 年，国务院办公厅印发的《关于制定和实施老年人照顾服务项目的意见》强调，应当推动老年教育资源面向老年人公平有序开发。

尽管老年教育政策明确规定了教育要面向所有老年人公平发展，但是，就目前老年教育的发展情况来看，老年教育主要存在城乡教育公平和区域老年教育公平两方面的缺失，其公平性有待提高。根据《中国城乡老年人生活状况调查报告（2018 年）》显示，2015 年，城市老年人参加大学的比例为 2.9%，高于农村 2 个百分点。相关研究也指出，我国老年教育的发展存在着城乡公平缺失的问题，并且指出城乡老年教育

---

① 肖雪、周静：《老龄化背景下我国公共图书馆老年服务状况的调查与分析——基于内容分析法的实证研究》，《图书情报知识》2013 年第 3 期。

② 程仙平、赵文君、郭耀邦：《老龄化背景下老年教育的转型升级：多重理论视角的审视》，《职教论坛》2016 年第 15 期。

的资源差距是造成城乡老年教育发展不均衡的主要原因。① 与城市相比，农村地区的教育资源较少，一定程度上限制了农村老年人参与教育。同时，农村老年人主要依靠劳动获得经济收入，较低的经济收入会限制其投入到自身的教育发展中。不同区域间老年教育发展存在的差异主要表现在经济发达和不发达的城市之间，沿海地区和内陆地区之间，东、中、西部地区之间，例如经济发达的城市已经建立起了"中心城区、县乡镇、居委会、村"的老年教育网络机构，但是在经济发展较为落后的地区，市级老年大学的建立和发展较为困难。"从全国范围来看，教育部社区教育示范区和实验区明显领先于非示范区和非实验区；中心城区与郊区之间也存在着不平衡，中心城区进展明显快于郊区；同一社区内部，还有各单位之间的不平衡和各居民小区之间的不平衡"②。

（三）有效性

社会参与政策的有效性体现在社会参与对老年人产生着积极影响。相关研究表明，老年人参与社会发展不仅有益于老年人自身健康，对于社会发展也具有积极的影响。老年人参与社会活动能够使得老年人精神和体力衰弱变慢，保持身体和精神健康，此外社会参与对老年人的生活质量有积极影响，能够丰富其老年生活，使老年人产生归属感；在社会效益发展上，老年人能够成为社会劳动力结构的重要组成部分，积极的老年社会参与有利于老年人力资源的发挥和利用，促进老年人服务社会，满足社会经济发展的需要。③④⑤ 在相关政策的引导和支持下，我国老年社会参与的相关条件不断优化发展。截至2014年年底，我国城乡社区老年协会数量达到了49万个，覆盖率高

① 王佳欢：《回顾与展望：当前我国老年教育的研究与发展》，《成人教育》2017年第11期。

② 桑宁霞、高迪：《中国老年教育发展的不平衡性及对策研究》，《中国成人教育》2019年第3期。

③ 袁缉辉：《社会老年学教程》，复旦大学出版社1992年版，第59页。

④ 杨宗传：《再论老年人口的社会参与》，《武汉大学学报》2000年第1期。

⑤ 钟清玲、喻思思：《社区老年人社会参与水平及其影响因素的研究进展》，《中国护理管理》2018年第9期。

达74%，为老年人融入社区，参与政治事务提供了重要载体。[①]

同样的，老年精神文化政策通过加强老年人参与文化、体育、娱乐活动，进而促进老年健康，提高老年生活质量，体现了其有效性。相关研究表明，参与文体娱乐活动对于老年人会产生积极的作用。日常的体育锻炼对于老年人预防肥胖、糖尿病及其他慢性病有一定的作用，参与休闲活动能够累积老年人认知储备进而维持甚至改善其认知功能。参与棋牌、阅读等休闲活动的老年人出现认知功能障碍的风险更低，除此之外，精神层面的活动影响着老年人的主观幸福感。值得注意的是，尽管我国老年精神文化事业得到了一定发展，但是老年参与精神文化活动的实际情况仍然有待改善。2010年中国城乡老年人口追踪调查显示，49.37%的城市退休老年人的居所周围设有老年大学，但参与老年大学的老年人比例仅有18.72%。[②]

在老年人社会支持政策上，有效性主要通过促进老年健康、提高老年人生活满意度等体现出来。相关研究表明，社会支持能够减轻老年人的抑郁情绪，有效提高老年人的生活满意度，且社会支持越多元化、异质性越高，老年人的生活满意度越高。[③④⑤]

以下，将以老年精神文化政策中的老年文体娱乐活动发展政策为例，对老年人社会参与与支持相关政策的有效性，作进一步分析与评价。

在老年文体娱乐活动政策的支持下，各地积极推进老年文化事业发展，并且取得了较为明显的成效。以山东省为例，东营市通过拨付

---

① 张强：《依老助老：老年协会参与城市社区居家养老实践研究——以武汉市 W 老年协会为例》，《西北人口》2018 年第 39 期。

② 曹杨、王记文：《中国城市退休老人参与老年大学的影响因素研究》，《人口与发展》2016 年第 22 期。

③ Golden J., Conroy R. M., Bruce I., et al., "Loneliness, Social Support Networks, Mood and Wellbeing in Community – dwelling Elderly", *Int J. Geriatr Psychiatry*, Vol. 7, No. 24, 2010.

④ 瞿小敏：《社会支持对老年人生活满意度的影响机制——基于躯体健康、心理健康的中介效应分析》，《人口学刊》2016 年第 2 期。

⑤ 许传新、陈国华：《社会支持网规模与老年人生活满意度的关系》，《统计与决策》2004 年第 9 期。

专项资金建设贫困村老年文化活动室，为基层老年群众提供了文化活动阵地；组织老年文化下乡展演，极大地丰富了农村老年人精神文化生活；为贫困村老龄组织和老年文艺社团配套设施，为养老机构、老年社团、基层老龄工作组织和部分老年群众赠送老年报刊等多项举措，推进当地精准文化扶贫。[①]

第三节　若干思考

基于上文的政策梳理与研究分析，以下将提出优化城乡困难家庭老年人社会参与支持政策的三点思考：

第一，推进积极老龄化发展，完善老年人社会参与政策。

老年社会参与是构建"不分年龄、人人共享"和谐社会的重要途径。为更好地促进老年社会参与，国家和政府要加强积极老龄化理念的宣传，强调老年人社会参与的重要性，强调老年人同等享有社会参与的权利。在这个过程中，政府应当为老年人创造社会参与的良好环境，同时致力于消除老年歧视和排斥问题，重塑社会对老年人的认知和评价，转变消极老龄的观念，营造老年人继续参与社会发展、实现自身价值的社会氛围。此外，在破除老年刻板印象的同时，端正老年人对于自身价值的认知和评价，帮助老年人正确认识自身的社会价值，激发其参与社会发展的内在动力，引导老年人积极参与各种活动。

与此同时，政府要完善老年人社会参与政策支持，以更好地促进老年人参与社会发展。切实关注老年人的各方面需求，以老年人社会参与需求为主导，加强老年人社会参与政策体系的建设与完善，从而更有针对性地促进老年人的社会参与。

第二，推进精神文化服务均衡发展，丰富精神文化政策内容。

推进老年精神文化服务均衡发展，构建普惠型精神文化服务体系，是保障老年精神文化生活以及提升老年精神文化服务水平的重要

[①] 《山东东营：市老龄办多措并举推进精准文化扶贫》，http://www.cncaprc.gov.cn/contents/10/184915.html。

内容。目前，我国老年人公平参与文化、体育、娱乐活动以及老年教育发展仍然存在城乡发展不均等问题。政府应进一步推进老年人精神文化服务的均衡发展，加大对欠发达地区、农村的资源投入和倾斜，发展普惠性精神文化服务。

老年人的精神文化追求具有复杂性和多元性，丰富精神文化政策内容是保障老年精神文明建设的重点内容。应根据老年人实际需要和现实情况，加强精神文化服务的多元供给，提升老人的多元化精神生活满意度。目前，老年精神文化服务内容较为单一，覆盖面窄，且缺乏对老年人精神慰藉方面的关注，老年教育主要开设休闲生活、养生保健等课程，缺少满足老年人更高层次学习需求的课程，缺少针对老年人不同特征差别的分类教育内容。为更好地丰富老年人精神文化政策，一方面应当立足老年多元化特征和实际需要，丰富和拓展老年文体娱乐活动形式，提供针对性的老年心理疏导；另一方面，关注老年群体需要的多样性，增加老年教育的有效供给，进一步充实老年教育的内容和形式，开展多层次、多样化的老年教育课程，满足老年人多样性的文化需求，使得老年人体会到自我价值的实现以及生命的意义。

第三，优化社会支持政策设计，完善老年人社会互助网络。

就目前老年社会支持政策发展情况来看，政府层面的制度性文件较为欠缺，使得老年人养老困境现象时有发生。优化老年人社会支持政策，首先应当进一步充实社会支持政策内容，制定更具针对性的规范，从而加大老年人社会支持的制度性保障。其次，加大培养和发展专业养老服务机构、服务人员的政策支持，形成老年社会支持网络外在环境的强有力支持。

此外，政府要充分发挥在老年人社会支持体系中的主导性作用，探索、推进新型养老互助模式，促进老年养老互助支持机制建设，"打造家庭、社区、社会、国家一体化的联动性养老机制，形成有效全面的社会支持网络"[①]。

---

① 王君昌：《社会支持网络视角下农村老年社会福利实践研究》，《社会福利》（理论版）2018 年第 3 期。

第六章　国际经验借鉴：老年人社会保护与社会支持实践

第一节　美国老年社会保护和社会支持主要举措

美国在保护脆弱老年人的过程中，形成了多元化的社会保护和社会支持政策。具体而言，主要体现在为老年人提供经济保障、满足老年健康与医疗需求、丰富养老服务以及保障老年社会参与需求。多元的社会保护和社会支持举措在很大程度上保障了美国老年人的基本生活需要，解决了老年贫困问题，保障了老年健康，满足了老年对于医疗和养老服务的需求，并极大地促进了老年社会参与。

表6-1　　**美国老年社会保护和社会支持主体举措**

经济保障	健康与医疗	养老服务	社会参与
老年人、遗属和残疾人保险《社会保障法》	医疗保险制度	社区居家养老服务 1. 全托制的"退休之家"、日托制的"托老中心"、上门服务 2. 老年人社区养老服务资助计划	老年人就业 1. 禁止年龄歧视 2. 渐进式退休 3. 开展老年就业促进项目
附加保障收入计划《社会保障法案》			老年教育 1. 法律保护 2. 鼓励和引导民间教育组织参与老年教育 3. 社区大学

续表

经济保障	健康与医疗	养老服务	社会参与
食品券政策《食品券法》		重视非营利组织力量 1. "流动餐车"协会 2. "阳光家庭服务"协会 3. "社区发展合作组织" 4. "红帽女士"协会 5. 非营利组织扶持措施	
住房保障 1. 公共住房制度 2. 租金补贴政策 3. 老人住房改造支持	医疗救助政策		活动参与 1. 法律政策支持 2. 发展社会支持 3. 提供社会参与平台
家庭资产建设 1. 建立个人发展账户 2. 建立微型企业发展项目 3. 建立财务知识普及项目 4. 政府的挣得收入退税政策 5. 政府的失业保险项目		生活照料服务 1. 老年人信息咨询与出行服务 2. 老年人营养膳食服务	

一 经济保障

在保障老年人的基本生活上，美国政府主要通过建立社会养老保险制度，制定附加保障收入计划、食品券计划等社会救助政策以及提供老年住房保障以确保老年人的基本生活，美国政府还采取积极措施建设家庭资产，以更好地应对老年经济贫困问题。

（一）社会养老保险

社会养老保险政策在保障美国老年人经济收入，满足老年生活需求方面发挥着十分重要的作用，美国 65 岁以上老年人口 73% 的总收入来自于社会保险基金。[①] 1935 年，联邦政府出台了《社会保障法》，逐渐建立起老年人、遗属和残疾人保险（Old Age, Survivors, and Disability Insurance, OASDI）。作为美国主要的养老保障制度，老年人、遗属和残疾人保险是政府为防止国民过早死亡和年老所带来的经济无保

---

① 申策、张冠：《美国的社会保险制度对中国养老制度改革的启示》，《吉林大学社会科学学报》2013 年第 53 期。

障状况而设立的一项极为重要的公共保险计划，其目的之一就是减少老年贫困，提供老年人生活保障。老年人、遗属和残疾人保险由政府通过征收社会保障税强制实行，要求雇主和雇员缴纳一定比例的工资税，收入超过一定金额的参保者还需要缴纳一定的税额，① 这表现出美国公共养老保险制度对于低收入者的保护倾向，目的是保障老年人基本生活需要，减少老年贫困。该项保险制度的受益对象除退休者本人之外，还包括配偶、遗属和残疾人，老年人、遗属和残疾人保险实行累退计发办法，在实际给付时随社会物价变化等进行调整。②

（二）附加保障收入计划

为更好地应对老年人口贫困问题，美国联邦政府实行了附加保障收入计划（Supplemental Security Income，SSI）。附加保障收入计划源于 1935 年颁布的《社会保障法案》，附加保障收入计划由社会保障署负责管理，资金来源于一般税收，每月向低收入老年人发放一定的生活补助金，旨在为收入和资产低于特定标准的 65 岁及以上老年人、不分年龄的贫困盲人和残疾人提供最低收入保障支持。2015 年，参加附加保障收入计划的低收入单身老年人和低收入老年夫妻每月分别能够领取 733 美元和 1100 美元生活补助，对低收入群体意义重大。③ 附加保障收入计划是美国非缴费型福利制度中最大的现金福利计划，被誉为"社会安全网"，在保障低收入人群基本生活中发挥着重要作用。

（三）食品券

自 20 世纪 60 年代起，美国联邦政府开始以发放食品券的方式，对援助对象进行基本的生活补贴，以解决其温饱问题。1961 年，美国国会通过食品券试行办法，1964 年，美国国会出台《食品券法案》，正式设立了食品券项目（Food Stamps，FS），1974 年，美国政府颁布

---

① 杨良初、孟艳：《对美国公共养老金制度安排和变迁的思考》，《财政科学》2018 年第 7 期。

② 姚建平：《养老社会保险制度的反贫困分析——美国的实践及对我国的启示》，《公共管理学报》2008 年第 3 期。

③ 杨良初、孟艳：《对美国公共养老金制度安排和变迁的思考》，《财政科学》2018 年第 7 期。

了《食品券法》修正案，建立了统一的资格标准和分配方案，食品券成为了一项全国性的公共救助项目。食品券计划由联邦农业部、州以及地方政府的社会福利机构共同进行管理，开支由联邦政府全权承担，主要为年收入接近于贫困线以及在贫困线以下的群体提供食品消费补贴，以用于换购限定种类的食品。[①] 2008 年，食品券计划调整为补充营养救助计划（Supplemental Nutrition Assistance Program，SNAP）。食品券计划作为美国实物福利制度的重要内容，其受益群体不断扩大，其中就包括低收入老年群体，这使得贫困老年人的窘迫生活状态得到了一定缓解。

（四）住房保障

对于老年人，住房是其生活环境的基本元素之一，住房能否得到保障与老年人生活保障密切相关。美国政府为保障老年群体的住房权益，实施了一系列住房支持和保障政策，尤其是对于低收入老年群体。政府的老年人住房保障政策对于满足老年人住房需求具有重要的意义，同时在减轻低收入老年群体的经济压力方面也发挥了重要作用。

为满足社会低收入群体住房需求，美国政府提出了住房救助计划，由公共住房和租金补贴两部分组成。美国联邦政府设立公共住房制度，旨在用低廉的租金为贫困家庭和老年人提供住房。美国的公共住房政策始于 1937 年的《住房法》，该法案规定，联邦政府需向地方住房管理部门提供资金，再由后者为老年人和残疾人提供低收入者住房。[②] 美国的公共住房由住房与城市发展部负责管理，在住房与城市发展部的官方网站上，显示公共住房是"为符合条件的低收入家庭、年长者、残障者提供体面而安全的出租住房"。[③] 公共租赁房的资金主

---

①　王慧先：《美国社会保障制度的发展及启示》，《社会福利》（理论版）2012 年第 3 期。

②　李俊、王红漫：《美国老年人口结构变化及健康养老制度演进对中国的启示》，《中国老年学杂志》2018 年第 17 期。

③　周文、齐畅：《美国公共住房分配及其启示》，《调研世界》2014 年第 1 期。

要由联邦政府的财政预算承担，公共租赁房的房源，包括三方面内容：政府建造的廉租房；私人住房；开发商配建的公共住房。①

1974 年，联邦政府开始实施租金补贴政策，针对租用私人住房的低收入者和家庭提供房租补贴，②而且在实施过程中根据实际条件和需要灵活地提供资助。在美国住房救助政策发展史上，住房租金补贴制度具有十分重要的意义。为提升老人住房的可支付性，各级政府制定、出台了一些政策，针对低收入老人住房的政策支持主要有：（1）低收入住房税收抵免（Low income housing tax credits）。该政策于 1986 年开始实施，是美国极为重要的扶持可支付住房的政策（包括收购、新建和整修）。税收抵免指标由联邦政府分配给州，各州政府根据开发机构的申请情况予以分配。每年，联邦政府用于收购、改建和新建面向低收入家庭租赁房的投入可以达到 80 亿美元，每年平均新增大约 110000 套住宅，其中老人住房占比为 1/4。③（2）老人住房支持计划（Section 202 Supportive Housing for the Elderly Program）。该计划根据 1959 年修订的《住房法》实施，是住房和城市发展部专门用以开发和扩建针对服务期不少于 40 年的低收入老人的住房免息贷款支持，来自低收入家庭的 62 岁以上的老年人可以申请入住。④（3）住房选择优惠计划（Section 8 – Housing Choice Vouchers Fact Sheet）。该计划是住房和城市发展部针对低收入家庭、老人以及残疾人的租金补助计划，资助资金由住房和城市发展部发放给地方的公共住房管理局，由地方的公共住房管理局进行资金管理。符合该项计划受助条件的对象可以从政府资助型房屋或者市场上寻找适合的出租住房，将其家庭收入的 30% 作为租金，公共住房管理局将其与市场标准评估价之间的租

① 刘友平、陈险峰、虞晓芬：《公共租赁房运行机制的国际比较及其借鉴——基于美国、英国、德国和日本的考察》，《建筑经济》2012 年第 3 期。
② 于婷：《中美社会救助制度比较研究》，硕士学位论文，黑龙江大学，2015 年。
③ Office of Policy Development and Research：Income Housing Tax Credits，https://www.huduser.gov/portal/datasets/lihtc.html.
④ Section 202 Supportive Housing for the Elderly Program，http://portal.hud.gov/hudportal/HUD? src = /program_ offices/housing/mfh/progdesc/eld202.

房差额发放给房东。① 此外，为更好地保障老年人的住房，政府还实施包括提供住房买卖和租赁的信息平台等在内的重要举措。例如，联邦住房和城市发展部在网站上开设了"为老年人提供的信息"栏目，旨在帮助老年人了解如何获得住房援助。②

为更好地满足低收入老人的住房需求，提升老人住房的宜居性，美国政府也制定了一些政策。例如，针对低收入老人住房，住房和城市发展部为联邦资助型住房提供的资金中基本都包含必要的整修费用。2000 年开始，住房和城市发展部实行了协助生活转化计划（Assisted Living Conversion Program），为政府资助型住房改造成适合养老的老人住房提供拨款，贷款项目包括住房、公共空间以及服务设施的升级、改造。③

（五）家庭资产建设

家庭资产建设被普遍地认为是一项比较有效的老年贫困治理措施。根据华盛顿大学社会发展中心的定义，家庭资产建设是"将一个家庭积累起来的储蓄金投资到有利于这个家庭的社会交往和财务发展中去"④。

美国建立家庭资产主要包括以下几种方法：第一，建立个人发展账户。1998 年，克林顿政府签署了《资产独立法案》，规定联邦政府拨款给州和地方政府以及非营利组织，通过州和地方政府以及非营利组织来帮助贫困家庭建立"个人发展账户"，以此摆脱贫困。本质上，个人发展账户是一种储蓄账户，账户存款可用于住房购置、小生意创办及接受教育、职业培训。目前，全美国至少有 31 个州设立了个人发展账户项目。第二，建立微型企业发展项目。该项目包括为项目受

---

① Housing Choice Vouchers Fact Sheet，http：//portal. hud. gov/hudportal/HUD? src =/ program_ offices/public_ indian_ housing/programs/hcv/about/fact_ sheet.

② 李俊、王红漫：《美国老年人口结构变化及健康养老制度演进对中国的启示》，《中国老年学杂志》2018 年第 17 期。

③ 王承慧：《美国社区养老模式的探索与启示》，《现代城市研究》2012 年第 27 期。

④ 张赛玉：《马克思主义反贫困理论视阈下的农村老年贫困精准治理研究》，博士学位论文，福建师范大学，2017 年。

益人提供各种小额贷款、培训、技术服务和支持。第三，建立财务知识普及项目。这些项目旨在帮助中、低收入家庭和个人掌握收支预算、管理使用信用卡账户、购买合适保险、适度借贷以及投资储蓄等技能。例如，美国一个由 100 多家非营利机构构成的全国信用咨询基金会组织，面向中、低收入家庭提供免费或者收取低廉费用的财务管理教育。此外，针对美国老年妇女，美国妇女退休教育资源中心为其提供一站式服务，整合财务知识、健康和退休规划方面的培训，为包括低收入、少数族裔、英语水平有限和农村老年妇女在内的与社会隔离的老年妇女，提供有效的金融教育和退休计划指导。[①] 第四，政府的挣得收入退税政策（Earn Income Tax Credit, EITC）。该政策根据家庭结构类型以及收入水平，设立不同的收入上限标准：年收入越高，抵免金额越高；年收入达到一定的额度，税收抵免额保持为最高抵免额；年收入超过一定数额，税收抵免金则减少。[②] 挣得收入的抵免额在收入较为稳定并且能够使家庭摆脱贫困时，逐渐退出。第五，政府的失业保险项目。对于非自愿失业的人员，美国政府为其提供失业保险救济金并帮助其实现再就业。[③]

二 健康与医疗

为更好地保障老年人的健康与医疗需求，美国政府制定了一系列政策并进行了积极的实践。在为老年人提供健康与医疗保障方面，美国政府的政策主要包括实行医疗保险制度和医疗救助政策。

（一）医疗保险制度

美国的医疗保险制度大体主要分为公共医疗保险和私人医疗保险两大类型。其中，"老年和残障健康保险"依据 1965 年的社会保障修

---

① 何铨、张湘笛：《美国老年人服务网络的实践及经验借鉴》，《中共杭州市委党校学报》2018 年第 6 期。

② 白增博、孙庆刚、王芳：《美国贫困救助政策对中国反贫困的启示——兼论 2020 年后中国扶贫工作》，《世界农业》2017 年第 12 期。

③ 同上。

正案建立，是美国最早的一项医疗保险制度，也是美国的第二大政府财政支出项目。"老年和残障健康保险"是通常意义上所说的"医疗保险"，由联邦政府开办，服务对象包括65岁以上的老年人，或者一些特定的65岁以下的残障公民或肾病患者。[①] 针对参保者，医疗保险政策主要为其提供医疗救助和住院服务，此外还会为部分家庭提供补充医疗保险。一般来说，"老年和残障健康保险"主要包括四方面医疗服务：住院保险、补充性医疗保险、医疗保险优势计划和处方药计划。[②] 据统计，2007年共有4300万人接受了Medicare提供的医疗保险计划，预计到2031年，参加该项保险计划的人数将达到7700万人。[③] 医疗保险政策在一定程度上保障了老年人的医疗需求，促进了老年人健康，同时能够为老年人减轻很大的经济负担，可以在一定程度上避免低收入老人因为医疗需求而使经济状况恶化的风险。

（二）医疗救助政策

1965年，美国联邦政府建立了医疗救助政策（Medicaid），旨在为脆弱人群建立医疗保障制度，通过公共转移支付为低收入个人和家庭提供综合系统的医疗救助服务，满足贫困人口的医疗救助需求。该项计划由联邦政府和州政府联合确定覆盖对象：联邦政府制定最低标准，州政府可以根据本州情况灵活控制确定获得医疗资助计划的资格、标准以及受益对象范围，但需获得联邦政府认可。医疗救助对覆盖对象的收入水平有严格的限制，联邦法令规定的覆盖对象包括低收入老年群体、低收入残疾人、家庭低收入者或患有需要护理类疾病的未成年人、低收入孕妇。[④] 医疗救助计划资金由联

---

① 荆涛、杨舒：《美国长期护理保险制度的经验及借鉴》，《中国卫生政策研究》2018年第8期。

② 中华人民共和国财政部：《国际司：美国医疗保险制度介绍》，http://gjs.mof.gov.cn/pindaoliebiao/cjgj/201310/t20131025_1003317.html。

③ 李俊、王红漫：《美国老年人口结构变化及健康养老制度演进对中国的启示》，《中国老年学杂志》2018年第17期。

④ 荆涛、杨舒：《美国长期护理保险制度的经验及借鉴》，《中国卫生政策研究》2018年第11期。

邦政府和州政府财政共同负担，其中联邦政府财政承担一半以上的
资金，并且会根据各州不同的贫困线进行资助。州政府负责具体管
理，对申请者进行收入和资产调查。医疗救助对医疗保险政策起到
了很好的补充作用，对某些享受医疗保险的低收入老年人和其他人
员，医疗救助为其支付保险费；对于接受医疗保险的补偿之后，仍
面临经济困难和健康问题的人群，医疗救助对其提供其他援助。[①]
2012 年，医疗救助制度的覆盖人数大约为 5070 万，其中特别贫困
的老年人约为 500 万，[②] 2014 年，该制度覆盖人数达到 6182 万。医
疗救助政策对于解决美国老年贫困群体的医疗问题及缓解老年贫困
发挥了重要作用。

三　养老服务

在人口持续老龄化的压力下，美国不仅需要应对经济方面的挑
战，保障老年人的健康与医疗需求，在养老服务方面，也同样面临着
如何完善老年人养老服务，保障老年人养老服务需求的压力。进入老
龄化社会以来，美国政府基于自由福利国家体系，积极致力于养老服
务的提供。

（一）社区居家养老服务

在美国，社区具备强大的助老功能，多数美国老人选择社区养老
模式。21 世纪以来，美国政府不断向社区养老服务倾斜，致力于落实
社区养老服务，不断探索扩大社区服务类型以及享受社区服务的老年
人口的方式。老年人社区居家养老服务包括：全托制的"退休之家"，
提供就餐、帮助整理家务、组织活动、出行安排等服务；日托制的
"托老中心"，提供日托活动场所、三餐服务等；组织互助养老；提供
上门服务：美国政府制定了一个福利性居家养老项目，政府提供财政
支持，选派家庭保健护士为有需要的老年人提供家务服务和专业护理

---

① 张焘、马翠花：《美国医疗救助制度的得与失》，《人民论坛》2011 年第 8 期。
② 宁方景：《中美医疗保障史研究》，中央财经大学，2016 年。

服务。此外，美国还设有家庭护理员制度，主要负责照顾居家或居住在住宅式护理中心的老年人、伤残人群以及长期患病人群等。[①]

针对不同的社区养老服务对象和服务内容，美国政府设计了涉及多方面的老年人社区养老服务资助计划。这些资助计划大都是通过扶持组织机构来整合各类养老服务，也包括扶持人力资源的计划项目，主要包括三类：针对低收入老年人的社区养老服务资助计划、扩大受惠人群和资金来源的社区养老服务资助计划以及其他资助计划。针对低收入老年人的社区养老服务资助计划主要由联邦政府制定，州政府负责具体实施。较具代表性的低收入老人社区养老服务资助计划有老人全包容服务项目、集中养老居所服务项目和老人医疗服务选择项目，其中老人全包容服务项目是由非营利机构在政府的资助下，为生活在指定社区且通过照料资格评估的55岁老人提供饭食，个人照料服务，医疗费用、处方药费用以及进入养护院的费用，社会服务，不适宜养老的住房整修费用等服务；集中养老居所服务项目的服务对象为居住在政府资助型房屋中的低收入、身体衰弱或患有残疾的老年人，服务内容是为受助对象提供每天一次的热餐供应；老人医疗服务选择项目为居住在指定服务社区的65岁以上、符合医疗补助资格的低收入老年人提供医疗保健和社会服务及住房整修费用服务。扩大受惠人群和资金来源的社区养老服务资助计划大多由州政府进行实践，各州积极探索创新社区养老模式。例如，马萨诸塞州政府制定的养老一站式服务计划，通过非营利机构为60岁以上的老人提供信息咨询、健康状况评估、家访、陪同就医、送餐、个人照料、陪伴、日间护理等服务。除了直接针对老年人、通过非营利机构提供的社区养老资助，政府还制定了其他类型的资助项目，例如针对人力资本的资助，针对为老人提供服务的协调员的资助，针对社区中老年人照顾者（包括家庭成员和非家庭成员）的资助（如提供培训和发放补助等）。

[①]　穆光宗：《美国社区养老模式借鉴》，《人民论坛》2012年第22期。

（二）社会力量提供服务

除了美国政府制定政策发展养老服务外，非营利组织在为老年人提供各种养老服务方面也发挥着非常重要的作用，为老年人提供了购物、定期探望、照料、就业培训、医疗保健、陪伴聊天等服务。例如，美国的"流动餐车"协会以解决老人饥饿问题为目标，为行动困难或无法解决膳食问题的老年人提供送餐服务，经费主要来源于社会各界的赞助、捐款；[①] "阳光家庭服务"协会，主要为处于社会底层、流离失所、需要医疗救助的老年人提供食宿帮助和其他临时援助；[②] "社区发展合作组织"积极与政府、银行、慈善机关等进行合作，开展了一系列的社区老年服务，主要包括照顾老人、老人再就业技能培训、调解家庭纠纷、开展健康诊疗、丰富居民文化生活等服务；[③] "红帽女士"协会，主要为 50 岁以上的老年女性提供精神养老服务，通过组织老年女性学习舞蹈、欣赏音乐、健身、玩棋牌游戏、聚餐及旅游等活动，丰富老年女性生活，鼓励老年女性寻找自身价值，克服退休后的失落感和孤独感。[④]

为更好地促进社会组织发展，美国政府采取了各种扶持措施，包括签署社区支持性法令、发放公共服务基金、税收减免、财政补贴等。以支持志愿者组织发展为例，美国政府为号召更多人参与志愿服务，采取了各种措施支持志愿者服务发展。例如，将是否参加志愿活动纳入升学、提供奖学金、减免学费的硬性指标中。

（三）生活照料服务

在生活照料方面，老年人信息咨询与出行服务以及营养膳食服务是

---

① 伍国铭：《美国的养老保障制度及其特点》，《重庆科技学院学报》（社会科学版）2011 年第 19 期。

② 张新生、王剑锋：《发达国家居家养老服务产业及其对我国的启示》，《理论导刊》2015 年第 9 期。

③ 陈成文、孙秀兰：《社区老年服务：英、美、日三国的实践模式及其启示》，《社会主义研究》2010 年第 1 期。

④ 《美国小红帽的新营销模式》，http：//news. sina. com. cn/o/2005 - 06 - 30/16346313819s. shtml。

美国老年人养老服务两项十分重要的内容。其中，老年人信息咨询与出行服务通过线上平台帮助老年人了解各种服务的动态信息，并为老年人创造交通出行的便利条件，以促进其更好地参与各项社会活动。线上信息咨询服务的核心平台——信息和转介系统为老年人提供信息、服务查询，咨询以及预约服务，老年人可通过拨打"211"或者网络服务平台进入信息和转介系统，查询所需的服务信息等。线下的出行服务与线上平台相衔接，为老年人外出参加活动等提供便利。[①] 老年人营养膳食服务始于 1973 年，旨在通过为老年人提供就餐服务提高老年人的健康水平，服务内容包括提供老年人集体用餐、家庭送餐、营养咨询和健康教育服务。面向 60 岁以上的老年人，各地的老年服务中心也开展"集体膳食计划"，为老年人提供营养餐、开展养生教育、组织社区活动、疾病诊治以及健康服务等服务，[②] 针对家庭照料者，各中心还提供照料培训和喘息服务等。[③]

四　社会参与

美国老年人社会参与的渠道主要可以分为三大类型，包括老年就业、老年教育和社会活动参与。为保障老年人社会参与需求，美国政府通过采取不同政策和措施，保障老年就业，发展老年教育，促进老年活动参与。

（一）老年就业

在促进老年人就业和再就业方面，美国政府采取包括禁止年龄歧视、渐进式延迟退休以及开展老年就业促进项目等一系列政策。

在禁止年龄歧视方面，美国政府出台了一系列政策法规来保障老

---

① Administration for Community Living：Aging and Disability Networks，https：//www. Acl. gov /programs /aging-and-disability-networks.

② 何铨、张湘笛：《美国老年人服务网络的实践及经验借鉴》，《中共杭州市委党校学报》2018 年第 6 期。

③ Whitter S.，Scharlach A.，"Availability of Care Giver Support Services：Implications for Implementation of the National Family Caregiver Support Program"，*Aging Social Policy*，Vol. 17，No. 1，2005.

年人的劳动权利和促进老年人力资源的开发和利用。例如，《美国老年法》和《雇员退休收入保障法》等，规定用人单位不能在员工福利上歧视老年人；《民权法案》以及《雇佣年龄歧视法案》为在招募、升迁和留职中遭遇歧视的老年人提供了法律保护。1975 年，针对老年歧视，美国政府制定了专门的《禁止歧视老人法》，明确规定禁止 70 岁以下雇员强制退休，凡是涉及政府款项的活动，均不能产生老年人歧视现象；此外，还明确规定要支持老年人参与各种培训活动，在政府部门举办的教育培训和其他福利活动中，65 岁以上老年人必须得到一定比例的活动名额。[①]

在渐进式延迟退休方面，1935 年出台的《社会保障法》规定劳动者领取养老金的年龄为 65 岁，1956 年，该法案经修订增加了最早领取养老金的年龄规定，调整女性劳动者的最早退休年龄为 62 岁，1961 年《社会保障法》进行了进一步的修改，将男性劳动者最早退休年龄也调整到了 62 岁。1983 年，修订后的《社会保障法》再次调整了退休年龄，规定从 2000 年开始逐渐提高正常退休年龄，根据出生日期规定不同的正常退休年龄，同时规定正常退休的老年人，可以领取全额退休金，提前退休的老年人，退休金会在一定程度上减少，对于达到正常退休年龄后推迟退休的老年人，为其提供延迟退休补助。[②]

在开展老年就业促进项目方面，美国政府根据《美国老人法》实施了 SCSEP（Senior Community Service Employment Program）项目，旨在为低于贫困线或处于贫困线的 55 岁以上老年群体提供职业培训和就业机会：通过补贴社区服务项目，完善老年人及其服务社区的福利，促进老年人就业；根据美国劳工局收集的老年人社区服务评估结果，为老年人提供暂时的工作培训，工作培训主要包括提供本地就业信息和资源的一般培训和指导找工作的专门培训；此外，美国政府开

---

① 孙平、彭青云：《人口老龄化背景下美德老年人力资源开发经验及启示》，《中国人力资源开发》2016 年第 21 期。

② 殷俊、陈天红：《美国延迟退休激励机制分析——兼论对中国延迟退休年龄改革的启示》，《经济与管理》2014 年第 28 期。

展的成年人胜任力国际评估项目（The International Assessment of Adult Competencies），主要为老年人提供职业技能鉴定，并根据评估结果为其安排合适的工作岗位。该项目主要包括系统评估老年人培训项目效果，研究教育培训经历与就业、劳动参与和收入的关系，评估老年人识字、算术和解决问题等能力，提升老年人就业能力等内容。[①]

（二）老年教育

为更好地发展老年教育，美国政府颁布了一系列法律法规，例如《终身教育法》《美国老年人法》和《禁止歧视老年人法》，为开展老年教育提供法律和财政支持等。美国政府还鼓励和引导民间教育组织参与老年教育。目前，美国成立有继续教育协会、老年学会、老龄公民全国理事会、退休人员协会、退休联邦雇员全国协会以及各种民间老年教育组织，这些组织根据老年人的学习需要开展各种形式的老年教育活动，发展美国老年教育。此外，老年人可以通过社区老年大学满足自身的学习需求。社区老年大学依托社区大学开办，经费主要来源于地方政府财政拨款、捐款以及少数学员缴纳的学费。社区老年大学覆盖范围广、普及率高、收费低、教育内容丰富，深受老年人欢迎，极大地促进了美国老年教育发展。参与社区老年大学的老年人，可以享受学费减免、校园咨询、课后辅导支持等服务，并尽量根据老年人的需求调整授课时间，以保障老年人能够更好地接受教育。[②] 同样地，老年中心、图书馆、博物馆、教堂、医院、银行、劳工组织、娱乐中心等机构也依托社区资源为老年人提供免费或收费的教育，一定程度上满足了老年教育的需求。[③]

（三）活动参与

在老年人活动参与方面，美国政府在提供政策支持的基础上，还

① 孙平、彭青云：《人口老龄化背景下美德老年人力资源开发经验及启示》，《中国人力资源开发》2016 年第 21 期

② Rogers A. , "International Perspectives on Older Adult Education：Research, Policies and Practice", *International Review of Education*, Vol. 4, No. 63, 2017.

③ 徐桂珍、彭娟：《美国和日本的老年教育对我国老年教育发展的启示意义》，《职教论坛》2016 年第 36 期。

积极鼓励社会为老年人参与社会活动提供各种支持，从而有效增进老年人社会融合及自身能力的发展，拉近老年人与社会之间的距离。

为鼓励和引导老年人更好地融入社区和社会，美国政府制定了《老年人志愿工作方案》《老年人社区服务就业法》等，为老年人在退休后继续参与社会提供政策保障。除了法律政策的支持以外，美国政府鼓励社会为老年进行社会参与提供各种支持。老年人不仅仅可以通过加入志愿服务组织，参与图书馆、学校或者社区组织的志愿服务活动，也可以参加专门的老年人志愿者团队，如退休老年志愿者计划、退休主管服务团等促进自身对社会的参与。[①] 老年人活动中心也是帮助老年人，特别是低收入老年人获取社会资源的重要平台。以康涅狄格州为例，目前康涅狄格州大约设有 160 个老年服务中心，各服务中心根据自身的志愿者队伍情况和掌握的资源成立不同的俱乐部，为老人提供休闲娱乐、教育培训、就业帮助等服务项目。[②]

第二节　德国老年社会保护和社会支持主要举措

德国是世界上社会保障最为发达的国家之一。德国在应对老龄化危机，为脆弱老年人提供保护的过程中，逐渐形成了具有自己特点的老年社会保护与支持政策。

一　经济保障

在保障老年人经济层面，德国政府的主要做法包括实行多层次养老保险制度，提供老年基本保障救助以及提供老年住房保障。

---

① Yokumk N., Wagnerd L., *The Aging Networks: A Guide to Programs and Services*, New York: Springer Publishing Company, 2011.

② 徐正平：《美国州及地方政府应对人口老龄化的启示借鉴——以康涅狄格州为例》，《发展研究》2011 年第 11 期。

表 6 - 2   **德国老年社会保护和社会支持主体政策**

经济保障	健康与医疗	养老服务	社会参与
养老保险制度 1. "三层次模式"养老保险模式 2. 最低养老金机制 3. 放宽养老金参保、领取年限 4. 女性劳动者优惠政策	医疗保险制度	长期护理保险制度 1. 《长期照护保险法》	老年就业 1. 就业保护立法 2. 推行就业培训
		老年护理救助 1. 《社会法典》	
老年基本保障 1. 《社会法典》	医疗救助	居家养老服务 1. 上门养老服务 2. 促进家庭照护	老年教育 1. 老年教育多元化
住房保障 1. 公共住房建设 2. 租金补贴政策 3. 住房合同储蓄模式		互助养老 1. 社区居家互助养老模式 2. "多代居"互助养老模式 3. 老人与青年人互助模式	活动参与 1. 《为70岁以上老人提供运动机会计划》

（一）养老保险制度

德国是世界上第一个实行社会保险制度的国家。社会保险制度作为德国社会保障体系中最核心的组成部分，在德国的反贫困治理进程中发挥了巨大作用。经过一个多世纪的发展，德国的社会保险制度已经相对完善，具体包括失业保险、养老保险、事故保险、医疗保险和长期护理保险这五大保险。其中，德国的养老保险制度在预防老年人经济贫困、维持老年人生活品质方面起到了极为重要的作用。

在人口老龄化日益严重、老年贫困持续困扰的背景下，德国政府自 20 世纪 90 年代开始，对养老保险进行了一系列改革，以期不断完善养老保险制度，促进养老保险的可持续发展，实现养老保险的持续基础保障作用。经过 2001 年和 2004 年的两次养老保险改革之后，德国的养老保险结构实现了转变，形成了"三层次模式"，包括第一层次的基本养老保险，包括法定养老保险、农民养老保险、特定职业的养老保险和"吕鲁普养老保险"；第二层次的补充养老保险，包括企业补充养老保险和"里斯特养老金"；第三层次的个人自愿养老保险。① 在"三层次模式"下，法定养老保险为参保者提供终身基本养老保障。但若是仅仅依靠法定养老保险，老年人的生活可能无法得到充足的保障，容易因为种种风险因素而陷入老年贫困状态。第二层次的企业补充养老保险和第三层次的个人自愿养老保险则为个人自主规划老年生活保障提供了更多的选择，成为保障老年生活的两大重要补充。此外，"吕鲁普养老金"和"里斯特养老金"享受政府较高的税收优惠和补贴，特别适合低收入的劳动者，对于低收入老年群体能够起到一种正向保障作用。②

针对老年低收入人群可能面临老年贫困的情况，德国政府实施了相应支持政策。德国通过建立最低养老金机制以及放宽养老金参保年限和全额领取条件对其提供收入支持。2003 年，德国引入了最低养老金计划，这一举措对于公共养老金较低的老年人及部分或完全失去工作能力的人员较为有利。此外，德国放宽了对于低收入老年群体领取全额养老金的要求，并缩短了低收入老年人的最低参保年限。这在一定程度上有助于低收入老年群体或者养老金待遇较低的老年人增加收入，应对贫困风险。

针对女性劳动者，养老保险实行了专门的优惠政策。女性的养老金水平可以因生育而提高，女性中断工作用来养育孩子的时间应当被并入缴纳公共养老保险的年限中；③ 从女性生育到子女 10 岁这一期间，公共养老保险按照平均收入的最高报酬点数为其计发养老金待

---

① 于秀伟：《从"三支柱模式"到"三层次模式"——解析德国养老保险体制改革》，《德国研究》2012 年第 2 期。

② 柳如眉、柳清瑞：《人口老龄化、老年贫困与养老保障——基于德国的数据与经验》，《人口与经济》2016 年第 2 期。

③ 贺赞：《社会保障制度视野下的就业性别平等——德国经验与中国实践》，《华南师范大学学报》（社会科学版）2014 年第 4 期。

遇；女性生育子女的数量与参保年限挂钩，1992 年以后生育的女性，每生育 1 个孩子奖励 3 年参保年限；对于加入了"里斯特养老金"的女性劳动者，生育孩子越多，获得的退税与补贴标准越高。

（二）老年基本保障

在人口老龄化加剧以及严峻的就业形势等影响下，养老金待遇较低、失业，甚至丧失工作能力的老年群体十分容易陷入贫困。而德国的社会救助作为一种"补缺型"制度，能够为低收入老年群体提供一道社会安全网。德国的社会救助可追溯至中世纪向贫困、患病者提供的慈善救济。1874 年德国颁布了《全国通用法律》，对国家扶贫济贫工作作出了具体规定。1881 年通过的《黄金诏书》提出了对年老出现经济困难者的救助。"二战"后，德国逐渐加强对于社会救助制度的立法工作，1942 年，针对政府救济，德国政府制定了法令并统一规定了公共救济的种类、程度以及资格条件。1961 年颁布的《联邦社会救助法》，规定了社会救助制度的一般原则。自 20 世纪 90 年代起，由于经济形势变化，社会失业、贫困等问题加剧，德国对社会救助制度进行了改革，2005 年施罗德政府提出了"社会救助改革方案"，根据改革方案，《联邦社会救助法》于 2005 年并入了《社会法典》。[①]

在德国的社会救助制度中，直接涉及低收入老年群体经济保障的救助主要是老年基本保障。《社会法典》第十二编的第四章规定了老年基本保障的相关内容：65 岁以上的老年人因受年龄影响而无法依靠劳动获得生活来源、摆脱物质困境的，可以依法向地方政府提出申请，获得老年基本保障待遇，保障待遇主要包括日常生活需要、暖气费用，医疗与护理等保险缴费以及养老机构的生活费用。[②]

（三）住房保障

德国住房政策的一项重要内容就是"向低收入阶层倾斜"，在保障低收入群体住房上，德国政府主要实行发展公共租赁房、实施房租

---

① 喻文光：《德国社会救助法律制度及其启示——兼论我国行政法学研究领域的拓展》，《行政法学研究》2013 年第 1 期。

② 刘冬梅：《德国老年福利制度研究》，《社会政策研究》2018 年第 2 期。

补贴以及住房储蓄等政策。

第二次世界大战之后，为缓解住房紧张问题，德国政府致力于公共住房建设，向低收入家庭、多子女家庭、老年人和残疾人等群体出租或者出售。德国对于公共租赁住宅的分配与居民收入挂钩，只有低于特定收入水平的家庭才能租住公共租赁住宅，各州根据当地收入水平和住房补助方案设置准入线。[①] 目前，德国的保障房包括两种模式：一种是政府主导模式，由各级政府运用建设基金建设公共福利住房；另一种是市场主导模式，当房地产商或个人的自有建设资金超过项目投资资金的 15% 时，可以申请政府的免息或低息贷款，其中低息贷款利率仅为 0.5%。[②] 对于政府自己建造的福利住房，政府确定房租；对于私人开发商投资建造的公共住房，必须有一定比例的住房出租、出售给低收入家庭，而政府控制其房租的上限。[③]

租金补贴政策始于 1956 年，开始只在部分地区实施，1970 年开始推广至全国。该政策是保障低收入居民住房的主要方式，主要通过政府对低收入群体提供房租补贴进行。德国政府在《住宅补贴法》中明确规定，收入不足以租住恰当住房的公民可以向政府申请住房补贴，补贴金额由实际住房所需租金与家庭可承受租金的差额决定，其中家庭可承受租金一般为实际家庭收入的 25%，但是会进行动态调整。[④] 补贴金额由联邦政府和州政府各承担一半，补贴时间可长达十五年，十五年以后则需要根据家庭的实际收入进行调整。[⑤]

[①] 姚玲珍、张小勇：《德国公共租赁住宅体系的剖析与借鉴》，《消费经济》2009 年第 25 期。

[②] 薛德升、苏迪德、李俊夫、李志刚：《德国住房保障体系及其对我国的启示》，《国际城市规划》2012 年第 27 期。

[③] 刘友平、陈险峰、虞晓芬：《公共租赁房运行机制的国际比较及其借鉴——基于美国、英国、德国和日本的考察》，《建筑经济》2012 年第 3 期。

[④] 盛光华、汤立、吴迪：《发达国家发展保障性住房的做法及启示》，《经济纵横》2015 年第 12 期。

[⑤] 梁云凤：《德国经验系列报告之七 德国的保障房制度及对我国的启示》，《经济研究参考》2011 年第 61 期。

住房合同储蓄模式是德国政府解决中、低收入群体住房问题的特有金融手段。住房合同储蓄模式最早源于英国，后来德国引进住房合同储蓄模式用于为小规模购建居民住房提供贷款，之后得到不断的发展、完善。实质上，住房合同储蓄模式是个体家庭间的自助和互助合作，整合购建住房资金。德国政府在《住房储蓄银行法》中规定，住房储蓄银行等专业性银行负责住房储蓄事务，为获得住房贷款，储户与住房储蓄银行签订储贷合同，当储蓄金额达到一定比例之后，可以进行贷款。[1] 住房合同储蓄模式的存贷款利率不受资本市场供求关系影响，从而降低了购房者的利率风险。此外，德国政府对于首次参与住房储蓄的中低收入家庭和个人，实行储蓄奖励和购房奖励等。其中，储蓄奖励通过住房储蓄奖金实现，主要包括住房储蓄奖、员工资金积累和员工储蓄奖；购房奖励金额为储户住房储蓄合同总额的 14%。[2]

二　健康与医疗

德国政府在保障老年人健康与医疗需求方面的主要做法包括建立医疗保险制度和实行医疗救助，这两项措施在保障老年人医疗需求、促进老年人健康方面发挥着十分重要的作用。

（一）医疗保险制度

德国医疗保险制度以法定社会医疗保险为主、私人医疗保险为辅。社会医疗保险制度通过国家立法强制实施，要求雇主和雇员各自缴纳一定比例的保险费来建立社会保险基金。经济收入不同的参保人，缴纳的保险费不同，但是享受的医疗保险服务一样，一定程度上实现了高收入与低收入群体之间的互助共济，体现了社会医疗保险的

---

[1]　盛光华、汤立、吴迪：《发达国家发展保障性住房的做法及启示》，《经济纵横》2015 年第 12 期。

[2]　徐悦：《德国中低收入家庭住房金融支持及其对中国的启示》，硕士学位论文，西南财经大学，2011 年。

公平性。[1]

（二）医疗救助

德国的医疗救助作为社会救助的重要组成部分，没有形成自身独立的制度，而是在医疗保险的框架下来解决弱势群体的医疗问题。德国医疗救助的覆盖对象主要包括低收入或贫困人群，因医疗支出而遭受贫困风险的低收入家庭和特殊困难家庭，以及高龄、残疾、生育等特殊需求者。德国根据家庭收入、医疗费用支出确定救助对象，并且对受助对象实行动态管理，当受助对象的收入超过一定水平之后会被排除在医疗救助之外。医疗救助的资金主要由政府财政承担，其中联邦政府承担 25%，市政府承担 75% 的救助资金。医疗救助采用的形式主要是政府资助受助者参保、补贴医疗支出和提高报销水平等。对于参加医疗保险存在困难的人，医疗救助提供一定的资金帮助；对于特殊困难家庭，高龄、残疾、生育等特殊需求人群，救助标准较一般标准高 30%—50%。[2] 医疗救助内容包括预防性健康救助、疾病救助、计划生育、孕产救助、需要长期或特殊重症护理救助等。[3]

三 养老服务

随着老龄化程度不断加剧，老年人对于养老服务的需求不断提高，德国政府实施了一系列积极的政策并进行了实践。在保障老年人养老服务举措中，长期护理保险制度、护理救助、居家养老服务以及互助养老模式的探索都发挥着不容忽视的作用。

（一）长期护理保险制度

德国是世界上较早实施长期护理保险制度的国家之一。德国老年长期护理保险制度在保障低收入老年群体方面发挥着重要的作用，还

---

① 石祥、周绿林：《国外弱势群体医疗救助制度对我国的启示》，《中国卫生经济》2007 年第 11 期。

② 薛秋霁、孙菊、姚强：《全民医保下的医疗救助模式研究——英国、澳大利亚、德国的经验及启示》，《卫生经济研究》2017 年第 2 期。

③ 李志明、邢梓琳：《德国的社会救助制度》，《中国民政》2014 年第 10 期。

为其他国家建立长期护理保险制度提供了重要参考。1994年，德国联邦议院颁布了《长期照护保险法案》，确立了长期照护保险制度。当前，德国的长期照护保险主要包括社会和商业长期照护保险两大类。根据《长期照护保险法》的规定，凡是收入低于参加社会医疗保险门槛的公民，都必须参加社会长期照护保险，社会长期照护保险覆盖了德国92%的总人口；商业长期照护保险则属于"自愿投保"，大约覆盖了7%的总人口，[①] 德国的老年护理保险基本覆盖了社会各阶层成员。社会长期护理保险的资金由政府补贴、雇主以及雇员的缴费共同构成，对于低收入者的保费，国家给予适当的减免。德国的老年长期护理制度在满足老年护理需求的同时，也减少了老年低收入群体购买护理服务的费用，有效减轻其经济负担，从而缓解因担负保费而引起的老年贫困。

（二）老年护理救助

《社会法典》第十二编第七章规定了护理救助的相关内容：难以负担护理费用，以及无法获得充分护理待遇的个人，可以申请护理救助。护理保险制度建立后，护理救助与其共同保障老年护理需求，德国的护理保险承担个人70%的护理费用，对于无法完全负担个人自付部分费用的低收入老年，护理救助为其提供帮助，以防贫困老人因日益高涨的护理费用陷入贫困。护理救助的服务形式主要包括提供服务或津贴，服务内容包括居家护理、辅助器具、半机构护理、短期护理和机构护理等。[②]

（三）居家养老服务

在居家养老方面，德国政府积极探索上门养老服务，即老人可以在家享受上门服务，上门服务产生的护理费用由护理保险承担。德国上门养老服务的一项特色做法是"储蓄时间"，鼓励民众通过"储蓄时间"获得居家养老和社区养老的上门护理时间。政府制定"储蓄时

---

① 刘晓梅、李蹊：《德国长期照护保险供给体系对我国的启示》，《学习与探索》2017年第12期。

② 刘冬梅：《德国老年福利制度研究》，《社会政策研究》2018年第2期。

间"主要为解决长期照护人员短缺问题,规定在德国凡年满 18 周岁的公民通过培训之后,可以申请对老年人提供免费的照料服务,由社区及相关机构记录其相关的照料时间,积累的照料时间用于未来个人的照料服务时间。这项计划受到了德国民众的欢迎,也缓解了德国照护人员短缺的问题。[①] 在促进家庭成员照顾老年人方面,德国政府为激发家庭在赡养老人方面发挥更大的作用推行了一系列的相应福利政策,例如减免赡养老人的家庭部分税收。[②]

(四)互助养老

随着老龄化程度的不断加深,为更好地解决老年人养老问题,保障老年人晚年生活,德国政府积极探索互助养老发展。德国的互助养老模式主要可以分为三种:1. 社区居家互助养老模式。德国积极推广社区居家互助养老模式,鼓励生活在同一社区内的老年人自愿形成生活互助、照顾互助,鼓励年龄较小、自理能力较强的老年人照顾高龄、自理能力差的老年人。[③] 2."多代居"互助养老模式。"多代居"互助养老模式打破了传统血缘关系养老的模式,形成了非血缘关系的社会型互助养老模式。这种模式不同于常规的社会化养老机构,而是一种新型的社会邻里关系。多代居将不同年龄的家庭住户聚集在同一个公寓,为社区居民提供能够相互交往和交流的平台,从而形成互助关系,老年人能够通过邻里帮助和互动交流得到生理帮助和心理慰藉等老年服务。[④] 例如,在多代混合公寓中,老年人可以为年轻人提供住房、帮助家长适当照顾孩子等,年轻人为老年人提供适当援助。多代居项目主要有四个特点:一是法律支持:以法律形式规定了住户的

① 包世荣:《国外医养结合养老模式及其对中国的启示》,《哈尔滨工业大学学报》(社会科学版)2018 年第 20 期。

② 郭廓:《德国社会保障制度改革对中国城镇化进程中失地农民社会保障体系完善的启示》,《世界农业》2018 年第 5 期。

③ 何茜:《国外互助养老模式对我国农村地区养老的借鉴与启示》,《农业经济》2018 年第 6 期。

④ 乔琦、蔡永洁:《非血缘关系的多代居——德国新型社会互助养老模式案例及启示》,《建筑学报》2014 年第 2 期。

权利和义务，即住户享受他人提供的帮助，也要对他人负有应尽的责任；二是自由选择：住户自身有选择继续参与或退出多代居项目的自由，对于新加入成员有同意或否定权；三是户型灵活：户型根据住户的使用要求设计，以满足不同年龄段住户的不同需求；四是空间互动：公寓设计足够的空间用以住户的日常交流和互动，以更好地促进住户之间的互帮互助。[①] 3. 老人与青年人互助模式。德国的相关部门提出构建老人与青年群体之间的互助模式：独居老人为因住房紧张或高昂的租房费用而无法租到合适公寓的青年人提供免费住处。这种互助模式下，独居老年人的养老问题在一定程度上能够得到解决，青年人的住房问题也能得到缓解。[②]

四 社会参与

德国老年人社会参与主要包括老年就业、老年教育和活动参与三方面。为促进老年社会参与的发展，保障老年人更好地融入社会，实现自身价值，提高晚年生活质量，政府采取了一系列政策和措施。

（一）老年就业

促进老年人就业和再就业对于增加老年人经济收入，维持生活具有重要的意义，德国政府在促进老年人就业以及实施老年就业保护上制定了一系列政策措施，主要包括健全老年人就业保护立法以及推行就业培训等。在老年人就业保护立法方面，德国出台了促进老年人就业以及防止老年人就业歧视的政策法规，涉及老年就业者劳动关系的建立和劳动关系的解除：除特殊职业外，企业在招聘中不允许存在年龄歧视现象。[③] 2006 年颁布的《一般平等待遇法》明确规定，禁止培训以及招聘出现直接或者间接的年龄歧视行为。此外，为更好地解决

---

① 武萍、周卉、赵越：《中国家庭养老方式的社会化机制研究——来自德国的启示》，《辽宁大学学报》（哲学社会科学版）2016 年第 44 期。

② 何茜：《国外互助养老模式对我国农村地区养老的借鉴与启示》，《农业经济》2018 年第 6 期。

③ 刘燕妮：《德国老年就业策略对中国城市老年就业的启示》，《齐齐哈尔大学学报》（哲学社会科学版）2015 年第 11 期。

企业的年龄歧视问题，推动 50 岁及以上老年劳动者就业，德国政府于 2005 年提出了"50 ＋"计划：一方面，积极鼓励 50 岁以上的老年劳动者从事低于失业前工资待遇的工作，对于这部分老年群体，社会福利部门及失业保险对其支付一定比例的补偿；另一方面，政府通过各种奖励措施、优惠政策、补贴，鼓励企业为趋于弱势的老年就业群体提供一定数量的工作岗位，提供职业保障。① 该计划还针对老年长期失业者提供就业援助，为老年失业者提供转岗培训、经济援助以及心理援助。② 在老年人就业培训方面，2002—2005 年，德国政府逐步推行了哈茨改革，强化了就业服务：实行"培训券"制度，德国就业服务局给失业者发放代金券用以自由选择培训项目，老年劳动者可以学习一定所需的专业技能，或者获得一般职业资格认证；针对 50 岁及以上的失业人员或者遭受失业威胁的员工，每月给予适当补助，补助额度为个人最后一次净收入的 50％。③ 此外，政府机构通过政府购买的方式向失业者提供就业培训。④

（二）老年教育

德国政府十分重视老年教育，把老年教育作为终身教育的重要组成部分，主张老年教育执行主体多元化、教育内容多样化，主张老年教育的执行主体根据自身实际情况和特点设置教学模式和教学内容等。德国老年教育的机构主要有一般大学、民众高等学校、高级技术学校、工会、教会和老年俱乐部等。其中，绝大部分的德国大学都向老年人开放，为老年人提供教育服务。除少数几个报名受限制的专业之外，几乎所有大学专业都向老年人开放。老年大学还开设专门针对

---

① 钟仁耀、马昂：《弹性退休年龄的国际经验及其启示》，《社会科学》2016 年第 7 期。

② 刘燕妮：《德国老年就业策略对中国城市老年就业的启示》，《齐齐哈尔大学学报》（哲学社会科学版）2015 年第 11 期。

③ 孙平、彭青云：《人口老龄化背景下美德老年人力资源开发经验及启示》，《中国人力资源开发》2016 年第 21 期。

④ 杨斌、丁建定：《国外就业保障的发展及对中国的启示——以美国、英国和德国为例》，《理论月刊》2016 年第 5 期。

老年人的特殊课程，老年人可以根据自身实际需求选择课程进行选修；民众高等学校主要开设讲座和资格证考试辅导课程，且学费低廉，课程实用性强；高级技术学校为失业老年人、提前退休老年人等提供职业技术培训，帮助这些老年人再就业；工会针对本工会老龄会员进行职业培训；教会和老年俱乐部的老年教育主要以艺术和休闲内容为主，从而丰富老年人的精神生活。[①]

（三）活动参与

德国政府积极鼓励老年人参与活动，例如德国把每个公民都有机会参加体育活动作为大众体育政策的一项基本原则，并且推出多项计划来落实这个政策。德国奥体联与德国家庭、老人、妇女和青年部共同推出了《为70岁以上老人提供运动机会计划》，以满足高龄老人体育运动需求，促进高龄老人健康。[②]

第三节　日本老年社会保护和社会支持主要举措

日本作为全球老龄化程度最严重的国家，长期以来，面临着老龄化、高龄化、少子化问题以及老年脆弱保护的挑战。随着日本社会老龄化、高龄化、少子化的不断加剧，为了更好地保护和支持老年人，日本采取了一系列措施。

一　经济保障

针对不断加剧的老年贫困问题，日本政府不断完善本国的社会保障制度，探索老年反贫困治理政策，从而更好地为低收入老年提供保障，主要政策包括实施公共年金制度和提供住房保障。

---

① 焦佩：《从积极老龄化看终身教育中的老年教育转型》，《中国成人教育》2016 年第 4 期。

② 吴开霖：《美、日、德三国老年人体育政策历史演进对我国的启示》，《当代体育科技》2018 年第 8 期。

表6-3 　　　　　　　　　日本老年社会保护和社会支持主体政策

经济保障	健康与医疗	养老服务	社会参与
公共年金制度 1. 国民年金保险 2. 厚生年金保险	医疗保险制度 1. 职域保险 2. 地域保险 3. 老年人医疗保险	介护保险制度 《护理保险法》	老年就业 1.《老年福利法》 2.《老年人就业稳定法》 3.《雇用保险法修订案》 4. 老年人才中心 5. 奖励措施
住房保障 1. 公共租赁房 2. 住宅建设和改造支持	推动健康老龄化 1.《老人保健法》 2. "健康日本21计划"	居家养老和机构养老服务 1. 上门服务、日托服务和短期托老服务 2. 家庭照护促进措施 3. 护理型、特殊护理型和低收费型养老院	老年教育 1.《生涯学习振兴推进整备法》 2.《振兴终身学习的措施》 3.《平成17年度文部科学白书》 4. 老年教育主体多元化 5. 老年教育活动
		推进建设以社区为单位的综合性服务体系 建立"地区综合援助中心"	活动参与 1.《高龄社会对策基本法》 2. "老人俱乐部" 3. "活力健康80岁计划"

（一）公共年金制度

日本的公共年金制度包括国民年金保险和厚生年金保险两个层次。日本是较早建立国民年金制度的国家。1942年，日本建立了针对男性工人的劳动保险制度，1944年，建立了厚生年金保险制度，纳入了女工和工厂负责管理的劳动者。[①] 1959年，日本政府制定了《国民年金法》，1961年建立了国民年金制度，1985年通过修改《国民年金

---

① 梁宏志、张士斌：《中日韩公共养老金制度及其改革比较研究——基于覆盖城乡社会养老保障制度的视角》，《当代世界与社会主义》2011年第5期。

法》，扩大了保险的覆盖面，国民年金制度成为了全体国民参加的社会养老保险。日本政府规定 20—60 岁的日本居民（包括在日本居住满 1 年的外国人）必须参加国民年金制度，且国民年金保险设定了全国统一的缴费标准，因此又被称为基础养老金。国民年金规定全额缴费满 40 年的参保者可以领取全额养老金，缴费年限不满 40 年或未全额缴费的参保人相应降低其国民年金保险待遇。存在身体障碍群体、生活困难群体以及接受最低生活保障的群体，可以获得保险金法定免除；低收入群体可以申请免除缴纳养老金，免除期间的养老金收入为通常养老金收入的 50%。①

为了更好地保障低收入老年人的生活，2015 年日本政府主要为 1130 万的低收入老年人提供了 3624 亿日元作为"临时福利给付金"，一次性发放给每个低收入老年人 3 万日元补助。② 2016 年，日本颁布了《无年金对策法案》，减少缴纳年金保费的最少年限。这些措施有效缓解了低收入老年人群的养老保障问题，有助于减轻老年人陷入贫困的风险。

厚生年金保险是在国民年金保险的基础上设立的，按照薪酬比例计算缴费水平和待遇标准，企业与个人各负担一半的保险费用。厚生年金保险的覆盖对象主要是民间企业劳动者、国家公务员、地方公务员以及私立学校教职员工等存在雇佣关系的劳动者。厚生年金的参保者能够在领取国民年金的基础上，根据其薪酬水平和参保年限等条件，再领取厚生年金。③

（二）住房保障

发展公共租赁房是解决中低收入家庭住房困难，保障其住房需求的一项重要做法。日本的保障房主要由公营住宅、公团住宅和公社住

---

① 刘晓梅、满清、西萌：《从救助到保险：最低养老保障的国际经验》，《中国劳动》2014 年第 7 期。

② 「年金生活者等支援臨時福祉給付金」の実施について，https://www.mhlw.go.jp/topics/2016/01/dl/tp0115 - 1 - 13 - 06p. pdf。

③ 张建、钟丽：《日本公共年金制度运营现状及其对我国的启示》，《长白学刊》2017 年第 2 期。

宅组成，其中公营住宅是面向中低收入家庭进行供应的租赁住宅，公团住宅主要面向城市中等以及中等偏下收入的家庭，公社住宅面向入社的员工。日本公营住宅制度根据 1950 年颁布的《生活保护法》和 1951 年颁布的《公营住宅法》形成。1959 年，公营住宅制度开始针对住房困难的老年人实行优待，授予老人家庭参与对公营住宅分配的抽签竞选的资格。1964 年，日本政府发布了《关于老人家庭公营住宅建设》，规定公营住宅应照顾老人需求，优先安排老人家庭入住。1972 年以后，日本政府提出公营住宅建设应安排一定比例的老人住宅，并根据入住老人的经济收入情况减收房租。1980 年，日本政府修改《公营住宅法》，认可 60 岁以上单身老年男子和 50 岁以上老年单身女子入住公营住宅的权利。[1] 公营住宅的负责主体是地方政府的都道府县或市町村，建设资金来源于税款。对于特别贫困人群、低收入老人家庭、母子家庭和残疾人家庭，公营住宅制度给予特别照顾。公团住宅主要兴建在大都市圈，运作资金主要来源于都市整备公团的注册资金（3/4 由中央政府承担，1/4 由大都市地方政府承担）、政府的财政性贷款（如保险金等）、民间机构贷款、金融公库贷款、债券融资、土地开发收入、房租收入以及政府的租金补贴和利息补贴。[2]

对于老年住宅建设和改造，日本政府通过补助和贷款的形式提供支持。例如，政府对自行增建老年住宅的每户家庭增加 150 万日元贷款；针对在住宅增设老人所需设备的家庭，政府为每户提供 100 万日元贷款。此外，日本政府对公营、民营等住宅开发公司建造适合老年人居住的租赁住宅进行鼓励和补助。2011 年，日本政府修订了《老年人住宅法》，[3] 规定为建设以及改建老年住宅的企业提供资金补贴，

---

① 周建高：《日本公营住宅应对老龄化的举措》，《国家行政学院学报》2015 年第 4 期。

② 刘友平、陈险峰、虞晓芬：《公共租赁房运行机制的国际比较及其借鉴——基于美国、英国、德国和日本的考察》，《建筑经济》2012 年第 3 期。

③ 张天宇：《从日本老年住宅的发展看如何建立我国老年居住体系》，《工业建筑》2011 年第 41 期。

并为老年住宅配套相关护理服务项目。[①]

二 健康与医疗

随着高龄化问题的加剧，老年健康问题逐渐突出，存在医疗需求的老年人数量不断增多，成为日本政府的一大挑战。同时，老年人医疗费用不断增加，低收入老年人很可能因高昂的医疗费用而产生贫困。日本政府颁布了一系列政策保障低收入老年人的医疗需求，以更好地保障、促进老年健康。

（一）医疗保险制度

1922 年，日本政府颁布了《健康保险法》，并以此为根据创立了日本医疗保险制度。1927 年，医疗保险制度全面实施，1958 年颁布《国民健康保险法》，实施覆盖全民的医疗制度。1961 年之后，日本医疗保险执行强制公立保险制度，覆盖所有日本居民。目前，日本的公共医疗保险分为三种类型：职域保险，地域保险（国民健康保险）以及老年人医疗保险。[②] 其中，职域保险包括雇用者保险（包括面向企业在职职工的一般雇佣者保险和特定雇用者保险）和自营者保险；地域保险主要面向农民、个体经营者和物业人员；后期老年人医疗保险也就是长寿医疗保险，是日本政府针对 75 岁以上老年人以及 65—75 岁的残疾老年人于 2008 年制定的。后期老年人医疗保险由地方后期高龄者医疗广域联合来管辖，保险费用主要由国家、企业和个人共同承担，针对老年群体，这项制度依照低收入老年群体少缴费的原则，[③] 努力减轻低收入老年人的负担。

（二）推动健康老龄化

为促进全民健康，实现健康老龄化，日本政府积极制定政策措

---

① 王方兵、吴瑞君、桂世勋：《老龄化背景下国外老年人住房发展及经验对上海的启示》，《兰州学刊》2014 年第 11 期。

② 田香兰：《日本医疗护理供给制度改革与医疗护理一体化》，《日本问题研究》2017 年第 31 期。

③ 丁英顺：《日本高龄老年人医疗制度改革及启示》，《前沿》2016 年第 7 期。

施。1978 年，日本政府推出了国民健康运动计划，旨在提高民众的健康意识，并致力于普及健康知识；1982 年，日本政府颁布实施了《老人保健法》，强调以预防保健为主，医疗为补充。该法针对 40 岁以上的民众更多强调以保健来预防疾病，旨在强调病前预防和保健，从而降低老年人的发病率，降低医疗费用，减轻个人负担以及国家的医疗开支。65 岁以上的有障碍的老年人有权享受医疗保险，报销额度由个人、医疗保险账户和国家共同负担，其中个人承担以外的其他部分由国家财政和医疗保险账户承担。[1] 1988 年，日本实行第二次国民健康运动计划，旨在促进民众健康运动习惯的养成，并大力推动"从婴幼儿到老年人"的健康体检保健辅导体制；1989 年，制定"黄金计划"，重点在于推动老年保健福利发展，并积极推动老年人社会福利设施的发展；1994 年，颁布"新黄金计划"，以增设各种保健设施，为老年人提供健康教育和健康运动的场所为重点；1999 年，制定"黄金计划 21"；2000 年，颁布"健康日本 21 计划"，将延长国民的"健康寿命"作为基本目标；2002 年，制定《健康增进法》，为推动国民健康提供了法律保障；此后在第二届"健康日本 21 计划"（2013—2022 年度）草案中，日本政府制定了"延长健康期望寿命"的目标。[2]

三　养老服务

对于社会而言，社会养老保障是重要的稳定器。对于老人而言，养老服务的有效供给是幸福感、获得感提升的重要途径。日本政府对老年人养老服务需求的保障，主要通过介护保险制度、居家养老和机构养老发展以及以社区为单位的综合性服务体系发展来体现。

（一）介护保险制度

日本的长期护理保险制度又称为介护保险制度。1995 年，日本

---

① 王曼：《北京市老年群体的反贫困政策研究——以北京市西城区为例》，硕士学位论文，北京化工大学，2015 年。

② 丁英顺：《日本推动健康老龄化的经验及启示》，《河南社会科学》2014 年第 22 期。

政府提出了"关于创建护理保险"的议案，1997 年，众议院和参议院通过了《护理保险法》，2000 年开始强制实施护理保险政策。① 护理保险规定年满 40 周岁以上的国民均须参加，其中 65 岁以上的日本国民为第一类被保险人，只要存在长期护理需求即可无条件地接受保险服务，40—65 岁的人群为第二类被保险人，只有因病产生护理需求时才能享受护理服务。② 被保险人被认定符合享受介护保险服务的条件并达到法定等级，可以获得相对应的介护服务。参保人在接受护理保险制度提供的护理服务时，只需承担总费用的 10%，政府承担保险费用的 50%，护理保险费提供 40%。此后，日本政府分别于 2005 年、2008 年、2012 年以及 2015 年根据社会经济情况不断对其进行修订、改革。其中，改革的一大方向就是保障护理保险的公平性，提高收入较高人群的保费承担比例，减轻低收入群体的保费负担，并增加公共费用对这部分人群保费的补贴。2015 年，日本政府调整了护理保险制度的个人承担比例，对于年收入超过 280 万日元的个人以及年收入超过 346 万日元的夫妻，提高其护理保险的承担比例，而低收入人群的负担比例为 10%。③ 此外，对于生活贫困、无法维持最低限度生活而接受生活救助的老年人，护理救助制度全额承担其接受居家护理服务所产生服务费用的 10%（护理保险承担剩余的 90%）；对于老年人接受护理机构提供的护理服务时所产生的费用，护理救助制度和个人共同承担，并根据个人收入考虑个人承担比例。④

（二）居家养老和机构养老服务

目前，日本的养老模式主要分为居家养老和机构养老两类。从 20

① 息悦、郭思佳、李洋、张磊、马静松、崔丽君、梁超、李慧婷、巴婧翀、刘建春：《人口老龄化视角下多国护理保险制度综合比较及启示》，《中国卫生经济》2017 年第 7 期。

② 高春兰：《老年长期护理保险中政府与市场的责任分担机制研究——以日本和韩国经验为例》，《学习与实践》2012 年第 8 期。

③ 丁英顺：《日本老年贫困现状及应对措施》，《日本问题研究》2017 年第 4 期。

④ 王杰领：《国外护理救助发展现状与中国的探索》，《社会福利》（理论版）2018 年第 6 期。

世纪 80 年代开始，日本大力发展居家养老服务。1986 年，政府修订了《老年福利法》，规定居家养老服务的负责主体为市町村，各地区应根据老人实际情况和当地财政状况，开展多样化的特色老年服务。居家养老服务费用由国家承担 50%，都道府县和市町村各承担 25%。日本的居家养老服务主要包括上门服务、日托服务和短期托老服务三大支柱，此外还包括日常护理用品借贷、送餐、上门洗浴、家庭病床等多样化服务。其中，上门服务一般由市町村级政府委托给社会福祉协会进行，服务费用由国家、都道府县、市町村、个人按一定比例负担。服务对象主要包括因身体障碍或精神障碍导致生活不能自理的老年人，服务内容主要包括洗浴护理、协助翻身等护理型服务，帮助老年人洗衣服、做饭等家务劳动以及精神慰藉等。上门服务规定了一周的服务时间上限，一周的服务时间不能超过六天，每天的服务时间上限为 4 个小时，一周不超过 18 个小时。短期托老服务主要为因生病、出差、意外事故、遭受灾难、工作调动、生育等特殊情况暂时不能照料卧床不起、瘫痪老人的家属提供。一般来讲，短期托老服务的护理时间不能超过七天，但是可以申请延长。日托服务开始于 1979 年，主要为身体虚弱的居家老人提供每周 1—2 次的托老所专车接送，收取老年人部分成本费用。托老所一般由养老院或老年福利中心设立、运营，主要包括洗浴、提供三餐、帮助日常锻炼、生活指导等服务。从 1989 年开始，托老所针对不同身体状况的老年人，提供不同的照顾服务。日常生活用品的补助和发放是针对瘫痪老人及独居老人提供日常生活用品的免费借贷及发放服务，需要老人或其家属提出申请并接受核查。日常生活用品发放和借贷的费用根据老人的收入设置不同负担比例，低收入老年人免费获取或借贷。①

此外，为鼓励家人照顾老人，提供护理服务，日本政府制定、实施了许多政策和办法，以更好地发挥家庭在保障老人居家养老方面的

---

① 邵文娟、奚伟东：《浅析日本养老服务体系构成及启示——以日本护理保险建立前为核心》，《社会福利》（理论版）2018 年第 8 期。

作用，日本政府规定：对照顾 70 岁以上的低收入老人的子女实行减税；照顾老人的子女进行房屋修缮时可以得到贷款。2016 年 3 月，日本通过《年度预算和税制改革相关法案》，该法案规定，三世同堂家庭房屋进行改造时，可以得到政府给予的补助金，所得税也可以进行一定减免。[①] 对于护理老人的家庭成员，政府支付一定的"慰劳金"，以鼓励亲属为老人提供护理服务，同时也为老人家庭提供一定的经济保障。此外，日本为老年人在社区建立了多种服务设施，为老年人提供全方位的服务。

日本养老机构可以分为护理型养老院、特殊护理型养老院和低收费型养老院三种类型，低收入老人群体可以根据身体状况和经济条件选择护理型养老院和低收费型养老院。其中，护理型养老院主要覆盖经济困难或家庭居住条件不适合养老的老人；特殊护理型养老院的主要服务对象为因为身体或精神存在障碍而需要长期护理，且居家护理存在困难的老年人；低收费型养老院主要面向家庭困难或者住房有困难的老年人，入住此类养老机构的老年人需要缴纳相对低廉的费用。低收费型养老院主要分为三种：A 型设施——主要针对因居住环境或居住面积狭小等原因存在居家养老困难的低收入老年人，为其提供三餐服务；B 型设施——主要针对有自理能力且自己可以做饭的老年人；护理公寓型设施——主要针对没有自理能力的高龄低收入老年人。[②]

（三）推进建设以社区为单位的综合性服务体系

"地区综合关怀体系"一词最早出现在根据 2005 年修订的《护理保险法》而制定的《第 3 期看护事业计划》中。[③] 2011 年开始，日本政府陆续颁布了一系列法律，对护理制度进行了较大的改革，其中一

---

① 丁英顺：《日本老年贫困现状及应对措施》，《日本问题研究》2017 年第 4 期。

② 邵文娟、奚伟东：《浅析日本养老服务体系构成及启示——以日本护理保险建立前为核心》，《社会福利》（理论版）2018 年第 8 期。

③ 平力群、田庆立：《日本构建"地域综合照护体系"政策理念的提出及其制度化》，《社会保障研究》2016 年第 5 期。

项改革内容就是构建地区综合关怀体系，基于社区开展支援服务，整合医疗、护理、预防、居住、生活支援等服务。[①]

构建地区综合关怀体系，旨在为老年人提供方便的预防、医疗、康复、生活支援以及护理服务，使老年人尽可能地居家养老。地区综合关怀体系的重要措施之一就是建立"地区综合援助中心"，以此作为老年人相关服务的协调机制。按照规定，每 2 万—3 万人的区域建立一个"地区综合援助中心"，负责为这一地区的老年人提供综合的服务，制定、实施老年人护理与预防计划，保障老年人权利，建立老年人社区支持网络，最大限度地实现居住、生活支援、护理、医疗、预防、康复老年服务的整合。具体地说，主要包括：（1）保障老年人居家养老的意愿和尊严，保障其居住环境的安全性和隐私性，并为其提供住所改造咨询服务；（2）生活援助主要是在日常生活中，为老年人提供经济、家务和照料方面的帮助；（3）设置专业人员提供疾病预防、护理和医疗服务。预防服务主要针对身体健康的老年人，比如定期组织老年人脑中风预防活动；护理服务包括上门服务和日间照料服务；医疗服务包括为老年人提供上门医疗服务等。[②]

四　社会参与

日本老年人的社会参与渠道主要可以分为三类：（1）促进就业；（2）老年教育；（3）活动参与。为鼓励老年人积极参与社会，融入社会，日本政府针对这三个方面采取了一系列措施。

（一）老年就业

为保障老年人的就业和再就业，同时为提高低收入老年就业者的经济收入，更好地解决不断加剧的老年贫困问题，日本政府积极完善

---

① 陈竞：《日本护理保险制度的修订与非营利组织的养老参与》，《人口学刊》2009 年第 2 期。

② 汤梦君：《地区综合关怀体系：日本老龄护理制度改革的新趋向》，《社会福利》（理论版）2018 年第 5 期。

老年人就业的相关法律制度，制定了一系列关于促进老年人就业的法案，且根据实际情况和实际运行效果进行修改和调整。其中，比较具有代表性的包括《老年福利法》和《老年人就业稳定法》。1963 年，日本政府修订了《老年福利法》，明确说明应为有意愿且自身能力允许的老年人提供工作机会以及参与社会活动的机会，并且建议根据老年劳动者的个人意愿适当调整退休年龄。1971 年，日本政府制定并实施了《中老年人就业促进法》，首次将 60 岁确定为目标法定退休年龄，1986 年，该法案被更名为《老年人就业稳定法》，并于 1994 年进行了再次修订，此次修订使得 60 岁作为法定退休年龄的退休制度被正式地以法律法规的形式明确提出。此后，《老年人就业稳定法》不断根据运行中的实施情况进行修改。2013 年修改后的《老年人就业稳定法》，为老年人就业提供政策支持，有工作意愿的员工均能工作至 65 岁或以上年龄。2016 年，日本通过了《雇用保险法修订案》，对 65 岁及以上老年人继续实行雇佣保险制度，进一步保障老年人就业和再就业。除了颁布法律法规，日本政府还通过开设老年人才中心、实施各种奖励措施等政策支持老年就业。日本政府设立的老年人才中心，针对老年人特点为其介绍适合的工作，例如，"银发人才中心"专门为老年人开设就业服务，为老年人介绍合适的工作；对于试用、招聘老年人的企业，日本政府不仅为其发放"继续雇佣奖金"，给予一定补贴，还额外发放贷款；对于积极创业的老年人，政府发放老年人创业补助金。[①] 此外，针对退休后的高龄老年人，日本政府创办高龄者雇佣开发协会，开设各种职业技能及心理培训班，帮助高龄老人再就业。[②]

（二）老年教育

20 世纪 70 年代以来，日本政府在"终身教育"理念的指导下开

---

① 宋强、祁岩：《日本老年人力资源开发实践及启示》，《中国人力资源开发》2013 年第 19 期。

② 陈成文、孙秀兰：《社区老年服务：英、美、日三国的实践模式及其启示》，《社会主义研究》2010 年第 1 期。

始大力发展老年教育。1973 年以来，日本文部省开始开设老年人学习教室，在公民馆开设面向 60 岁以上老年的高龄者教室，主要开设医学、营养与食物、精神卫生、建立人际关系、晚年生活方式等教育内容。1978 年，日本政府实行了老年人才活用计划。1981 年，提出要促进老年人学习和参与社会活动。1989 年，日本开设了长寿学园，旨在培养老年教育活动的指导者。1990 年，日本颁布了《生涯学习振兴推进整备法》，简称"终身学习振兴法"，为开展和推广终身教育的相关活动提供法律保障。政府还通过制定《振兴终身学习的措施》来资助地方老年人的文化、教育、体育等活动。① 2005 年，日本文部省发表了《平成 17 年度文部科学白书》，提出应建造一个有活力的老年社会，努力为老年人提供学习机会。目前，日本老年教育的实施主体呈现多元化，行政部门、政府福利部门、教育机构、各类民间组织等都积极支持老年教育发展，满足老年人多样化的学习需求。教育行政部门主办有长寿学院、高龄者教室和公民馆等，其中公民馆是十分普遍的社会教育设施，教育内容丰富，老年人能够在公民馆中自主选择感兴趣的内容进行学习。福利行政部门主办有老年大学和老年人俱乐部，其中老年俱乐部是最早的老年教育形式之一，不同级别的福利行政部门采取不同形式主办老年大学。例如，兵库县老年大学"印南野学园"方式：老年大学提供课程学习和各种课外活动；东京都世田谷区老年大学"世田谷方式"：老年学员在教师的指导下，经过班级学习活动和交流互动，培养老年人的持续学习能力，增强老年人主动参与社会生活的信心。② 高等教育机构主办有公共讲座、远程教育和放送大学等。民间组织主办有老年人寄宿所、老年人网站俱乐部、各种活动班和培训班等。此外，一些普通大学或学院在政府的财政支持下，开设老年教育内容，提供老年教育培训等。日本政府积极鼓励和支持老年教育各实施主体开展各种形式的老年教育活动，促进老年教

---

① 吕学静：《日本社会保障制度》，经济管理出版社 2000 年版，第 156 页。
② 徐桂珍、彭娟：《美国和日本的老年教育对我国老年教育发展的启示意义》，《职教论坛》2016 年第 36 期。

育发展。例如，日本文部科学省奖励社会教育机构开设面向老年群体的学习班和讲座，鼓励其积极开展青、老年之间的交流活动；在政府的推动和支持下，公民馆开设了大量的老年讲座，为老年人提供包括能力培养、技艺培养、体育健身、职业知识及技术、家庭教育与家庭生活等在内的内容讲解。[1] 老年教育办学形式的多样化为老年人的学习提供了很多便利，提高了老年人的学习积极性，丰富了老年人的精神生活，也极大地促进了老年人之间的互动和交流，促进了老年人的社会参与与社会融合。

（三）活动参与

日本政府鼓励老年人积极参与各项社会活动，进行社会互动。例如，日本政府招募并培训具有专门知识和技能的 60 岁以上老年人才，派遣其担任儿童会、青年小组、妇女学校等各种社会教育活动的指导者；[2] 政府鼓励有丰富经验和知识，且退休后仍希望工作的 60—70 岁老年人继续工作，鼓励 70—80 岁的中龄老年人在社区内发挥余热，进行幼儿园儿童和老人们的互动活动等；[3] 针对高龄老年群体，日本政府于 1995 年颁布实施了《高龄社会对策基本法》，规定从老年人就业、教育、社会活动参与、生活环境改善等方面进行适合高龄社会需求的调整。为更好地促进老年人之间的交流互动，政府建立了"老人俱乐部"，并建立"长寿社会开发中心""光明的长寿社会促进机构"，以保障"老人俱乐部"的发展。[4] 1989 年，日本政府出台了"活力健康 80 岁计划"，为老年人群体普及健康的生活习惯和运动形式。日本政府还要求各大城市建立社会体育服务中心，且充分考虑老年人群体的身体状态、活动特点和其他年龄段群体的体育活动需求，建设和维持费用均由政府全额承担。面向老年人，体育服务中心所有

---

① 孙慧佳、顾岩峰：《日本终身教育的特征》，《中国成人教育》2011 年第 13 期。

② 陈璐：《日本老年教育发展及启示》，《成人教育》2015 年第 35 期。

③ 丁英顺：《日本老年人再就业探析》，《中国人力资源社会保障》2014 年第 5 期。

④ 陈成文、孙秀兰：《社区老年服务：英、美、日三国的实践模式及其启示》，《社会主义研究》2010 年第 1 期。

的公共体育设施提供免费服务。老年人可以凭借政府颁发的相关证明，参加体育服务中心开放期间的社会体育活动，并接受专业的体育指导。[①] 在老年人志愿活动参与方面，政府通过志愿者中心对老年人的志愿者活动展开咨询、宣传、组织与支援等。

第四节　国外老年社会保护与社会支持的经验启示

通过梳理美国、德国和日本三个国家主要的老年社会保护和社会支持的政策和实践经验，我们可以从中得到一些启示，为我国老年社会保护和社会支持实践提供一定的借鉴。

第一，构建多层次、多元化的老年保护与支持政策。老年人不仅面临着物质上的、经济上的贫困风险，而且在医疗健康、养老服务以及社会参与等方面也存在需求。纵观美国、德国和日本的老年社会保护和社会支持政策，任何一个国家应对老年问题都不只是依靠某一项措施。三个国家的老年社会保护和社会支持政策具有多样性，保障范围具有广泛性，涉及了绝大部分老年人的经济、养老、医疗、住房、就业、教育等多个方面。目前我国的困难家庭老年问题呈现多样化，政府在制定老年社会保护和社会支持政策时，应当注意政策的多元性以及政策保障范围的广泛性，从而更好地为老年群体提供保障，避免老年脆弱问题的出现。

第二，完善社会保障制度。美国、德国和日本提供老年人社会保护和社会支持的重要手段之一就是提供社会保障制度。目前，美国、德国和日本都已经形成了较为完善的社会保障制度：美国老年人的社会保险制度主要包括养老保险和医疗保险政策；德国形成了"三层次模式"养老保险体系，建立了长期护理保险来满足老年人对护理服务

---

① 唐绪明：《日本社会体育政策解读及对我国全民健身的启示》，《南京体育学院学报》（社会科学版）2017 年第 31 期。

的需求；日本主要是通过国民年金、护理保险和高龄老年人医疗制度等为老年人提供保障。在构建社会保险制度的同时，三国都制定了各种救助政策，以便为老年低收入群体提供最后一道安全网保障。中国应尽快完善社会保险制度，加强养老保险的基础保障作用，扩大护理保险对老年人的覆盖面，致力于建立充分体现社会公平的养老体系，保障全社会"老有所养"，为老年群体提供全方面的保障，避免出现老年群体基本生活、健康医疗以及护理服务需求无法保障的情况。此外，应借鉴三个国家的老年社会救助经验，加快建立健全社会救助体系，完善面向低收入老年群体的社会救助项目，从而与社会保险政策形成综合配套的保障机制。

第三，灵活安排保障制度。通过梳理美国、德国和日本的老年社会保护和社会支持政策可以发现，即使同一性质的保障制度，安排结构也具有分散性，针对不同群体的不同特征设置不同的制度安排，从而更好地保障每个老年人可以根据自己的实际情况享受保障服务。从美国、德国和日本的社会保险政策、社会救助制度等安排来看，老年人经济收入水平、健康状态、年龄等不同，享受的服务以及相关义务也不同。此外，保障政策随着具体阶段不断调整。我国应根据实际特征设计符合本国特点的政策，并灵活安排制度。

第四，加快相关法律建设。美国、德国和日本三个国家的老年社会保护和社会支持工作，大多都在法律的支持、推动之下进行。我国在老年社会保护和社会支持的工作进程中有必要借鉴国际经验，需要修订完善老年社会福利制度，更加重视老年人各方面权益的法律强制保障，通过法律政策明确老年群体的各项合法权益，为老年经济保障、健康医疗、养老服务、社会参与建设和发展创造条件，提供强有力的法律支持，从而更好地推动老年人社会保护和社会支持进程发展。

第五，充分发挥社会力量的作用。通过学习和借鉴美国、德国、日本三个国家在老年社会保护和社会支持方面的先进经验，可以发现，老年经济保障、医疗健康保障、养老服务和社会参与的发展离不开政府的引导、支持。但是，也应注意到社会的支持作用，尤其是社会组织的力量。我们应结合国情，积极培育、支持社会组织，引导社会组织参与到老年社会保护和社会支持中来，为老年人提供更多更有效的支持措施。

第七章 政策建议

第一节 托底性社会政策支持系统

一 目标优化

在目标优化维度，为更好地促进社会救助体系发展，应坚持兜底线与促发展的统一，明确社会救助功能定位。

（一）坚持兜底线与促发展的统一

社会救助的总体目标定位是托底线、救急难，保障救助对象的基本生活。但是，社会救助在托住社会保障底线的同时，还应注意到社会救助体系中的就业救助和教育救助等项目带有一定的增能力与促发展功能。社会救助应兼顾受助对象的生存需求和基本发展需求，坚持托底线与促发展的统一。[①] 在实践的过程中，我国的社会救助制度建设一方面要为受助对象提供生存保障，另一方面，应借鉴美国建设家庭资产的做法，在保障受助对象生存的基础上，促进困难家庭的财务发展，以此帮助困难家庭走出困境。社会救助制度应根据受助对象的实际情况，充分发挥教育、就业等相关救助项目促进能力发展的作用，挖掘受助对象的发展潜力，帮助有劳动能力的受助者提升发展能力，同时减少受助对象对社会救助的依赖，减少国家救助和福利资源消耗，促进社会救助的可持续发展。

---

① 胡宏伟、杜晓静：《新时代中国社会救助精准治理——现状、挑战与改进》，《北京航空航天大学学报》（社会科学版）2019 年第 32 期。

（二）明确社会救助功能定位

社会救助制度作为一项保民生、促公平的托底性制度，应明确其总体功能定位。在社会保障系统中发挥功能时，社会救助应注意去除社会治理的功能捆绑，明确自身救助的功能。此外，社会救助要处理好与社会保险、社会福利的关系，做好与其他社会保障制度之间的协调与衔接，从而更好地满足不同受助对象多方面、多层次的需求。社会救助的各个救助项目也要加强独立性，明确各自的特定指向，强调救助的精准性。同时，最低生活保障制度、医疗救助、教育救助等各项制度之间应平衡好功能边界，避免出现救助缺失或者叠加的现象，从而影响社会贫困人群的受助效果，浪费社会救助资源。例如，被纳入最低生活保障制度的受助对象，一般可以直接享受其他专项救助，然而对于没有被纳入低保的贫困人群，却也很难被其他社会救助覆盖到。这就容易造成过度福利和救助排斥的问题。

二　内容完善

为优化社会救助体系，充实社会救助内容，应进一步完善救助项目体系，促进多元救助手段发展，重视老年照护救助。

（一）完善救助项目体系

我国现有的社会救助体系分为三大部分，包括针对低保和特困人员供养的长期生活类救助，医疗、教育、住房和就业方面的专项救助以及包括受灾人员救助的临时性救助。根据调查数据可以发现，老年人的脆弱性表现在多个方面，政府应当充分考虑到困难群体的多维脆弱性以及异质性特点，借鉴国外的先进经验，加快政策设计和实践探索，在已经形成的社会救助体系基础上，根据困难群体的实际需要，进一步发展多维贫困识别以及多维度救助供给。针对老年社会救助，在现有救助项目中，对老年群体实行差别化、专门化的救助内容，同时整合现有的救助资源，积极探索建立独立的老年救助项目，尤其是追加老年服务性救助项目，从而进一步促进我国老年社会救助项目向着多样性发展，切实发挥社会救助的兜底作用。

（二）促进综合救助发展

长期以来，我国社会救助主要的供给形式是为受助者提供现金救助或实物救助。然而，较为单一的社会救助方式无法满足救助对象的多样化救助需求。通过对数据进行分析也可以发现，老年人在养老服务方面的需求十分迫切。为进一步提升老年人社会救助的充足性和有效性，社会救助应当逐步包括资金、实物、服务、精神以及心理等所有层面的需要，兼顾现金、实物和服务救助，促进综合救助形式发展。服务救助能够增强社会救助的专项性和针对性，一定程度上提升社会救助的精准性。在服务救助供给方面，政府除了发挥主导作用之外，还应学习国外的先进做法，通过政策支持、提供补贴、进行奖励等措施，鼓励、支持社会力量积极参与服务供给，特别是鼓励社会工作机构、社会志愿者组织等参与服务供给。

（三）重视老年照护救助

困难家庭老年人患有残疾的比例较高，失能比例相对较高且失能状况相对严重，对参加护理保险表现出了较高的意愿。这就要求政府今后在为老年人提供社会救助时，应当注意到老年人不仅面临物质生活资料方面的不足，在日常照顾以及护理等方面也具有很强的需求性，政府应当重视增加有关老年人照护方面的社会救助，尤其要重视调整、优化贫困老年人的照护救助，有关部门之间应建立起良好的合作机制，建立一套完善的标准规范体系，以便更好地掌握贫困老年人的经济状况、生活自理状况以及对照护救助的需求状况等。同时，总结国内外的先进实践经验，完善照护救助项目，建立统筹兼顾、覆盖所有贫困老人的可持续照护社会救助制度，从而完善老年医疗和养老服务，保障老人的日常照护需求。

三　水平提升

在水平提升维度，应当从建立救助待遇确定与调整机制，提高城乡、区域救助统筹，促进水平均衡发展以及完善社会救助管理运行机制三个方面来优化社会救助体系建设。

（一）建立救助待遇确定与调整机制

待遇确定与调整机制的建立与完善能够为实现社会救助水平提升提供有力保障，我国应确立科学、合理的社会救助待遇确定与调整机制。从美国、德国和日本的社会救助制度安排来看，老年人经济收入水平、资产状况、健康状况、年龄等不同，享受的救助待遇也不同。此外，社会救助的具体保障政策随着具体阶段进行不断调整。我国在建立与完善待遇确定与调整机制的过程中，应充分考虑到老年人的实际特征，设计符合本国特点的政策，并灵活安排制度。一方面，政府应根据老年人的不同特征设置不同的社会救助待遇，既要让救助对象能够得到足够的救助，在一定程度上共享经济发展成果，同时也要充分考虑到财政的负担能力和社会救助制度的可持续发展；另一方面，政府应当综合考虑各种因素，尤其是经济发展水平和物价变动状况，对社会救助待遇水平进行动态调整，充分满足受助对象的现实需求，保障其基本生活。

（二）提高城乡、区域救助统筹，促进水平均衡发展

公平、正义、共享是社会保障的核心价值观，但是目前我国老年社会救助制度的扶助标准等仍然存在一定程度的城乡差异和区域差异。在老年社会救助制度下一步的发展过程中，应充分考虑各地的实际发展情况，确定区域之间、城乡之间社会救助待遇水平的分布，并且根据经济社会发展的实际水平，逐步提高城乡、区域之间的社会救助统筹，改革救助制度的"碎片化"状态，推进城乡、区域之间社会救助水平的均衡发展，从而使城乡困难人群均享有社会救助。在统筹过程中，政府应当注意救助对象界定、救助标准、救助项目、救助筹资机制、救助待遇和管理体制等方面的一致性，加强统一的顶层设计，大幅改进社会救助水平的均衡治理。

（三）完善社会救助管理运行机制

社会救助的管理运行机制与社会救助的运行效果有很大关系。这要求我国政府进一步完善社会救助管理运行机制，加强社会救助工作管理的规范化和程序化，优化社会救助体系的设计，分离救助审批

权、审核权和资金发放权，提高整个社会救助实施工作的有效性和精准性。在救助审批方面，按照村、乡、县三级申报、审核、审批和公示的程序进行操作以及管理。在救助审核方面，兼顾公平与效率，构建数据共享与信息核对机制，完善入户调查机制以及健全动态审核机制等，建立更加公平的社会救助审核机制。在救助资金发放方面，通过银行代发社会救助资金，减少救助资金拨付的中间环节，防止出现救助资金被挪用、挤占等现象，避免道德风险问题，更好地保障社会救助资金使用。

四　质量保障

社会救助的质量保障应做到推动救助综合信息平台建设，促进多主体参与救助治理，以及健全社会救助法治化体系建设。

（一）推动救助综合信息平台建设

社会救助综合信息平台建设作为社会救助治理改进的关键支撑之一，应当在社会救助治理领域得到大力推动。我国政府应当依托云计算、大数据以及互联网技术，整合社会救助各方面信息，建设一个覆盖面广泛、规范透明的社会救助综合信息平台，为救助申请对象提供救助信息查询、经济信息核查、救助信息公布、咨询政策法规、监督投诉以及信息反馈等便利，真正实现跨部门、多层次的实时信息共享，从而提高社会救助工作的效率，提升社会救助的实际治理功能。

（二）促进多主体参与救助治理

为更好地发挥救助的功能，为受助者提供充分有效的救助供给，政府在发挥主导作用的同时，应鼓励、支持多元主体参与社会救助治理，明确定位各主体在社会救助中的责任，促进社会救助制度可持续发展。困难家庭老年人能否得到充分的社会救助保障，更是离不开相应的各责任主体作用的发挥。首先，老年社会救助由政府主导建立并主要依靠财政资金运行，充实的资金支持是社会救助体系稳健运行的关键。政府应逐步加大针对老年社会救助的公共财政投入倾斜力度，夯实社会救助财政支持的基础。从美国、德国和日本的做法来看，老年社会救助的发展离不开政府的财政支持。同时，政府要加强基层社会救助队伍建设，加大对基层救助队伍的支持，提升社会救助的治理能力。此外，政府应当鼓励、支持各类社会组织、志愿者、家庭和个人等多种力量积极参与到老年救助中，从而更好地满足贫困老年人多样化的需求，进而保障社会救助功能的发挥。这点可以借鉴国外的有效经验，从政策保障、资金支持等方面采取措施鼓励其他主体参与到老年保护与支持的建设中来。

（三）健全社会救助法治化体系建设

目前，我国社会救助的制度支持大多来自于政府的文件、规定和行政规范，缺乏专门的社会救助法。从美国、德国、日本进行老年人社会保护和支持的经验来看，老年人社会保障离不开法律的支持。我国应加快社会救助法治化建设，尽快制定、出台《社会救助法》以及各地开展救助工作的实施意见，推动社会救助走上法治化建设道路。通过社会救助法案，明确规定社会救助的实施主体及其权利和责任、救助对象认定、救助标准、救助内容、运行程序、管理体制和监督等，以及各项目的具体实施细则，从而为社会救助提供法律保护和支撑，促进社会救助的稳定发展。此外，通过推动社会救助体系的法治建设，强化社会救助体系的惩戒力度，减少救助实践中的违规现象以及福利欺诈等行为，保障社会救助有效运行，更好地发挥社会救助的社会效益。

第二节　一般性社会政策支持系统

一　目标优化

在目标优化方面，为更好地发展一般性社会政策支持系统，既需要建立更加公平的社会保险制度，也要继续推动适度普惠型社会福利发展。

第一，建立更加公平的社会保险制度。社会保障制度一直都把普惠和公平作为其应达到的目标。目前我国社会保险制度的不同类型分别覆盖不同人群，基本养老保险和基本医疗保险覆盖全体社会成员，工伤保险、失业保险和生育保险主要覆盖职业人群。以基本养老保险制度和基本医疗保险制度为例，目前，我国已基本上实现了制度性全覆盖，但从公平的角度来看，城乡之间、地区之间保障的公平性仍然存在挑战。因此，社会保险在发展过程中，应当尽量保持其更加公平的供给。

第二，推动适度普惠型社会福利发展。"适度"是我国社会福利的重要特征，强调待遇水平的适度性；"普惠"则是社会福利的根本性特征，表明福利的收益对象应逐步由特定对象转向全体公民。当前，我国的社会福利制度体系仅在部分福利制度项目上，实现了普适性的发展目标，保证了部分符合要求的社会成员享受了社会福利项目，但是总体而言，我国社会福利制度的总体保障力度仍显不足。随着社会需求和经济发展水平的不断提升，我国应当朝着多元化、普遍化、体系化的发展路径，继续大力推动社会福利服务向着建立"适度普惠型"社会福利方向发展，以满足全体社会成员更高水平的社会福利需要。

二　内容完善

一般性社会政策支持系统的优化，需要对社会保险制度进行适时调整，加强其与补充保险的配合，在社会福利制度方面，则要更加注重完善福利项目。

（一）社会保险

在完善社会保险内容上，一方面要适时调整社会保险制度，另一方面要加强其与补充保险的配合。

其一，适时调整社会保险制度。面对人口老龄化的日益加剧，并考虑经济发展的实际情况，社会保险应适时调整具体制度内容，从而实现可持续发展。以基本养老保险制度和基本医疗保险制度为例：实现基本养老保险制度可持续发展的关键之一，就是适当调整养老保险制度的关键参量。在调整养老保险制度的关键参量时，通过适当降低养老保险费率、提高缴费基数以及适当延长缴费年限和退休年龄，可实现基本养老保险制度的可持续发展。基本医疗保险制度要根据老年人的医疗、护理需求，逐步扩大医疗报销范围，尽可能将重大疾病医疗费用、卫生预防及初级医疗服务、日常医疗护理、慢性病等纳入到医疗报销的范围，从而更好地发挥基本医疗保险制度的重要作用，以有效减轻医疗卫生负担。

其二，加强与补充保险的配合。为切实保障老年人的基本生活，更好满足不同层次老年人的需求，社会保险应根据老年人的实际情况和多样化需求，与多样化的补充保险制度进行配合。以基本养老保险制度和基本医疗保险制度为例，我国在发展基本养老保险制度的过程中应注重多元化保险的补充作用，加强与企业年金、商业保险，以及个人养老储蓄的配合，更好地满足老年人的收入保障需求。这点可以借鉴德国养老保险的发展经验，德国政府为应对老龄化背景下的老年贫困持续困扰的问题，不断对养老保险制度进行改革，实现了整个制度体系的结构转变，形成了"三层次模式"，不仅满足了老年人的不同需求，还实现了养老保险的持续基础保障作用。我国基本医疗保险制度在发展过程中，也应当在完善自身制度的基础上，引入企业补充医疗保险、商业医疗保险等多元化的补充医疗保险，更好地满足老年人的医疗保障需求。

（二）社会福利

在内容完善方面，社会福利应更加注重完善福利项目。

社会福利制度旨在提高公民生活水平，为所有公民提供资金、服务和设施。社会福利在发展过程中，应关注覆盖对象的多样化需求，关注物质生活的同时，也要注重精神需求；在提供资金支持和物质支持的同时，也要注重福利服务的供给，逐步满足人们多层次、高层次的生活需要。在老年社会福利方面，我国已经实现了高龄津贴的全面覆盖，但仍应注重优化福利内容，注重福利服务的供给：扩大生活照料服务范围，丰富服务内容，提高服务质量；完善医疗护理、心理健康和精神健康等服务；开办老年大学以及各种教育培训，帮助老年人继续社会化；完善适合老年群体的公共基础设施建设；鼓励以单位、社区或社团为单位，组织丰富的文体娱乐等活动，丰富老年人生活；实施其他各种优待老年人的措施。

三　水平提升

（一）社会保险

为更好地提升保障水平，社会保险既要进一步推进社会保险制度整合，也要健全保险待遇调整机制。

其一，进一步推进社会保险制度整合。目前，我国已经将城镇居民社会养老保险和新型农村社会养老保险制度进行了整合，在全国范围内建立起了统一的城乡居民基本养老保险；确定将城镇居民基本医疗保险和新型农村合作医疗制度进行整合，建立统一的城乡居民基本医疗保险制度。但是，我国社会保险制度的保障力度等在不同人群、不同地域之间仍然存在着明显差距。为更好地促进社会保险走向公平，应当进一步整合不同的社会保险制度。以基本养老保险制度和基本医疗保险制度为例：我国应加快城镇职工基本养老保险和城乡居民基本养老保险的制度整合步伐，打破户籍等限制，减少受保对象在养老保险待遇上的差异，促进养老保险制度实现真正的公平。在基本医疗保险制度方面，应当加快医疗保险制度的整合，尽快在全国范围内实施城乡居民医保制度，并逐步推动城乡居民基本医疗保险和职工基本医疗保险制度进行整合，缩小城乡差距，逐步实现医疗卫生资源的均衡分配，最终形成全民统一的基本医疗保险制度。

其二，健全保险待遇调整机制。困难家庭老年人在经济、健康方面表现出来较强的脆弱性，其保护和支持问题日益突出，对于经济支持和医疗服务的需求也不断增加。社会保险作为社会保障体系的重要组成部分，应当发挥好对老年人的保护和支持作用。这就要求社会保险依据参保对象的经济收入状况和实际需求，合理确定社会保障水平，同时充分考虑物价变动等因素，建立健全待遇调整机制，实现社会保险待遇的可持续性增长。以基本养老保险制度和基本医疗保险制度为例，基本养老保险制度应坚持以城乡居民收入增长、物价变动、其他社会保障标准调整情况为调整依据，建立基础养老金正常调整机制；在基本医疗保险制度待遇调整上，政府应根据民众对于基本医疗保险待遇的合理预期以及整体医疗需求水平，适当调整基本医疗保险制度的保障待遇。

（二）社会福利

在水平提升方面，社会福利一方面要统筹社会福利发展，另一方面要逐步提高福利供给标准。

其一，统筹社会福利发展。我国目前的老年福利制度管理方式为属地管理，老年福利发展依然存在不同地区和城乡之间福利水平不均衡的问题。我国政府应当注意在提高福利规模水平的同时，解决福利分配不公正问题，不断缩小城乡和区域之间老年福利待遇水平的差距，逐渐统筹城乡和区域发展。政府可以通过均衡福利资金、福利资源等安排，加大对于农村和中西部经济欠发达地区老年福利事业的支持，加速农村和中西部地区老年社会福利事业的发展，协调城乡和地区社会福利水平。

其二，逐步提高福利供给标准。社会福利作为社会保障体系中的重要组成部分，是增强社会成员生活质量的重要手段。我国政府应当立足经济发展实际情况，逐步提高社会福利的供给标准，将社会福利项目从保障基本生存权利扩大到保障发展权利，从生活补助扩大到精神和心理帮助，以满足人们不断增长和变化的福利需求。在提高福利供给标准的同时，政府要注意避免福利依赖现象的产生，避免接受福利者对福利津贴和各种福利服务的依赖，以及福利心理依赖的产生。

四　质量保障

（一）社会保险

社会保险制度的稳健、有效运行，离不开信息、财政、法治等方面的支持。为更好地运行社会保险制度，应建立全国数据和信息管理系统、完善社会保险筹资机制、加强社会保险的法律体系建设。

其一，建立全国数据和信息管理系统。综合信息建设可以促进信息的有效整合和共享，社会保险制度也应当积极推动全国数据和信息管理系统的建立。以基本养老保险为例：我国应建立标准化的数据和信息管理系统，做到基本养老保险信息的跨部门、跨地区共享，为养老保险整合与统筹提供平台基础。此外，通过参保人口各方面信息数据的整合和共享，实现对基本养老保险覆盖、基本养老保险征缴和待遇计发等数据的有效监测。以基本医疗保险为例，我国应当逐渐建立起覆盖全国城乡居民的医疗保险信息管理系统，建立起医疗参保数据平台，逐步实现电子病历系统、居民健康档案等的全国信息共享，逐步推进医疗保险异地结算制度，方便群众就近就医。

其二，完善社会保险筹资机制。随着我国人口老龄化程度的不断加深，社会保险制度将面临严峻的考验，仅依靠财政拨款来提高保障待遇必然难以实现制度的可持续发展。社会保险应逐步完善与经济社会发展水平、多元主体承受能力相适应的筹资机制。完善社会保险筹资机制，首先要合理划分政府、社会和个人等主体的责任，拓宽筹资渠道，从而确保社会保险基金平稳运行，实现制度的可持续发展。其次，建立筹资水平与收入、待遇相挂钩的机制。以基本医疗保险制度为例，基本医疗保险在完善筹资机制的过程中，应当合理分配政府、社会和个人的责任，做到与经济社会发展相协调、与居民基本医疗需求相适应、与居民收入水平相挂钩。

其三，加强社会保险的法律体系建设。我国已经建立了《社会保险法》，对于维护公民参加社会保险和享受社会保险待遇的合法权益，使公民共享发展成果，具有十分重要的意义。同时，对于各项社会保险制度来说，保险制度立法化是保障社会成员公平获得保障的有效途径。以基本医疗保险制度为例，为更好地提供医疗保险服务，提高服务质量，需要促进医疗保险的法律建设，制定专项法律或者条例，从法律层面规定基本医疗保障相关主体的责任、参保的基本原则、参保人群、筹资缴费、待遇支付以及基金的监督管理。完善医疗保障制度的法律建设还能够有效防止违法违规操作问题，切实保障参保人群权益。

（二）社会福利

为实现社会福利制度的可持续发展，应注意引导社会力量参与社会福利、推动社会福利整合发展以及推动社会福利法律体系建设。

其一，引导社会力量参与社会福利。社会福利的发展不仅需要政府主导，同时也离不开社会力量的参与以及支持。我国应坚持以政府为主导，以市场为导向，制定相关配套政策，创造良好的环境，鼓励、引导社会力量参与社会福利，推进社会福利进一步发展。例如，政府通过落实优惠扶持政策，鼓励社会力量兴办福利服务机构、提供社会福利服务，形成政府购买社会福利服务的机制；加大福利服务专业人才队伍的培育，促进社会福利服务的有效输送；吸引各种慈善组织、企业和个人进行捐赠，补充社会福利资金来源。

其二，推动社会福利整合发展。从福利制度、权责主体以及福利资源等层面出发，推动社会福利的制度整合，加强福利制度的规范化，一是从制度上明确社会福利供给主体的权责；二是减少制度之间的障碍，避免制度冲突；三是加强福利相关部门之间的协调合作，避免各部门各自为政，减少社会福利提供的碎片化；四是整合社会福利资源，减少福利资源的损耗，提高福利资源的供给效率，提升社会福利体系的整体质量和保障效果。

其三，推动社会福利法律体系建设。在我国社会福利的制度建设过程中，相关的法律法规尤为重要，社会福利法律体系建设能够起到提升社会福利发展水平的作用。我国应尽快健全社会福利法律体系，制定、出台保障社会福利的基本法《社会福利法》，明确规定社会福利发展细则，以更好地推行社会福利，保证社会福利的持续、稳定发展。在老年福利方面，目前我国关于老年福利的法规主要有《中华人民共和国老年人权益保障法》以及一些政策法规，规定较为笼统，缺乏可操作性，老年福利服务的质量难以得到保障。因此，我国应制定更为明确、完整的法律规定，明确福利服务主体责任、服务内容、服务监督等方面的要求，健全和完善以《老年人权益保障法》为核心的老年福利服务政策法规体系，在适当时候制定、出台

《老年人福利法》，形成完善的老年人福利法律保护，推动老年福利健康、持续发展。

第三节　非正式社会支持

一　家庭网络支持

（一）支持家庭养老功能的发挥

在养老支持方面，家庭存在很多优势，不仅包括经济支持、生活照料，还能够为老年人提供情感慰藉。一般来讲，老年人与子女同住，其经济生活和健康能够得到一定帮助。在家庭对老年人的支持层面，我国应当注重改善困难家庭的整体状况，加强家庭内部成员的支持网络系统，充分发挥家庭养老的功能，支持家庭养老能力的发挥。比如，政府可以通过制定家庭照顾贫困老年人的优惠支持政策和办法，鼓励家庭承担养老责任，提供生活照料等，为老年人提供养老支持；制定政策帮助困难家庭建设家庭资产，改善家庭经济状况，增强家庭养老能力，这一点可以参考美国建设家庭资产的做法，通过建立发展账户加强家庭储蓄，为困难家庭老年人提供就业、创业培训等；针对照顾老年人的家庭，提供照顾津贴和生活补贴等。家庭成员自身也要积极为老年人提供物质、精神和照料相统一的养老支持。

（二）发挥亲戚对贫困老人的支持作用

情感在老年人的家庭网络支持中是十分重要的内在机制，其中一项不容忽视的情感支持来源就是老年人的亲戚。一般而言，亲戚能够为老年人提供一定的物质支持和精神支持。在完善老年人家庭网络支持的过程中，要充分号召亲戚成员发挥其对于老年人的支持作用，扩大老年人的社会支持网络。鼓励亲戚成员在为老年人提供一定物质帮助的同时，更加注重针对老年人的情感交流和慰藉，缓解老年人的孤独感、失落感。除此之外，亲戚成员要注重加强与家庭成员之间的联系，从而为老年人提供更为充足的养老支持。对于承担贫困老年人赡养责任的亲戚成员，政府也要给予一定的奖励、补贴等。

（三）引导邻里、朋友对贫困老人提供支持

老年人的社会支持网络不仅包括经济、生活上互动频次较高且相对固定的家庭血亲关系，还包括邻居、朋友等，邻里、朋友为老年人提供的社会支持尤为重要。政府和社会应当营造更为浓厚的敬老爱老助老社会氛围，加大邻里互助等社会宣传，引导邻里、朋友更为积极地采取老年人支持行动。政府可以学习德国互助养老模式的经验，鼓励生活在同一社区内的老年人形成生活互助、照顾互助，鼓励年龄较小、自理能力较强的老年人照顾高龄、自理能力差的老年人。此外，在引导邻里、朋友为老年人提供支持时，应注重老年人的情感需求，促进邻里、朋友与老年人之间的交流互动，保持与老年人正常的生活交往，促进老年人积极主动地融入社区和社会，防止出现老年人难以融入社会，甚至被排斥的现象。

二 社会网络支持

（一）发挥慈善组织的支持作用

公益慈善组织在完善老年人支持网络系统中具有重要的意义。公益慈善力量具有公益性、非营利性、利他性等功能，我国应当进一步发展慈善组织力量，加快形成公益慈善力量发展的良性环境，营造慈善组织进入社区养老服务的文化氛围，从而加大为老年人服务力度。政府要创造更加完备的政策环境，强化慈善组织发展的政策支持，加强培育和发展公益慈善组织。同时，明确具体的支持政策，政府可以通过落实扶持慈善组织的特殊优惠政策，提供资金支持等措施，鼓励和支持公益慈善组织进入养老服务支持体系，引导公益慈善组织参与养老机构建设、提供养老服务等，切实为老年人提供强有力的养老支持和优质的服务保障；鼓励和支持公益慈善组织开展老年就业、老年教育活动，满足老年社会参与的需求。

（二）重视非政府组织的支持力量

非政府组织在养老服务体系中同样发挥着重要的作用。非政府组织可以通过为社区养老服务提供社会性的资金支持，在社区内建立老年人互助机构，提供相应的老年服务或者老年产品，组织专业性老年知识讲座等参与到我国的老年社会支持体系中。政府应当重视非政府组织的支持力量，通过激励机制，比如为非政府组织提供一定的优惠政策和资金支持，以鼓励动员非政府组织在养老服务体系中的有效参与。此外，建立各组织间的竞争机制，最大限度地激发组织潜能，同时使非正式组织更为客观地认识自身发展局限性，及时调整行动方式，提高为老服务能力。

（三）加强社区志愿者队伍发展

切实为老年人提供有效的社会支持活动，仅仅依靠政府的力量是远远不够的，亟需社区志愿服务的广泛参与。作为老年非正式支持的来源之一，社区志愿者能够通过灵活、多样的服务方式为老年人提供社区养老支持，满足老人需要的多样社区服务。政府要特别注重社区志愿者的培育，充分重视依靠志愿者的力量提供养老服务。政府需要加强社会志愿者发展的政策环境建设，完善现有的志愿服务发展政策，为我国社区志愿者队伍的建设和发展扫除制度障碍。同时，加强建设社区志愿服务的运行机制，完善社区志愿者队伍的管理制度、培训机制以及激励机制等，促进社区养老志愿者力量的壮大，推动老年人志愿服务事业的发展。

参考文献

中文文献

一 著作类

［印］阿马蒂亚·森:《以自由看待发展》,任赜、于真译,中国人民大学出版社 2002 年版。

［美］保罗·A.萨缪尔森:《经济学(第十四版)(上)》,首都经济贸易大学出版社 1996 年版。

党俊武:《老龄蓝皮书:中国城乡老年人生活状况调查报告(2018)》,社会科学文献出版社 2018 年版。

［美］戈登·图洛克:《收入再分配的经济学》,范飞、刘琨译,上海人民出版社 2008 年版。

黄洪:《"无穷"的盼望——香港贫穷问题探析》,中华书局(香港)出版有限公司 2015 年版。

［美］雷诺兹:《微观经济学》,马宾译,商务印书馆 1993 年版。

吕学静:《日本社会保障制度》,经济管理出版社 2000 年版。

［印］纳拉扬:《谁倾听我们的声音》,付岩梅译,中国人民大学出版社 2003 年版。

王传宏、李燕凌:《公共政策行为》,中国国际广播出版社 2002 年版。

王杰秀、唐钧:《中国城乡困难家庭社会政策支持研究(2015)》,中国社会出版社 2017 年版。

王卫平、郭强:《社会救助学》,群言出版社 2007 年版。

王杰秀：《托底性民生保障研究》，中国社会出版社 2015 年版。

［美］威廉·邓恩：《公共政策分析导论（第二版)》，谢明等译，中
国人民大学出版社 2005 年版。

袁缉辉：《社会老年学教程》，复旦大学出版社 1992 年版。

张盈华：《老年长期照护：制度选择与国际比较》，经济管理出版社
2015 年版。

二　论文类

［印］阿马蒂亚·森、王燕燕：《论社会排斥》，《经济社会体制比较》
2005 年第 3 期。

白晨、顾昕：《中国城镇医疗救助的目标定位与覆盖水平》，《学习与
实践》2015 年第 11 期。

白增博、孙庆刚、王芳：《美国贫困救助政策对中国反贫困的启
示——兼论 2020 年后中国扶贫工作》，《世界农业》2017 年第
12 期。

包世荣：《国外医养结合养老模式及其对中国的启示》，《哈尔滨工业
大学学报》（社会科学版）2018 年第 20 期。

边燕杰、李煜：《中国城市家庭的社会网络资本》，《清华社会学评
论》2000 年第 2 期。

曹清华：《老年社会救助的兜底保障问题研究》，《河南师范大学学
报》（哲学社会科学版）2016 年第 3 期。

曹信邦、陈强：《中国长期护理保险需求影响因素分析》，《中国人口
科学》2014 年第 4 期。

曹艳春、吴蓓、戴建兵：《我国需求导向型老年社会福利内容确定与
提供机制分析》，《浙江社会科学》2012 年第 8 期。

曹杨、王记文：《中国城市退休老人参与老年大学的影响因素研究》，
《人口与发展》2016 年第 22 期。

陈成文、孙秀兰：《社区老年服务：英、美、日三国的实践模式及其
启示》，《社会主义研究》2010 年第 1 期。

陈竞：《日本护理保险制度的修订与非营利组织的养老参与》，《人口学刊》2009 年第 2 期。

陈静：《对老年社会福利供给中市场作用的探讨》，《青海社会科学》2014 年第 6 期。

陈璐：《日本老年教育发展及启示》，《成人教育》2015 年第 35 期。

陈瑶、熊先军、刘国恩等：《我国医疗保险对城镇居民直接疾病经济负担影响研究》，《中国卫生经济》2009 年第 28 期。

陈长香、田苗苗、李淑杏：《应对老年人健康问题的家庭、社区、社会支持体系》，《中国老年学》2013 年第 23 期。

程仙平、赵文君、郭耀邦：《老龄化背景下老年教育的转型升级：多重理论视角的审视》，《职教论坛》2016 年第 15 期。

慈勤英、宁雯雯：《家庭养老弱化下的贫困老年人口社会支持研究》，《中国人口科学》2018 年第 4 期。

丛梅：《天津市老年交往现状及对策》，《长寿》1994 年第 10 期。

崔娟、毛凡、王志会：《中国老年居民多种慢性病共存状况分析》，《中国公共卫生》2016 年第 1 期。

单德朋：《教育效能和结构对西部地区贫困减缓的影响研究》，《中国人口科学》2012 年第 5 期。

邓大松、吴振华：《"高龄津贴"制度探析与我国普惠型福利模式的选择》，《东北大学学报》（社会科学版）2011 年第 3 期。

邓敏、杨莉、陈娜：《医养结合下老年人医疗消费行为影响因素分析——以南京市为例》，《中国卫生政策研究》2017 年第 1 期。

邓阳：《扶贫理论与政策的演化发展对精准脱贫的借鉴》，《理论月刊》2019 年第 3 期。

丁英顺：《日本高龄老年人医疗制度改革及启示》，《前沿》2016 年第 7 期。

丁英顺：《日本老年贫困现状及应对措施》，《日本问题研究》2017 年第 4 期。

丁英顺：《日本老年人再就业探析》，《中国人力资源社会保障》2014

年第 5 期。

丁英顺：《日本推动健康老龄化的经验及启示》，《河南社会科学》2014 年第 22 期。

丁英顺：《日本延迟退休年龄的基本经验及其启示》，《当代世界》2016 年第 7 期。

丁英顺：《日韩两国居家养老服务比较及启示》，《日本问题研究》2013 年第 27 期。

丁志宏、黄莉、任佳格、宋金浩、陈楠：《我国城市老年人意外伤害保险购买意愿现状及影响因素的实证研究》，《南方人口》2017 年第 3 期。

丁志宏、魏海伟：《中国城市老人购买长期护理保险意愿及其影响因素》，《人口研究》2016 年第 6 期。

董昕、刘强、周婧玥：《我国老龄产业发展现状与对策：一个文献综述》，《西部论坛》2014 年第 4 期。

董宇：《基于无差异曲线的组合养老模式构建及最优选择》，《统计与决策》2018 年第 1 期。

杜建政、夏冰丽：《心理学视野中的社会排斥》，《心理科学进展》2008 年第 6 期。

杜鹏、武超：《中国老年人的生活自理能力状况与变化》，《人口研究》2006 年第 1 期。

杜鹏、武超：《中国老年人的主要经济来源分析》，《人口研究》1998 年第 4 期。

杜鹏、谢立黎：《中国老年公平问题：现状、成因与对策》，《中国人民大学学报》2017 年第 2 期。

杜鹏：《中国老年人口健康状况分析》，《人口与经济》2013 年第 6 期。

段世江、张辉：《老年人社会参与的概念和理论基础研究》，《河北大学成人教育学院学报》2008 年第 3 期。

方蕾、胡晓义：《尽快扩大医保覆盖面，逐步提高医保水平》，《劳动保障世界》2010 年第 10 期。

房金涛、李文秀、刘学：《北京市海淀区老年人焦虑抑郁状况及其影响因素》,《中国健康心理学杂志》2015 年第 3 期。

付振奇、陈淑云、洪建国：《农村劳动力流动的区位选择：影响因素及区域差异——基于全国 28 个省份农民个体行为决策的分析》,《华中师范大学学报》(人文社会科学版) 2017 年第 5 期。

傅蕾、吴思孝、程仙平：《老年教育政策价值研究：基于政策文本的审视》,《现代教育管理》2018 年第 4 期。

高春兰：《老年长期护理保险中政府与市场的责任分担机制研究——以日本和韩国经验为例》,《学习与实践》2012 年第 8 期。

高瑾：《我国特困人员供养法律制度历史演进及制度展望》,《上海政法学院学报》(法治论丛) 2017 年第 6 期。

高利平、袁长海、刘保锋：《山东省老年人生活自理能力及影响因素分析》,《中国公共卫生》2010 年第 11 期。

高筱琪、丁淑贞、王京：《老年人健康促进生活方式和健康价值的相关性》,《中国健康心理学杂志》2015 年第 23 期。

高圆圆、尤瑜、林莎：《贵阳市社区老年人精神文化服务现状、问题与改革路径》,《中国老年学杂志》2018 年第 8 期。

顾昕、白晨：《中国医疗救助筹资的不公平性——基于财政纵向失衡的分析》,《国家行政学院学报》2015 年第 2 期。

郭廓：《德国社会保障制度改革对中国城镇化进程中失地农民社会保障体系完善的启示》,《世界农业》2018 年第 5 期。

郭平、程建鹏、尚晓援：《中国城乡老年人健康状况与卫生服务利用的差异》,《人口与发展》2015 年第 1 期。

韩华为、高琴、徐月宾：《农村老年人口绝对贫困及其影响因素——物质剥夺视角下的实证研究》,《人口与经济》2017 年第 5 期。

韩华为、徐月宾：《中国农村低保制度的反贫困效应研究——来自中西部五省的经验证据》,《经济评论》2014 年第 6 期。

韩嘉玲、孙若梅、普红雁、邱爱军：《社会发展视角下的中国农村扶贫政策改革 30 年》，《贵州社会科学》2009 年第 2 期。

韩振燕、夏林、李跃：《失独老人养老困境与应对策略》，《中国老年学杂志》2018 年第 9 期。

郝佳：《失独风险、利益损害与政府责任》，《人口与经济》2017 年第 4 期。

何茜：《国外互助养老模式对我国农村地区养老的借鉴与启示》，《农业经济》2018 年第 6 期。

何铨、张湘笛：《基于政策协同视角的老年人优待政策体系评估》，《广州大学学报》（社会科学版）2018 年第 8 期。

何铨、张湘笛：《美国老年人服务网络的实践及经验借鉴》，《中共杭州市委党校学报》2018 年第 6 期。

何文炯：《老有所养：更加平衡、更加充分》，《国家行政学院学报》2017 年第 6 期。

贺飞燕、任燕燕、阚兴旺：《老年人群医疗服务和健康状况的影响因素研究》，《调研世界》2014 年第 12 期。

贺新艳、栾霞、刘丽杰：《丧偶独居老年人抑郁状况及相关因素的调查》，《中华现代护理杂志》2010 年第 2 期。

贺雪峰：《农村代际关系论：兼论代际关系的价值基础》，《社会科学研究》2009 年第 5 期。

贺雪峰：《中国农村反贫困战略中的扶贫政策与社会保障政策》，《武汉大学学报》（哲学社会科学版）2018 年第 3 期。

贺赞：《社会保障制度视野下的就业性别平等——德国经验与中国实践》，《华南师范大学学报》（社会科学版）2014 年第 4 期。

贺寨平：《国外社会支持网研究综述》，《国外社会科学》2001 年第 1 期。

贺寨平：《农村老年人社会支持网：何种人提供何种支持》，《河海大学学报》（哲学社会科学版）2006 年第 3 期。

胡海峰：《我国医保付费制度改革及总额控制管理探析》，《环渤海经济瞭望》2018 年第 4 期。

胡宏伟、杜晓静：《新时代中国社会救助精准治理——现状、挑战与改进》，《北京航空航天大学学报》（社会科学版）2019 年第 32 期。

胡宏伟、高敏、王剑雄：《老年人主观幸福感的影响因素与提升路径分析——基于对我国城乡老年人生活状况的调查》，《江苏大学学报》（社会科学版）2013 年第 4 期。

胡洪曙、鲁元平：《收入不平等、健康与老年人主观幸福感——来自中国老龄化背景下的经验证据》，《中国软科学》2012 年第 11 期。

胡娟：《上海市不同老年群体居家养老服务需求与对策研究》，上海社会科学院 2008 年版。

霍萱、林闽钢：《为什么贫困有一张女性的面孔——国际视野下的"贫困女性化"及其政策》，《社会保障研究》2015 年第 4 期。

江克忠、裴育、夏策敏：《中国家庭代际转移的模式和动机研究——基于 CHARLS 数据的证据》，《经济评论》2013 年第 4 期。

江竹、陈媛婷、高峰剑、陈有国、刘培朵、黄希：《老年人社会支持、抑郁与幸福感的关系》，《心理学进展》2016 年第 11 期。

姜向群、刘妮娜、魏蒙：《失能老年人的生活状况和社区照护服务需求研究》，《老龄科学研究》2014 年第 7 期。

姜向群、魏蒙、张文娟：《中国老年人口的健康状况及影响因素研究》，《人口学刊》2015 年第 37 期。

姜向群、郑研辉：《中国老年人的主要生活来源及其经济保障问题分析》，《人口学刊》2013 年第 2 期。

姜振华：《城市老年人社区参与的现状及原因探析》，《人口学刊》2009 年第 5 期。

焦佩：《从积极老龄化看终身教育中的老年教育转型》，《中国成人教育》2016 年第 4 期。

荆涛、王靖韬、李莎：《影响我国长期护理保险需求的实证分析》，《北京工商大学学报》（社会科学版）2011 年第 26 期。

荆涛、杨舒：《美国长期护理保险制度的经验及借鉴》，《中国卫生政策研究》2018 年第 11 期。

柯元、杨和明：《基于公平与效率视角的中国农村反贫困战略评析与展望》，《求实》2012 年第 10 期。

孔宪焜、肖巧玲、李娟：《老年抑郁症状相关因素的城乡比较》，《中国心理卫生杂志》2018 年第 8 期。

赖志杰：《城乡医疗救助制度的现状、主要问题与建设重点》，《当代经济管理》2014 年第 7 期。

兰剑、慈勤英：《中国社会救助政策的演进、突出问题及其反贫困突破路向》，《云南社会科学》2018 年第 4 期。

兰青、鲁兴虎：《都市老年群体互联网使用差异及其影响因素探究——基于 CFPS2016 数据的实证研究》，《软科学》2019 年第 1 期。

蓝红星：《贫困内涵的动态演进及发展趋势》，《重庆科技学院学报》（社会科学版）2012 年第 23 期。

李德明、陈天勇、吴振云、李贵芸：《健康老龄化的基本要素及其影响因素分析》，《中国老年学杂志》2005 年第 9 期。

李甲森、马文军：《中国中老年人抑郁症状现状及影响因素分析》，《中国公共卫生》2017 年第 2 期。

李捷、王凯珍：《京津冀地区城市老年居民体育锻炼参与现状研究》，《首都体育学院学报》2018 年第 3 期。

李俊、王红漫：《美国老年人口结构变化及健康养老制度演进对中国的启示》，《中国老年学杂志》2018 年第 7 期。

李沛霖：《美国养老产业的发展及其对中国的启示》，《广东经济》2008 年第 6 期。

李萍、宋长爱：《中国居民就医行为研究进展》，《护理研究》2010 年第 17 期。

李琼、陈婷：《我国社会保障水平区域差异及协调发展的路径选择——基于主成分分析的实证研究》，《河南师范大学学报》（哲学社会科学版）2017 年第 3 期。

李实、詹鹏、杨灿：《中国农村公共转移收入的减贫效果》，《中国农业大学学报》（社会科学版）2016 年第 5 期。

李涛、徐翔、张旭妍：《孤独与消费——来自中国老年人保健消费的经验发现》，《经济研究》2018 年第 1 期。

李学增、程学斌：《中国城市各阶层的利益差距》，《中国社会科学》1997 年第 6 期。

李雅娴、张川川：《认知能力与消费：理解老年人口高储蓄率的一个新视角》，《经济学动态》2018 年第 2 期。

李玉娇：《城乡差异、就医惯性与老年人卫生服务利用》，《西北人口》2016 年第 2 期。

李月、陆杰华：《我国老年人社会参与：内涵、现状及挑战》，《人口与计划生育》2018 年第 11 期。

李志明、邢梓琳：《德国的社会救助制度》，《中国民政》2014 年第 10 期。

李志明：《中国老年优待制度的发展定位与政策建议》，《学术研究》2015 年第 4 期。

李宗华、高功敬：《积极老龄化背景下城市老年人社会参与的实证研究》，《学习与实践》2009 年第 12 期。

李宗华：《近 30 年来关于老年人社会参与研究的综述》，《东岳论丛》2009 年第 8 期。

梁宏志、张士斌：《中日韩公共养老金制度及其改革比较研究——基于覆盖城乡社会养老保障制度的视角》，《当代世界与社会主义》2011 年第 5 期。

梁云凤：《德国经验系列报告之七德国的保障房制度及对我国的启示》，《经济研究参考》2011 年第 61 期。

林芳：《居民特性与家庭财富持有意愿研究——来自西部地区 699 户家庭的回答》，《社会科学辑刊》2017 年第 3 期。

林闽钢、梁誉、刘璐婵：《中国贫困家庭类型、需求和服务支持研究——基于"中国城乡困难家庭社会政策支持系统建设"项目的调查》，《天津行政学院学报》2014 年第 3 期。

林文亿：《老年人社区参与影响因素研究——基于 2011 年中国健康与养老追踪调查（CHARLS）数据的分析》，《老龄科学研究》2016年第 9 期。

刘冬梅：《德国老年福利制度研究》，《社会政策研究》2018 年第 2 期。

刘二鹏、张奇林：《农村老年贫困：一个分析框架及解释》，《当代经济管理》2018 年第 6 期。

刘二鹏、张奇林：《社会养老保险缓解农村老年贫困的效果评估——基于 CLHLS（2011）数据的实证分析》，《农业技术经济》2018 年第 1 期。

刘二鹏：《中国老年贫困及其致贫因素差异分析——基于多维贫困视角的实证与比较》，《湖南农业大学学报》（社会科学版）2018 年第 3 期。

刘国恩、蔡春光、李林：《中国老人医疗保障与医疗服务需求的实证分析》，《经济研究》2011 年第 3 期。

刘鸿雁、柳玉芝：《独生子女及其未来婚姻结构》，《中国人口科学》1996 年第 3 期。

刘林、豆书龙、李凡：《我国农村特困老人供养的研究述评》，《西北人口》2016 年第 4 期。

刘生龙、李军：《健康、劳动参与及中国农村老年贫困》，《中国农村经济》2012 年第 1 期。

刘素素、欧阳铮、王海涛：《老年人的社会关系研究概述：基于护航模型的视角》，《人口与发展》2016 年第 5 期。

刘文、杨馥萍：《中国积极老龄化发展水平测度——基于东中西部地区和 28 个省市的数据研究》，《人口学刊》2019 年第 2 期。

刘晓梅、李蹊：《德国长期照护保险供给体系对我国的启示》，《学习与探索》2017 年第 12 期。

刘晓梅、满清、西萌：《从救助到保险：最低养老保障的国际经验》，《中国劳动》2014 年第 7 期。

刘续棵、Ling D. C.：《经济增长的不平衡对中国老年人健康的影响》，《中国劳动经济学》2009 年第 2 期。

刘燕妮：《德国老年就业策略对中国城市老年就业的启示》，《齐齐哈尔大学学报》（哲学社会科学版）2015 年第 11 期。

刘洋洋、孙鹃娟：《中国老年人贫困特征及其影响因素分析》，《统计与决策》2018 年第 14 期。

刘一伟、汪润泉：《"加剧"还是"缓解"：社会保障转移支付与老年贫困——基于城乡差异视角的分析》，《山西财经大学学报》2017 年第 2 期。

刘友平、陈险峰、虞晓芬：《公共租赁房运行机制的国际比较及其借鉴——基于美国、英国、德国和日本的考察》，《建筑经济》2012 年第 3 期。

卢婷：《我国长期护理保险发展现状与思考——基于全国 15 个城市的实践》，《中国卫生事业管理》2019 年第 1 期。

卢钰琼、路云、李毅仁、常峰：《基于社会网络理论的城市老年健康教育优化设计》，《卫生经济研究》2018 年第 10 期。

陆康强：《贫困指数：构造与再造》，《社会学研究》2007 年第 4 期。

栾文敬、刘静娴：《青年大学生老年歧视研究述评》，《老龄科学研究》2016 年第 4 期。

罗文剑、王文：《城市低保的减贫效应分析——基于中国家庭追踪调查（CFPS）的实证研究》，《江西财经大学学报》2018 年第 5 期。

马春华：《当代日本家庭变迁和家庭政策重构：公共资源的代际再分配》，《社会发展研究》2017 年第 4 期。

马宁宁、李勇：《我国老年人医疗卫生费用支出影响因素实证分析》，《中国药物评价》2016 年第 3 期。

马志飞、尹上岗、乔文怡：《中国医疗卫生资源供给水平的空间均衡状态及其时间演变》，《地理科学》2018 年第 6 期。

毛京沭、周建芳、舒星宇：《中国东、中、西部地区农村老人健康状况及影响因素分析》，《中国公共卫生》2018 年第 3 期。

孟琛、汤哲：《北京城乡老年人抑郁症状的分析与比较》，《中国老年学杂志》2000 年第 4 期。

苗红军：《城市老年人口反贫困的政策取向研究——基于老年贫困形成的机制视角》，《辽宁大学学报》（哲学社会科学版）2017 年第 2 期。

穆光宗：《家庭养老面临的挑战以及社会对策问题》，《中州学刊》1991 年第 1 期。

穆光宗：《救助和关怀遭遇意外风险的计生家庭》，《人口与发展》2008 年第 6 期。

穆光宗：《美国社区养老模式借鉴》，《人民论坛》2012 年第 22 期。

倪卫国：《社区卫生服务机构参与城市居家养老服务的途径和方法》，《社区卫生保健》2007 年第 1 期。

聂伟、龚紫钰：《十八大以来精准扶贫研究进展与未来展望》，《中国农业大学学报》（社会科学版）2018 年第 5 期。

宁方景：《中美医疗保障史研究》，中央财经大学，2016 年。

潘超平、郝晓宁、刘增法、薄涛、黎燕宁、潘梦华：《北京市老年人社会支持网络的时空分布》，《中国老年学杂志》2019 年第 5 期。

裴育、史梦昱：《江苏省公共养老服务改善与财政可持续发展研究》，《南京审计大学学报》2017 年第 3 期。

彭华民：《中国社会救助政策创新的制度分析：范式嵌入、理念转型与福利提供》，《学术月刊》2015 年第 1 期。

彭青云：《中国城乡老年人在业状况及其趋势分析》，《老龄科学研究》2018 年第 5 期。

彭希哲、胡湛：《当代中国家庭变迁与家庭政策重构》，《中国社会科学》2015 年第 12 期。

彭宅文：《最低生活保障制度与救助对象的劳动激励："中国式福利依赖"及其调整》，《社会保障研究》2009 年第 2 期。

平力群、田庆立：《日本构建"地域综合照护体系"政策理念的提出及其制度化》，《社会保障研究》2016 年第 5 期。

蒲新微：《中国城市老年群体的社会分层及其结构——以长春市为例》，《人口学刊》2009 年第 1 期。

亓寿伟、周少甫：《收入、健康与医疗保险对老年人幸福感的影响》，《公共管理学报》2010 年第 7 期。

乔琦、蔡永洁：《非血缘关系的多代居——德国新型社会互助养老模式案例及启示》，《建筑学报》2014 年第 2 期。

乔晓春、张恺悌、孙陆军：《中国老年贫困人口特征分析》，《人口学刊》2006 年第 4 期。

屈锡华、左齐：《贫困与反贫困——定义、度量与目标》，《社会学研究》1997 年第 3 期。

瞿小敏：《社会支持对老年人生活满意度的影响机制——基于躯体健康、心理健康的中介效应分析》，《人口学刊》2016 年第 2 期。

冉文伟、陈玉光：《失独父母的养老困境与社会支持体系构建》，《党政视野》2015 年第 10 期。

任远、邬民乐：《城市流动人口的社会融合：文献述评》，《人口研究》2006 年第 3 期。

桑宁霞、高迪：《中国老年教育发展的不平衡性及对策研究》，《中国成人教育》2019 年第 3 期。

邵文娟、奚伟东：《浅析日本养老服务体系构成及启示——以日本护理保险建立前为核心》，《社会福利》（理论版）2018 年第 8 期。

申策、张冠：《美国的社会保险制度对中国养老制度改革的启示》，《吉林大学社会科学学报》2013 年第 53 期。

申曙光：《新时期我国社会医疗保险体系的改革与发展》，《社会保障评论》2017 年第 1 期。

沈红：《中国贫困研究的社会学评述》，《社会学研究》2000 年第 9 期。

沈雨菲、陈鹤：《中国高龄津贴政策评述与实证分析》，《人口与经济》2016 年第 1 期。

盛光华、汤立、吴迪：《发达国家发展保障性住房的做法及启示》，

《经济纵横》2015 年第 12 期。

石祥、周绿林：《国外弱势群体医疗救助制度对我国的启示》，《中国卫生经济》2007 年第 11 期。

宋强、祁岩：《日本老年人力资源开发实践及启示》，《中国人力资源开发》2013 年第 19 期。

宋泽、詹佳佳：《农村老年多维贫困的动态变化——来自 CHARLS 的经验证据》，《社会保障研究》2018 年第 5 期。

孙慧佳、顾岩峰：《日本终身教育的特征》，《中国成人教育》2011 年第 13 期。

孙菊、秦瑶：《医疗救助制度的救助效果及其横向公平性分析》，《中国卫生经济》2014 年第 11 期。

孙平、彭青云：《人口老龄化背景下美德老年人力资源开发经验及启示》，《中国人力资源开发》2016 年第 21 期。

邰秀军、殷蕾蕾：《新贫困线下我国农村家庭户的贫困广度和深度——基于 CGSS2008 数据的研究》，《未来与发展》2014 年第 3 期。

谭丽：《农民依靠家庭养老保障的现状与问题——以家庭财产与养老权为视角》，《黑龙江社会科学》2015 年第 6 期。

汤梦君：《地区综合关怀体系：日本老龄护理制度改革的新趋向》，《社会福利》（理论版）2018 年第 5 期。

唐灿、马春华、石金群：《女儿赡养的伦理与公平——浙东农村家庭代际关系的性别考察》，《社会学研究》2009 年第 6 期。

唐丹、邹君、申继亮：《老年人主观幸福感的影响因素》，《中国心理卫生杂志》2006 年第 3 期。

唐美玲：《城市家庭子女对父辈的养老支持分析——苏南四城市老年人生活状况调查》，《南方人口》2015 年第 3 期。

唐绪明：《日本社会体育政策解读及对我国全民健身的启示》，《南京体育学院学报》（社会科学版）2017 年第 31 期。

陶涛、李龙：《城市老年人闲暇时间安排及对健康的影响》，《人口学刊》2016 年第 3 期。

田香兰：《日本医疗护理供给制度改革与医疗护理一体化》，《日本问题研究》2017 年第 31 期。

汪三贵、曾小溪：《从区域扶贫开发到精准扶贫——改革开放 40 年中国扶贫政策的演进及脱贫攻坚的难点和对策》，《农业经济问题》2018 年第 8 期。

王爱芹、孟明珠、孔丽娜：《我国卫生服务利用省际公平性研究》，《中国卫生统计》2015 年第 32 期。

王昶、王三秀：《积极老龄化理念下老年精准扶贫的困境及应对路径》，《探索》2016 年第 2 期。

王承慧：《美国社区养老模式的探索与启示》，《现代城市研究》2012 年第 27 期。

王翠琴、李林、薛惠元：《改革开放 40 年中国医疗保障制度改革回顾、评估与展望》，《经济体制改革》2019 年第 1 期。

王大华、佟雁、周丽清：《亲子支持对老年人主观幸福感的影响机制》，《心理学报》2004 年第 1 期。

王德强、王涛：《农村子女履行赡养义务偏好影响因素的实证分析》，《农业技术经济》2016 年第 12 期。

王方兵、吴瑞君、桂世勋：《老龄化背景下国外老年人住房发展及经验对上海的启示》，《兰州学刊》2014 年第 11 期。

王慧先：《美国社会保障制度的发展及启示》，《社会福利》（理论版）2012 年第 3 期。

王佳欢：《回顾与展望：当前我国老年教育的研究与发展》，《成人教育》2017 年第 11 期。

王杰领：《国外护理救助发展现状与中国的探索》，《社会福利》（理论版）2018 年第 6 期。

王君昌：《社会支持网络视角下农村老年社会福利实践研究》，《社会福利》（理论版）2018 年第 3 期。

王曼：《北京市老年群体的反贫困政策研究》，北京化工大学，

2015 年。

王梅、夏传玲：《中国家庭养老负担现状分析》，《中国人口科学》
1994 年第 4 期。

王曙光：《中国的贫困与反贫困》，《农村经济》2011 年第 3 期。

王亚柯、高程玉：《社会保障制度的再分配效应：收入与财产》，《浙
江大学学报》（人文社会科学版）2018 年第 6 期。

王跃生：《城市第一代独生子女家庭代际功能关系及特征分析》，《开
放时代》2017 年第 3 期。

王增文：《农村老年女性贫困的决定因素分析——基于 Cox 比例风险
模型的研究视角》，《中国人口科学》2010 年第 1 期。

韦宏耀、钟涨宝：《代际交换、孝道文化与结构制约：子女赡养行为
的实证分析》，《南京农业大学学报》（社会科学版）2016 年第
1 期。

卫洁：《低保边缘群体的现状及思考》，《人口与经济》2008 年第
1 期。

吴镝、刘福华、姚建平：《城市低收入人口瞄准机制研究——以沈阳、
阜新、葫芦岛三市为例》，《地方财政研究》2016 年第 8 期。

吴帆：《代际冲突与融合：老年歧视群体差异性分析与政策思考》，
《广东社会科学》2015 年第 5 期。

吴国英、赵蕾霞：《我国养老服务业的非均衡性测度及发展对策——
以京津冀三地为例》，《山西大学学报》（哲学社会科学版）2018 年
第 4 期。

吴开霖：《美、日、德三国老年人体育政策历史演进对我国的启示》，
《当代体育科技》2018 年第 8 期。

吴佩芬：《中国"失独"家庭面临的困境与路径选择》，《南方论丛》
2013 年第 4 期。

吴新慧：《老年人互联网应用及其影响研究——基于 CSS（2013）数
据的分析》，《云南民族大学学报》（哲学社会科学版）2017 年
第 4 期。

吴燕、徐勇:《不同收入老年人健康状况公平性分析》,《中国公共卫生》2012 年第 28 期。

伍国铭:《美国的养老保障制度及其特点》,《重庆科技学院学报》(社会科学版) 2011 年第 19 期。

武萍、周卉、赵越:《中国家庭养老方式的社会化机制研究——来自德国的启示》,《辽宁大学学报》(哲学社会科学版) 2016 年第 44 期。

息悦、郭思佳、李洋、张磊、马静松、崔丽君、梁超、李慧婷、巴婧翀、刘建春:《人口老龄化视角下多国护理保险制度综合比较及启示》,《中国卫生经济》2017 年第 7 期。

肖雪、周静:《老龄化背景下我国公共图书馆老年服务状况的调查与分析——基于内容分析法的实证研究》,《图书情报知识》2013 年第 3 期。

邢琰、安思琪、陈长香:《支持体系对高龄失能老人经济照顾需求的影响》,《中国老年学杂志》2019 年第 2 期。

熊跃根:《论国家、市场与福利之间的关系:西方社会政策理念发展及其反思》,《社会学研究》1999 年第 3 期。

徐桂珍、彭娟:《美国和日本的老年教育对我国老年教育发展的启示意义》,《职教论坛》2016 年第 36 期。

徐静、徐永德:《生命历程理论视域下的老年贫困》,《社会学研究》2009 年第 6 期。

徐勤:《我国城市老年人的社会交往》,《西北人口》1994 年第 4 期。

徐悦:《德国中低收入家庭住房金融支持及其对中国的启示》,硕士学位论文,西南财经大学,2011 年。

徐正平:《美国州及地方政府应对人口老龄化的启示借鉴——以康涅狄格州为例》,《发展研究》,2011 年第 11 期。

许传新、陈国华:《社会支持网规模与老年人生活满意度的关系》,《统计与决策》2004 年第 9 期。

许琪:《儿子养老还是女儿养老?基于家庭内部的比较分析》,《社会》2015 年第 4 期。

薛德升、苏迪德、李俊夫、李志刚：《德国住房保障体系及其对我国的启示》，《国际城市规划》2012 年第 27 期。

薛秋霁、孙菊、姚强：《全民医保下的医疗救助模式研究——英国、澳大利亚、德国的经验及启示》，《卫生经济研究》2017 年第 2 期。

闫坤、孟艳：《反贫困实践的国际比较及启示》，《国外社会科学》2016 年第 4 期。

杨斌、丁建定：《国外就业保障的发展及对中国的启示——以美国、英国和德国为例》，《理论月刊》2016 年第 5 期。

杨成钢、石贝贝：《中国老年人口消费的影响因素分析》，《西南民族大学学报》（人文社科版）2017 年第 7 期。

杨宏、吴长春：《完善我国老年社会保障体系》，《东北师大学报》（哲学社会科学版）2010 年第 2 期。

杨立雄：《中国社会优待制度研究》，《晋阳学刊》2012 年第 4 期。

杨良初、孟艳：《对美国公共养老金制度安排和变迁的思考》，《财政科学》2018 年第 7 期。

杨龙、汪三贵：《贫困地区农户的多维贫困测量与分解——基于 2010 年中国农村贫困监测的农户数据》，《人口学刊》2015 年第 2 期。

杨天宇：《中国居民转移性收入不平等成因的实证分析》，《中南财经政法大学学报》2018 年第 1 期。

杨甜甜：《我国城乡医疗救助现状研究》，《科技视界》2014 年第 23 期。

杨团：《农村失能老年人照料贫困问题的解决路径——以山西永济蒲韩乡村社区为例》，《学习与实践》2016 年第 4 期。

杨宗传：《再论老年人口的社会参与》，《武汉大学学报》（人文社会科学版）2000 年第 1 期

姚建平：《养老社会保险制度的反贫困分析——美国的实践及对我国的启示》，《公共管理学报》2008 年第 3 期。

姚俊：《需求导向抑或结构制约——中国养老服务政策变迁的制度嵌

入性分析》,《天府论》2015 年第 5 期。

姚玲珍、张小勇:《德国公共租赁住宅体系的剖析与借鉴》,《消费经济》2009 年第 25 期。

姚兆余、王诗露:《农村老人对机构养老的意愿及影响因素分析——基于东部地区 749 位农村老人的调查》,《湖南农业大学学报》(社会科学版)2012 年第 6 期。

易迎霞:《我国城市老年人口的贫困发生机制研究》,《云南民族大学学报》(哲学社会科学版)2018 年第 6 期。

殷俊、陈天红:《美国延迟退休激励机制分析——兼论对中国延迟退休年龄改革的启示》,《经济与管理》2014 年第 28 期。

殷俊、杨政怡:《老年群体劳动参与及影响因素分析——基于湖北省的抽样调查数据》,《武汉大学学报》(哲学社会科学版)2015 年第 6 期。

印子:《农村低保政策"走样"及其整体性治理》,《西北农林科技大学学报》(社会科学版)2019 年第 2 期。

于晶波、孙强、王永平:《山东省 3 所医院医生收入和业余医疗服务收入的分析》,《中国卫生经济》2004 年第 4 期。

于婷:《中美社会救助制度比较研究》,硕士学位论文,黑龙江大学,2015 年。

于秀伟:《从"三支柱模式"到"三层次模式"——解析德国养老保险体制改革》,《德国研究》2012 年第 2 期。

喻文光:《德国社会救助法律制度及其启示——兼论我国行政法学研究领域的拓展》,《行政法学研究》2013 年第 1 期。

翟彬、童海滨:《我国东、中、西部地区农民收入差距的实证研究——基于收入来源视角的分析》,《经济问题探索》2012 年第 8 期。

张兵、王翌秋、许景婷:《江苏省农村老年人医疗消费行为研究——以苏北农村地区为例》,《南京工业大学学报》(社会科学版)2008 年第 4 期。

张航空:《中国老年人口受教育水平现状及其变动》,《中国老年学杂志》2016 年第 36 卷。

张晖、许琳:《需求评估在长期护理保险中的作用及实施》,《西北大学学报:哲学社会科学版》2016 年第 5 期。

张建、钟丽:《日本公共年金制度运营现状及其对我国的启示》,《长白学刊》2017 年第 2 期。

张开云、叶浣儿:《农村低保政策:制度检视与调整路径》,《吉林大学社会科学学报》2016 年第 4 期。

张鹏:《家庭照料能力与机构养老意愿实证分析——基于苏州市相城区 52273 位老人的调查》,《当代经济》2016 年第 16 期。

张强:《依老助老:老年协会参与城市社区居家养老实践研究——以武汉市 W 老年协会为例》,《西北人口》2018 年第 39 期。

张如敏:《老年人社会参与行为的实证研究与反思》,《职教论坛》2017 年第 12 期。

张赛玉:《马克思主义反贫困理论视阈下的农村老年贫困精准治理研究》,博士学位论文,福建师范大学,2017 年。

张爽、陆铭、章元:《社会资本的作用随市场化进程减弱还是加强?——来自中国农村贫困的实证研究》,《经济学》(季刊)2007 年第 2 期。

张焘、马翠花:《美国医疗救助制度的得与失》,《人民论坛》2011 年第 8 期。

张天宇:《从日本老年住宅的发展看如何建立我国老年居住体系》,《工业建筑》2011 年第 41 期。

张伟、胡仲明、李红娟:《城市老年人主观幸福感的影响因素分析》,《人口与发展》2014 年第 6 期。

张伟宾、汪三贵:《扶贫政策、收入分配与中国农村减贫》,《农业经济问题》2013 年第 2 期。

张文娟、王东京:《中国老年人口的健康状况及变化趋势》,《人口与经济》2018 年第 229 期。

张文娟:《中国老年人的劳动参与状况及影响因素研究》,《人口与经济》2010 年第 1 期。

张文娟：《中国老年人劳动收入的影响因素及其地区差异》，《人口研究》2008 年第 6 期。

张新生、王剑锋：《发达国家居家养老服务产业及其对我国的启示》，《理论导刊》2015 年第 9 期。

张永春、黄晓夏：《城市低保制度的功能定位和实践机制及演化逻辑》，《西北大学学报》（哲学社会科学版）2018 年第 6 期。

张友琴：《老年人社会支持网的城乡比较研究——厦门市个案研究》，《社会学研究》2001 年第 4 期。

章晓懿、沈崴奕：《医疗救助对低收入家庭贫困脆弱性的缓解作用研究》，《东岳论丛》2014 年第 8 期。

赵丹、余林：《社会交往对老年人认知功能的影响》，《心理科学进展》2016 年第 1 期。

赵锋：《不同子女数量农户的生计资本对养老意愿的影响——基于甘肃省 5 县区调查》，《西北民族大学学报》（哲学社会科学版）2015 年第 3 期。

郑功成：《多层次社会保障体系建设：现状评估与政策思路》，《社会保障评论》2019 年第 3 期。

钟清玲、喻思思：《社区老年人社会参与水平及其影响因素的研究进展》，《中国护理管理》2018 年第 9 期。

钟仁耀、马昂：《弹性退休年龄的国际经验及其启示》，《社会科学》2016 年第 7 期。

钟涨宝、聂建亮：《政策认知与福利判断：农民参加新农保意愿的实证分析——基于对中国 5 省样本农民的问卷调查》，《社会保障研究》2014 年第 2 期。

周建高：《日本公营住宅应对老龄化的举措》，《国家行政学院学报》2015 年第 4 期。

周文、齐畅：《美国公共住房分配及其启示》，《调研世界》2014 年第 1 期。

朱坤、张小娟、朱大伟：《整合城乡居民基本医疗保险制度筹资政策分析——基于公平性视角》，《中国卫生政策研究》2018年第3期。

朱力：《论农民工阶层的城市适应》，《江海学刊》2002年第6期。

朱晓、范文婷：《中国老年人收入贫困状况及其影响因素研究——基于2014年中国老年社会追踪调查》，《北京社会科学》2017年第1期。

祝伟、汪晓文：《我国省际间农村居民收入差距的实证研究——基于收入结构的视角》，《江西财经大学学报》2010年第1期。

邹薇、方迎风：《关于中国贫困的动态多维度研究》，《中国人口科学》2011年第11期。

左停、贺莉、赵梦媛：《脱贫攻坚战略中低保兜底保障问题研究》，《南京农业大学学报》（社会科学版）2017年第4期。

左停、赵梦媛、金菁：《路径、机理与创新：社会保障促进精准扶贫的政策分析》，《华中农业大学学报》（社会科学版）2018年第1期。

佐斌、张阳阳、赵菊、王娟：《刻板印象内容模型：理论假设与研究》，《心理科学进展》2006年第1期。

三 政策报告类

《巴中市着力五项举措推进老年宜居环境建设》，http：//www. cncap-rc. gov. cn/contents/10/179639. html。

《关于建立健全经济困难的高龄、失能等老年人补贴制度的通知》，http：//www. gov. cn/xinwen/2014－10－23/content_ 2769678. htm。

党俊武等：《第四次城乡老年人生活状况调查报告》，社会文献科学出版社2018年版。

《山东东营：市老龄办多措并举推进精准文化扶贫》，http：//www. cncaprc. gov. cn/contents/10/184915. html。

《养老服务体系建设中央补助激励支持实施办法》，http：//www. cct-group. com. cn/zgjkyljtyxgs/zchb/bmgfxwj/sfbtyh/624604/index. html。

《2018 年国民经济和社会发展统计公报》，http：//www. stats. gov. cn/
tjsj/zxfb/201902/t20190228_ 1651265. html。

《中国统计年鉴 2018》，http：//www. stats. gov. cn/tjsj/ndsj/2018/in-
dexch. htm。

《中国家庭健康大数据报告（2017）》，2017 年。

《2017 年我国卫生健康事业发展统计公报》，2018 年。

《2018 年 1—5 月卫生统计公报》，2018 年。

《改革开放 40 年中国人权事业的发展进步》，http：//www. gov. cn/
zhengce/2018 - 12/12/content_ 5347961. htm。

《改革开放 40 年中国人权事业的发展进步》，http：//www. gov. cn/
zhengce/2018 - 12/12/content_ 5347961. htm。

《国务院办公厅关于加快发展商业养老保险的若干意见》，http：//
www. cncaprc. gov. cn/contents/12/182899. html。

《国务院关于印发"十三五"国家老龄事业发展和养老体系建设规划
的通知》，http：//www. gov. cn/zhengce/content/2017 - 03/06/con-
tent_ 5173930. htm。

《国务院关于印发中国老龄事业发展"十二五"规划的通知》，http：//
www. scio. gov. cn/zggk/gqbg/2011/document/1014340/1014340_ 1. htm。

《中共中央国务院关于打赢脱贫攻坚战的决定》，http：//fgk. mof.
gov. cn/law/getOneLawInfoAction. do? law_ id = 84187。

《中国农村扶贫开发纲要（2001—2010 年）》，http：//www. gov. cn/
zhengce/content/201609/23/content_ 5111138. htm。

《河北省老年人权益保障条例》，http：//www. cncaprc. gov. cn/con-
tents/12/187664. html。

《「年金生活者等支援臨時福祉給付金」の実施について》，https：//
www. mhlw. go. jp/topics/2016/01/dl/tp0115 - 1 - 13 - 06p. pdf。

《2017 年我国 832 个贫困县整合涉农资金超 3000 亿元》，https：//m.
huanqiu. com/r/MV8wXzExNjA5NzY1XzEyNjRfMTUxODc0NzI0MA = =。

《江西省关于进一步加强老年人优待工作的意见》，http：//www.

cncaprc. gov. cn/contents/2/4094. html。

《成都：金堂县推广"一中心、多站点、重巡访"模式　助推农村互助
养老服务全覆盖》，http：//www. cncaprc. gov. cn/contents/10/177338.
html。

《关于开展老年人意外伤害保险工作的指导意见》，http：//www.
cncaprc. gov. cn/contents/12/174129. html。

《湖南：浏阳致恒互助养老义工协会开启城乡养老互动模式》，http：//
www. cncaprc. gov. cn/contents/10/174555. html。

《2018 年 4 季度分省城乡低保标准》，http：//www. mca. gov. cn/arti-
cle/sj/tjjb/bzbz/2018/20181201301057. html。

《2018 年 4 季度民政统计季报》，http：//www. mca. gov. cn/article/sj/
tjjb/qgsj/2018/20181201301328. html。

《民政部　财政部　国务院扶贫办关于在脱贫攻坚三年行动中切实做
好社会救助兜底保障工作的实施意见》，http：//www. mca. gov.
cn/article/gk/wj/201808/20180800010730. shtml。

《民政部　国务院扶贫办关于进一步加强农村最低生活保障制度与扶
贫开发政策有效衔接的通知》，http：//www. mca. gov. cn/article/
gk/wj/201811/20181100012656. shtml。

《民政部办公厅关于在全国省级层面建立老年人补贴制度情况的通报》，
http：//xxgk. mca. gov. cn：8081/new_ gips/contentSearch？ id = 79980。

《老有所为和"银龄行动"十年工作总结》，http：//www. cncaprc.
gov. cn/contents/799/172935. html。

《8 省与社保基金签订合同，委托养老金额 4100 亿元》，http：//
www. sohu. com/a/160498888_ 561670？ _ f = index_ businessnews_ 3_
8。

《打赢人力资源社会保障扶贫攻坚战三年行动方案》，http：//www. mo-
hrss. gov. cn/gkml/zcfg/gfxwj/201809/t20180906_ 3006 16. html。

《我国基本医疗保险覆盖人数超 13 亿》，http：//www. gov. cn/
guowuyuan/2017 － 10/05/content_ 5229626. htm。

《三明市广泛开展形式多样的"敬老月"活动》，http：//www. cncap-rc. gov. cn/contents/10/187966. html。

《党政重视发动深入　敬老月活动丰富多彩》，http：//www. cncap-rc. gov. cn/contents/10/188160. html。

《世界卫生组织宪章》，1948 年。

《中国老龄化与健康国家评估报告》，2016 年。

《1990 年发展报告》，中国财政经济出版社 1990 年版。

《四川省加快老年宜居环境建设步伐　促进"养老"变"享老"》，http：//www. cncaprc. gov. cn/contents/10/178872. html。

《四川省老年人权益保障条例》，http：//www. cncaprc. gov. cn/contents/12/187481. html。

《太仓市沙溪镇开展社区互助养老模式探析》，http：//www. cncap-rc. gov. cn/contents/771/156774. html。

《太仓市试点开展互助式社会养老新模式》，http：//www. cncap-rc. gov. cn/contents/10/76895. html。

《关于进一步完善全区养老服务补贴制度的通知》，http：//www. xi-aoshan. gov. cn/art/2018/12/20/art_ 1303237_ 27807797. html。

《黑龙江加快推进老年教育　促进学习型社会建设》，http：//www. gov. cn/xinwen/2018 – 10/15/content_ 5330826. htm。

《我国老年大学和老年学校达 6 万多所》，http：//www. gov. cn/xin-wen/2018 – 12/26/content_ 5352362. htm。

《国家卫计委：全国基本医疗保险参保人数超过 13.5 亿》，https：//baijiahao. baidu. com/s？id = 1592183044911442919&wfr = spider&for = pc。

《美国小红帽的新营销模式》，http：//news. sina. com. cn/o/2005 – 06 – 30/16346313819s. shtml。

《烟台市加强老年人精神文化建设：58 万老年人参与文体活动》，ht-tp：//www. cncaprc. gov. cn/contents/10/184912. html。

《2019 中国老年教育论坛举办　发布全国老年教育规划师培养千人计

划》，http：//www. cncaprc. gov. cn/contents/793/188482. html。

《民政部：已基本实现老年人高龄津贴、服务补贴和护理补贴制度全国覆盖》，https：//baijiahao. baidu. com/s？id = 16216428 697259 39476&wfr = spider&for = pc。

《去年中国医疗救助 1. 2 亿人次》，http：//www. sohu. com/a/308 446511_ 362042。

《杭州市余杭区最低生活保障边缘家庭认定办法（试行）》，http：// www. yuhang. gov. cn/xxgk/gggs/qt/201707/t20170726_ 1094929. html。

《枣庄推行互助养老公益扶贫岗位和互助养老基金补贴模式》，http：// www. cncaprc. gov. cn/contents/10/182407. html。

《浙江衢州市深化开展 "2 + 5 关爱困境空巢老人" 专项行动》，http：//www. cncaprc. gov. cn/contents/795/171427. html。

《养老丨31 个省份高龄津贴制度全覆盖　老年人福利普惠化》，https：// gongyi. ifeng. com/a/20180521/44997936_ 0. shtml。

《第 41 次中国互联网发展状况统计报告》，http：//www. cac. gov. cn/ 2018 - 01/31/c_ 1122347026. htm。

《中华人民共和国国民经济和社会发展第十三个五年规划纲要》，http：// www. npc. gov. cn/wxzl/gongbao/2016 - 07/08/content _ 1993756. htm。

《国际司：美国医疗保险制度介绍》，http：//gjs. mof. gov. cn/pinda- oliebiao/cjgj/201310/t20131025_ 1003317. html。

《中央政治局常委会研究当前经济形势和经济工作》，http：//www. gov. cn/ldhd/2013 - 04/25/content_ 2390476. htm。

《改革开放四十周年　广西老龄事业发展成绩辉煌》，http：//www. cncaprc. gov. cn/contents/10/188039. html。

外文文献

一　著作类

Greenberg, J. , Schimel, J. & Martens, A. , *Ageism：Denying the Face of the Future*, *In T. D. Nelson* (*Ed.*), *Ageism*: *Stereotyping and Prejudice against Older People*, Cambridge, MIT Press.

Pearce D. , "The Feminization of Poverty: Women, Work, and Welfare", *Urban and Social Change Review*, 1978.

Rosemary Crompton, *Class and Stratification*, *An Introduction to Current Debates*, Cambridge: Polity Press, 1993.

Yokum K. N. , Wagner D. L. , *The Aging Networks*: *A Guide to Programs and Services*, New York: Springer Publishing Company, 2011.

二 论文类

Akbaraly T. N. , Portet F. , Fustinoni S. , et al. , "Leisure Activities and the Risk of Dementia in the Elderly: Results from the Three-City Study", *Neurology*, Vol. 13, No. 349, 2009.

Anand S. , Sen A. K. , "Concepts of Human Development and Poverty: A Multidimensional Perspective", No. 2, 1997.

Angus, J. , "Ageism: A Threat to 'Aging Well' in the 21st Century", *Journal of Applied Gerontology*, Vol. 25, No. 2, 2006.

Atchley, R. C. , "Dimensions of Widowhood in Later Life", *Gerontologist*, Vol. 2, No. 15, 1995.

Dykstra P. A. , "Older Adult Loneliness: Myths and Realities", *European Journal of Ageing*, Vol. 2, No. 6, 2009.

Golden J. , Conroy R. M. , Bruce I. , et al. , "Loneliness, Social Support Networks, Mood and Wellbeing in Community-dwelling Elderly", *Int J. Geriatr Psychiatry*, Vol. 7, No. 24, 2010.

Grossman M. , "On the Concept of Health Capital and the Demand for Health", *Journal of Political Economy*, Vol. 80, No. 2, 1972.

Harris T. J. , Owen C. G. , Victor C. R. , et al. , "What Factors are Associated with Physical Activity in Older People, Assessed Objectively by Accelerometry?" *British Journal of Sports Medicine*, Vol. 6, No. 43, 2009.

Hartlapp M. , Schmid G. , "Labor Market Policy for 'Active Aging' in Europe: Expanding the Optionsfor Retirement Transitions", *Journal of Social Policy*, Vol. 37, No. 37, 2008.

Hawkley, L. C. & Cacioppo, J. T. , "Loneliness Matters: a Theoretical and Empirical Review of Consequences and Mechanisms", *Annals of Behavioral Medicine*, Vol. 2, No. 40. 2006.

Holt-Lunstad J. , Smith T. B. , Layton J. B. , "Social Relationships and Mortality Risk: a Meta-analytic Review", *PLOS Medicine*, Vol. 7, No. 7, 2010.

Honigh-de Vlaming R. , Haveman-Nies A. , Bos-Oude Groeniger I. , et al. , "Determinants of Trends in Loneliness among Dutch Older People over the Period 2005 – 2010", *Journal of Aging and Health*, Vol. 26, No. 3, 2014.

House J. S. , Landis K. R. , Umberson D. , "Social Relationships and Health", *Science*, Vol. 4865, No. 241, 1988.

Kington S. R. , "Demographic and Economic Correlates of Health in Old Age", *Demography*, Vol. 34, No. 1, 1997.

Korchmaros, J. D. & Kenny, D. A. , "Emotional Closeness as a Mediator of the Effect of Genetic Relatedness on Altruism", *Psychological Science*, Vol. 3, No. 2, 2001.

Ku P. W. , Fox K. R. , Chen L. J. , et al. , "Associations between Leisure and Non-leisure-time Physical Activity and Cognitive Impairment in Older Adult", *International Journal of Sport Psychology*, Vol. 2, No. 43, 2012.

Lei X. , Strauss J. , Tian M. , et al. , "Living Arrangements of the Elderly in China: Evidence from Charls", *Iza Discussion Papers*, Vol. 8, No. 3, 2011.

Oris M. , Gabriel R. , Ritschard G. , et al. , "Long Lives and Old Age Poverty: Social Stratification and Life-Course Institutionalization in Switzerland", *Research in Human Development*, Vol. 14, No. 1, 2017.

Park R. E. , "Human Migration and the Marginal Man", *American Journal of Sociology*, Vol. 33 , No. 6 , 1928.

Pillemer K. A. , Macadam M. , Wolf R. S. , "Services to Families with Dependent Elders", *Journal of Aging & Social Policy*, 1989.

Restuccia D. , Urrutia C. , "Intergenerational Persistence of Earnings: The Role of Early and College Education", *American Economic Review*, Vol. 94 , No. 5 , 2004.

Rogers A. , "International Perspectives on Older Adult Education: Research, Policies and Practice", *International Review of Education*, Vol. 4 , No. 63 , 2017.

Sen A. , "Poverty: an Ordinal Approach to Measurement", *Econometrica*, Vol. 44 , No. 2 , 1976.

Shumaker S. A. , Brownell A. , "Toward a Theory of Social Support: Closing Conceptual Gaps", *Journal of Social Issues*, Vol. 40 , No. 4 , 2010.

Verghese J. , Lipton R. B. , Katz M. J. , et al. , "Leisure Activities and the Risk of Dementia in the Elderly", *New England Journal of Medicine*, Vol. 11 , No. 73 , 2009.

Whitter S. , Scharlach A. , "Availability of Care Giver Support Services: Implications for Implementation of the National Family Caregiver Support Program", *Aging Social Policy*, Vol. 17 , No. 1 , 2005.

Zhang H. , "Uncoordination of China's Social Assistance Program Resources and Policy Solutions", *Social Work and Social Welfare*, Vol. 1 , No. 1 , 2018.

三 政策报告类

2014 年数据来源：U. S. Census Bureau, Current Population Survey, Annual Social and Economic Supplements.

2016—2017 年数据来源：Federal Safety Net. U. S. Poverty Threshold ［EB/OL］. http：// federalsafetynet. com/safety-net-programs. html.

Administration for Community Living: Aging and Disability Networks（https://www. Acl. gov /programs /aging-and-disability-networks）.

Grootaert C, *Social capital*, *household welfare*, *and poverty in Indonesia*. The World Bank, 1999.

Housing Choice Vouchers Fact Sheet（http://portal. hud. gov/hudportal/HUD? src =/program_ offices/public_ indian_ housing/programs/hcv/about/fact_ sheet）.

OECD（2019）, Poverty rate（indicator）. doi: 10. 1787/0fe1315d-en（Accessed on 14 April 2019）.

OECD: *Poverty Rate*,（https://data. oecd. org/inequality/poverty-rate. htm）.

OECD: *Elderly Population*,（https://data. oecd. org/pop/elderly-population. htm）.

Office of policy development and research: Income Housing Tax Credits（https://www. huduser. gov/portal/datasets/lihtc. html）.

Poverty and Shared Prosperity 2018, *Piecing Together the Poverty Puzzle*. World Bank, Washington, D. C.

Section 202 Supportive Housing for the Elderly Program,（http://portal. hud. gov/hudportal/HUD? src =/program _ offices/housing/mfh/progdesc/eld202）.

后　记

　　中国是世界上老年人口最多的国家。随着人口老龄化加速，大量"空巢"、失能和带病等困难老年人的民生问题亟需引起高度重视。

　　为进一步完善城乡困难老年人社会支持政策，2018年民政部政策研究中心在"托底性民生保障政策支持系统建设"重大科研项目中，专门针对城乡困难家庭中的老年人群体开展问卷调查，共收集到6000余个城乡困难家庭和对照家庭样本数据。民政部政策研究中心和中国人民大学胡宏伟带领的研究团队联合对调查数据进行了分析开发，并编写了本书。本书主要运用描述性分析和对比分析的方法，全面分析了城乡困难家庭老年人的经济状况和健康与医疗保障、养老服务、社会参与等方面的需求，并结合国外有关经验举措，对构建和完善困难家庭老年人托底性社会政策支持系统提出了相关政策建议。

　　本书由王杰秀审定框架，胡宏伟具体组织各章撰写。参与报告撰写的人员有：胡宏伟、安超、蒋浩琛、朱新然、姚兰、杜晓静、毛珊、刘洪婷、张伯千、李文弟、徐杨。民政部政策研究中心江治强负责调查统筹工作，安超承担了调查协调联络工作，江治强、刘振杰、安超参与了报告框架拟定和修改讨论。本报告出版前，民政部政策研究中心付长良、北京大学刘继同、华北电力

◈ 后　记 ◈

大学姚建平提出了审改意见，最后由王杰秀审定。

在此，谨对参与本项研究的所有人员表示感谢！也诚挚欢迎社会各界批评指正！

编　者

2020 年 9 月